ABITUR-WISSEN
Kunst

Werkerschließung

Barbara Pfeuffer

Umschlagbild: © www.visipix.com

© 2020 STARK Verlag GmbH, Claudius-Keller-Str. 3c, 81669 München, info@stark-verlag.de
www.stark-verlag.de
1. Auflage 2013

Das Werk und alle seine Bestandteile sind urheberrechtlich geschützt. Jede vollständige
oder teilweise Vervielfältigung, Verbreitung und Veröffentlichung bedarf der ausdrücklichen
Genehmigung des Verlages. Dies gilt insbesondere für Vervielfältigungen, Mikroverfilmungen
sowie die Speicherung und Verarbeitung in elektronischen Systemen.

Inhalt

Vorwort

Einführung 1
1 Werkerschließung: Möglichkeiten und Grenzen 1
2 Anleitung zur Werkerschließung 5
    2.1   Beschreibung: Was ist zu sehen? 5
    2.2   Analyse: Wie sind die Bildelemente zueinander geordnet? 7
    2.3   Interpretation: Was will der Künstler oder die Künstlerin aussagen? 10
3 Durchführung einer exemplarischen Werkerschließung zu Edouard Manet: „Die Barke" 11
    3.1   Beschreibung 12
    3.2   Analyse 13
    3.3   Interpretation 21

Malerei 24
1 Entwicklung und Technik von Wand- und Tafelmalerei 24
    1.1   Tafelmalerei 25
    1.2   Wandmalerei 30
    1.3   Giotto di Bondone: „Der Traum des Joachim" 31
    Exkurs: Farbe als optisches Phänomen und bildnerisches Mittel 38
2 Gegenüberstellung von drei Kinderbildnissen 43
    2.1   Francisco de Goya: „Don Manuel Osorio Manrique de Zúñiga" 43
    2.2   Pablo Picasso: „Paul als Harlekin" 48
    2.3   Diego Velázquez: „Prinz Philipp Prosper" 53
3 Menschen im Spiegel der modernen Malerei 57
    3.1   Paul Cézanne: „Zwei Kartenspieler" 57
    3.2   Pablo Picasso: „Mädchen mit Mandoline" 67
4 Das Atelier als Bildmotiv 73
    4.1   Jan Vermeer van Delft: „Die Malkunst" 73
    Exkurs: Das Atelierbild 82
    4.2   Henri Matisse: „Das rosafarbene Atelier" 84

	5	Landschaftsmalerei	89
		5.1 Claude Lorrain: „Seehafen bei aufgehender Sonne"	89
		5.2 Claude Monet: „Die Seinebrücke von Argenteuil"	93
		Exkurs: Das Licht in der Malerei	100
	6	Stilllebenmalerei	102
		6.1 Harmen Steenwijck: „Vanitas-Stillleben"	102
		6.2 Giorgio Morandi: „Natura Morta"	107
		6.3 Henri Matisse: „Die roten Fische"	116
		Exkurs: Vom Stillleben zur Objektkunst	120

Objektkunst 122

1 Pablo Picasso: „Mandoline und Klarinette" 122

2 Joseph Beuys: „Kreuzigung" 128

Handzeichnung 134

1 Grundlagen 134

    1.1 Überlegungen zum Wesen der Handzeichnung 134

    1.2 Geschichte der Handzeichnung 136

    1.3 Gestaltungsmittel 139

    1.4 Technik der Silberstiftzeichnung 141

2 Werkerschließungen 142

    2.1 Albrecht Dürer: „Bildnis des Lucas van Leyden" 142

    2.2 Vincent van Gogh: „Bildnis Joseph Roulin" 148

Druckgrafik 153

1 Vorstellung der verschiedenen Techniken 153

2 Werkerschließungen 157

    2.1 Albrecht Dürer: „Erasmus von Rotterdam" 157

    2.2 Rembrandt van Rijn: „Cornelis Claesz Anslo, Prediger" 162

Plastik 169

1 Gestaltungsmethoden 169

2 Figürliche Plastik 170

3 Werkerschließungen 175

    3.1 Henry Moore: „Drapierte liegende Frau" 175

    3.2 Alberto Giacometti: „Stehende Frau" 180

Architektur **186**
1   Grundlagen 186
2   Architekturhistorischer Rückblick (4. bis 20. Jahrhundert) 193
3   Werkerschließungen 209
    3.1   Gotischer Sakralbau: Die Kathedrale von Reims 209
    3.2   Frank O. Gehry: Guggenheim-Museum Bilbao 217

Anhang **229**
1   Quellennachweis 229
2   Stichwortverzeichnis 231
    2.1   Personenregister 231
    2.2   Sachregister 233
3   Abbildungsnachweis 235

Autorin: Barbara Pfeuffer

Farbtafeln zum Download

Farbtafel 1:   Buchmalerei „Verkündigung an die Hirten"
Farbtafel 2:   Cézanne, „Zwei Kartenspieler"
Farbtafel 3:   Feuerbach, „Mandolinenspielerin"
Farbtafel 4:   Giotto, „Der Traum des Joachim"
Farbtafel 5:   Goya, „Don Manuel Osorio Manrique de Zúñiga"
Farbtafel 6:   Lorrain, „Seehafen bei aufgehender Sonne"
Farbtafel 7:   Manet, „Die Barke"
Farbtafel 8:   Matisse, „Das rosafarbene Atelier"
Farbtafel 9:   Matisse, „Die roten Fische"
Farbtafel 10: Monet, „Die Seinebrücke bei Argenteuil"
Farbtafel 11: Morandi, „Natura Morta"
Farbtafel 12: Steenwijck, „Vanitas-Stillleben"
Farbtafel 13: Velázquez, „Prinz Philipp Prosper"
Farbtafel 14: Vermeer, „Die Malkunst"

Vorwort

Liebe Schülerinnen und Schüler,

der Band „Werkerschließung" ist auf die Anforderungen der gymnasialen Oberstufe abgestimmt. Er kann sowohl **unterrichtsbegleitend** als auch zur **Abiturvorbereitung** eingesetzt werden.

Der Band enthält:
- Beschreibungen, Analysen und Interpretationen von Kunstwerken aus den Bereichen **Malerei, Grafik, Plastik** und **Architektur** im Laufe von acht Jahrhunderten
- Eine **exemplarische Erschließung** von Edouard Manets Gemälde „Die Barke" als methodische Hilfestellung
- Ausführliche Erläuterungen verschiedener **Techniken** und **Grundbegriffe** der Bildenden Kunst
- **Kompositionsschemata**, die die innere Struktur der Werke erklären
- **Exkurse**, in denen übergeordnete, zusätzliche Themen knapp und übersichtlich dargestellt werden
- **Farbreproduktionen zum Download**, die während des Lesens betrachtet werden können

Viel Erfolg bei der Arbeit mit diesem Buch und bei der Vorbereitung auf den Kunstunterricht und das Abitur!

Barbara Pfeuffer

Einführung

1 Werkerschließung: Möglichkeiten und Grenzen

„Wenn man nach Kunst fragt, muss man das Kunstwerk ansehen. Kunstwerke sind geformter Stoff." (Kurt Badt, Kunsthistoriker, 1890–1968)

Im vorliegenden Band geht es um das **einzelne, konkrete Kunstwerk**, das **beschrieben, analysiert und interpretiert** werden soll. Das zentrale Anliegen dabei ist, Kunstwerke sehr genau mit den Augen zu erfassen und über das Sehen zu einem Verständnis zu gelangen.

Im alltäglichen Leben strömt fast ununterbrochen eine Bilderflut auf uns ein. Meist sind es bewegte Bilder, die wir auf dem Bildschirm verfolgen. Unser Auge reagiert daher nicht mehr auf jeden optischen Reiz, es ist übersättigt bzw. abgestumpft. Wenn wir ein Kunstwerk vor uns haben, im Idealfall das Original, müssen wir unsere Augen sozusagen neu einstellen, uns zwingen, konzentriert und ausdauernd ein statisches Bild oder Objekt zu betrachten.

Der „geformte Stoff" geht auf einen Künstler zurück, der das Kunstwerk meist mit großem Zeitaufwand, immensem handwerklich-technischen Können und unter hoher geistiger Anspannung hervorgebracht hat. Künstler sind, wie man sagt, „Augenmenschen", die ihre Gedanken und Empfindungen nicht wie Dichter verbalisieren, sondern in Farben und Formen und mittels überlegt ausgewählter Materialien ausdrücken.

Wenn wir einem Kunstwerk offen und neugierig gegenübertreten, werden wir erleben, dass von diesem zunächst als statisch und „tot" wahrgenommenem Gebilde „Signale" ausgehen. So können der eindringliche Gesichtsausdruck eines Porträtierten oder die Leuchtkraft der Farben eines ungegenständlichen Gemäldes unser Interesse wachrufen bzw. starke Gefühlsregungen auslösen. In dem Moment, in dem wir in einen „Dialog" mit dem Kunstwerk treten, beginnt es zu „leben", d. h. Wirkung auf uns auszuüben, auch wenn seine Entstehung schon Jahrhunderte zurückliegt. Die künstlerische Arbeit überbrückt mühelos den trennenden Zeitraum.

Bilder und Worte

Beim „Dialog" mit dem Kunstwerk sind wir auf **Worte** angewiesen. Wir können mit Worten erläutern, in welchem Zusammenhang ein Kunstwerk entstand, von dem uns häufig ein großer zeitlicher Abstand trennt. Es ist z. B. möglich, dass es aus dem ursprünglichen Kontext herausgelöst worden ist: Ein gerahmtes Tafelbild, das sich heute in einem Museum befindet, kann ursprünglich die Mitteltafel eines Triptychons gewesen sein, das noch bis zur Zeit der Säkularisation auf dem Altartisch einer Kirche stand. Informationen solcher Art werden verbal vermittelt und sind Voraussetzung für eine gründliche Auseinandersetzung mit dem Kunstwerk.

Auch der Inhalt eines Bildes lässt sich meist recht gut in Worten wiedergeben. Eine mittelalterliche Abendmahlsdarstellung etwa bezieht sich auf das Neue Testament. Eine Geste Jesu, Brot und Wein usw. sind beschreibbar. Zudem hat gerade die Abendmahlsdarstellung eine so lange Tradition, dass wir den Bibeltext kaum noch ohne bildhafte Vorstellungen, die sich von berühmten Kunstwerken eingeprägt haben, lesen können. Wort und Bild gehen hier Hand in Hand.

Dennoch ist festzuhalten, dass Worte insgesamt nur bedingt geeignet sind, bildnerische Sachverhalte zu benennen. Formen und Farben lassen sich nicht immer in Worte fassen. Bei der Schilderung einer besonderen Atmosphäre oder differenzierter Farbtöne geraten wir mitunter an die Grenzen des Sprachvermögens.

Inhalt und Form

Beschäftigen wir uns mit dem **Inhalt** des Kunstwerks, setzen wir uns z. B. mit ikonografischen Fragen auseinander. Der Begriff **„Ikonografie"** ist aus dem Altgriechischen abgeleitet. „Ikon" heißt „Bild", „graphein" heißt „schreiben". Ebenfalls von „ikon" abgeleitet wird übrigens die „Ikone", das Kultbild der Orthodoxen Kirche.

Eine besondere Bedeutung kommt dem Inhalt in der mittelalterlichen Kunst zu, die eine vielschichtige Symbolik aufweist. So hat z. B. jede Pflanze und jedes Tier in mittelalterlichen Darstellungen eine festgelegte symbolische Bedeutung.

Unter **„Ikonologie"** (altgr. „lógos": Lehre) versteht man eine Sparte der Kunstwissenschaft, die sich mit der Deutung von Symbolen befasst, die dem Künstler unter Umständen nicht bewusst waren und dennoch in die Gestaltung miteingeflossen sind. Ein Goldgrund zeigt z. B. an, dass ein Bild in einem christlichen Umfeld und vor Beginn der Neuzeit entstanden ist. Um 1500 verschwand nämlich der Goldgrund, der an die mittelalterliche Sakralkunst (lat. „sacer": heilig) geknüpft war. Derartige Symbole sind charakteristisch für eine bestimmte Zeit.

Jeder Inhalt wird durch eine bewusst gestaltete **Form** transportiert. Allen Formelementen liegt eine bestimmte Struktur zugrunde, die auf den schöpferischen Prozess zurückgeht. Eine solche Struktur könnte man mit einem geistigen Netz vergleichen, das Beziehungen herstellt und Sinn erst möglich macht. Das Ganze des Kunstwerks ist daher mehr als die Summe seiner unmittelbar sichtbaren Teile. Unsere Aufgabe ist es, die Botschaft, die uns der Künstler mit sinnvoll geordneten Formen übermittelt, zu entschlüsseln. Um bei diesem Bemühen nicht abzuschweifen, sich in Nebensächlichkeiten zu verlieren und dabei zugleich möglichst eingehend die einzelnen Facetten des Kunstwerks zu studieren, bedarf es einer **Methode**, mit deren Hilfe wir zu der vom Künstler intendierten Botschaft vorzudringen versuchen. Dabei ist anzumerken, dass es nie die eine, immergültige Interpretation geben wird. Jeder Mensch und jede Zeit sieht ein Kunstwerk auf andere Weise.

Kunst und Methode

Kunst und „Methode" scheinen sich zunächst auszuschließen. Kunstwerke entstehen auch nicht nach einem vorgegebenen Rezept. Wir haben in ihnen hochempfindliche, komplizierte Organismen vor uns, die sich nicht in ein Schema zwängen lassen. Wie die verbale Vermittlung müssen wir auch die Methode der Werkerschließung als unzulängliches, aber notwendiges Mittel zum Zweck begreifen. Sie gibt ein Gerüst vor, das flexibel zu handhaben ist.

Verschiedene Kunsthistoriker haben unterschiedliche Methoden vorgeschlagen, von denen hier zwei kurz vorgestellt werden sollen.

HANS SEDLMAYR (1896–1980) will die **formale Struktur** des Kunstwerks herausfiltern, indem er es in der Anschauung „rekonstruiert". Er meint damit ein geistiges Wieder- und Neuerschaffen des Kunstwerks. Schritt für Schritt nähert er sich dem Punkt, an dem der Künstler ansetzte bzw. sich seine Idee zum ersten Mal manifestierte. Ein (gedankliches) Zerlegen (Analysieren) soll bis zum innersten Kern des Kunstwerks führen. Dieser könnte ursprünglich aus einer flüchtigen Ideenskizze bestanden haben, die bereits die künstlerische Intention im Keim enthielt.[28]

Während Sedlmayr die Formstruktur in den Vordergrund stellt, richtet sich das Interesse ERWIN PANOFSKYS (1892–1968) auf das Inhaltliche. Er entwirft ein **„Schichtenmodell"**, mit dessen Hilfe die übergeordnete Bedeutung („Wesenssinn") Schicht für Schicht freigelegt werden soll. In einer ersten Phase beschreibt man die einfachste Bedeutungsschicht, den „Phänomensinn": Ein Kunstwerk stellt etwas dar, hat ein bestimmtes Sujet. Ordnet man ein Bild einem bestimmten Sujet zu, etwa der „Geburt Christi", so spricht Panofsky von der „vorikonografischen Beschreibung". Zu dieser Phase gehört auch die Beschreibung dessen, was man sieht, und die Erklärung der Art und Weise, wie die einzelnen Teile des Kunstwerks zueinander geordnet sind. In einer zweiten Phase, der „ikonografischen Analyse", werden einzelne Symbole aufgespürt und entschlüsselt. In der letzten Phase, der „ikonologischen Interpretation", soll die überzeitliche Idee des Kunstwerks, sein „Wesenssinn", aus Form und Inhalt erschlossen werden. Für Panofsky ist dabei der jeweilige Interpret durch eine „persönliche Psychologie und Weltanschauung" geprägt.[22]

Sowohl Sedlmayr als auch Panofsky gelangen sozusagen von außen nach innen. Sie fordern die differenzierte Auseinandersetzung mit Inhalt und Form, um dem Sinn des Kunstwerks näherzukommen.

Die hier vorgeschlagene Methode der Werkerschließung basiert auf den Vorgehensweisen der eben genannten Kunsthistoriker.

- Unsere erste Begegnung mit dem Kunstwerk löst eine spontane, gefühlsgesteuerte Reaktion aus. Wir halten diesen **„ersten Eindruck"** fest, der sich sonst im Verlauf der weiteren Auseinandersetzung verflüchtigen könnte. Es kann sein, dass uns diese ersten, unreflektierten Wahrnehmungen den Weg zu einer Erklärung des Kunstwerks zeigen werden.
- Eine gründliche **Beschreibung** dessen, was man sieht, öffnet einem selbst und anderen die Augen für Details, die bei oberflächlicher Betrachtung nicht wahrgenommen werden. Dabei erklärt man, worum es in dem Kunstwerk geht (Inhalt, Thematik), ordnet es zeitlich ein und berücksichtigt alle verfügbaren Informationen.
- Formale Aspekte werden in der **Analyse** behandelt, d. h. sämtliche Elemente, die ein Kunstwerk ausmachen, werden untersucht. Ein Ganzes wird in einzelne Teile zerlegt. Ziel aller Bemühungen ist, die „äußere Schale", die das Innere spiegelt, aufzubrechen, um zum „Kern" (Botschaft, Aussage) vorzudringen. Da alle Formelemente vom Künstler so organisiert worden sind, dass sie einen Sinn ergeben, können wir uns sehend und reflektierend an diesen Sinn herantasten.
- Auf die Analyse folgt die **Interpretation**. Was man zuvor gedanklich auseinandergenommen hat, wird nun wieder zusammengefügt (Synthese). Hier geht es nicht nur um die rationale Rekonstruktion der Teile zu einem Ganzen, sondern ebenso um die emotionale Ebene, die jeden Interpreten auf andere Weise bei seinen Überlegungen beeinflusst.

Die in diesem Band vorgestellten Werkerschließungen verstehen sich als mögliche Hilfestellungen zum Verständnis von Kunstwerken, keineswegs als endgültige, unumstößliche Interpretationen. Kunstwerke sind – ebenso wie seine Interpreten – individuelle, lebendige Wesen, nach Rilke „*geheimnisvolle Existenzen, deren Leben neben dem unseren, das vergeht, dauert*".

2 Anleitung zur Werkerschließung

Um ein Kunstwerk intensiv zu erleben, seine Struktur zu verstehen und Form und Inhalt zu deuten, hat sich ein Vorgehen in drei Schritten bewährt:
1. Beschreibung: **Was** ist zu sehen?
2. Analyse: **Wie** sind die Bildelemente zueinander geordnet?
3. Interpretation: **Warum** bedient sich der Künstler eines besonderen Inhalts und einer besonderen Form? **Was** möchte er damit aussagen?

Begründet ist dieses Vorgehen in der Struktur des Kunstwerks selbst, innerhalb derer eine inhaltliche und eine formale Ebene unterschieden wird. Die visuell erfahrbare Sprache des Künstlers, die beschrieben und analysiert wird, dient dazu, etwas mitzuteilen. Die Interpretation dieser im Bildnerischen angelegten Botschaft darf nicht vom Kunstwerk wegführen, sondern soll zum Kern desselben vordringen. Das Kunstwerk als Ganzes, als etwas Sichtbares und materiell Gegebenes und als Bedeutungsträger steht im Blickfeld des Interpreten.

Die beschriebene Vorgehensweise ist vor allem auf Werke der Malerei anwendbar. In leicht abgewandelter Form lässt sie sich auch auf Zeichnung, Druckgrafik, Bildhauerei und Objektkunst, Fotografie und Architektur übertragen. In der Architektur muss sie stärker modifiziert werden.

2.1 Beschreibung: Was ist zu sehen?

Die Begegnung mit einem Kunstwerk löst spontane, emotionale Reaktionen aus. Sie werden als „erster Eindruck" festgehalten. So wird Gefallen oder Missfallen geäußert, werden besonders auffällige Bildpartien (z. B. greller Lichtschein) notiert sowie die vom Bild ausgehende Stimmung in Worte gefasst. Empfängt einen das warme Licht der untergehenden Sonne oder verbreitet eine Neonbeleuchtung eine kalte, unwirtliche Atmosphäre? Handelt es sich um ein ruhiges Miteinander von Menschen oder um eine hochdramatische Kampfszene? Der erste Eindruck gibt den sogenannten **Anmutungscharakter** eines Kunstwerks wieder.

Geht man zur eigentlichen Beschreibung über, sollte man zunächst Informationen zum Kunstwerk sammeln. **Faktenwissen** trägt zum Verständnis des Dargestellten bei. Dazu gehören z. B. die Bestimmung des Sujets (Thema) wie „Heilige Familie" oder „Apoll und Daphne", Informationen zum Künstler wie Frühwerk, Spätwerk, Entstehungsumstände und Auftraggeber, die ursprüngliche Funktion des Kunstwerks usw.

Die Beschreibung sollte in einer sinnvollen Reihenfolge geschehen:
- Bei einem **tiefenräumlich** angelegten Bild geht man von vorn nach hinten vor (Vorder-, Mittel- und Hintergrund) (z. B. Landschaftsmalerei des 17. Jahrhunderts).
- Bei einem **flächigen** Bild geht man vom Zentrum aus. Wenn jede Zentrierung vermieden wird (z. B. bei der All-over-Malerei von J. POLLOCK), müssen neue, dem Bild angepasste Wege gefunden werden.
- Bei einem Renaissance- oder Barockbild, bei dem im linken, unteren Bildbereich ein **Anhebungsmotiv nach rechts** ins Bild hineinweist, geht man von links nach rechts vor. Diese Bewegung entspricht der Schreibgewohnheit des Europäers (z. B. PETER PAUL RUBENS, „Raub der Töchter des Leukippos", Alte Pinakothek, München; ein golden glänzendes Tuch leitet den Blick nach rechts oben und bezeichnet den Beginn einer Kreisbewegung).

Aufschlussreich für die Erkundung des Kunstwerks kann die **Position des Betrachters** sein, die ihm vom Künstler zugewiesen wird. Folgende Überlegungen sollten dabei angestellt werden:
- Von wo aus sieht man auf die dargestellte Szene? Von einem erhöhten oder niedrigen Standpunkt aus (Vogel- oder Froschperspektive)?
- Erkennt man die Dinge von Nahem oder blickt man aus der Ferne auf das Motiv (Nah- oder Fernsicht)?
- Existiert eine Identifikationsbrücke, z. B. eine Rückenfigur (häufig bei C. D. FRIEDRICH zu finden), die im Vordergrund steht und mit deren Augen man sozusagen ins Bild schauen kann?
- Blickt uns eine der dargestellten Personen an und nimmt damit Kontakt zum Betrachter auf? Oder sind die gemalten Gestalten ganz für sich, in ihrer eigenen Welt?
- Hat man ein ganzes Panorama vor sich oder nur einen kleinen Ausschnitt?
- Ist der dargestellte Raum „betretbar"? D. h. kann man sich als Betrachter vorstellen, im imaginären Raum zu stehen? Führt ein Weg in die Bildtiefe oder ist der Zugang versperrt?

In J. A. Kochs Gemälde „Der Schmadribachfall" von 1821/22 z. B. folgt man mit den Augen einem Gebirgsbach und gelangt auf diese Weise in den imaginären Landschaftsraum (offener, betretbarer Raum). In C. D. Friedrichs Gemälde „Das Eismeer" aus dem Jahr 1823 hingegen versperren aufgetürmte, unüberwindlich erscheinende Eisschollen den Zugang und halten den Betrachter auf Distanz.

„Beschreiben" heißt „Konstatieren dessen, was man unmittelbar sieht", und heißt nicht „Analysieren" und „Interpretieren". Die Vermengung beschreibender, analysierender und interpretierender Feststellungen lässt sich allerdings nicht immer vermeiden, denn nur dadurch, dass Formales und Inhaltliches eng miteinander verflochten sind, kann das Kunstwerk als Ganzes seine Wirkung ausüben.

Beispiel für „Beschreibung", „Analyse" und „Interpretation" in Bezug auf das Bild „Der Watzmann" von C. D. Friedrich:
- **Beschreibung:** Im Hintergrund erhebt sich ein schneebedeckter Berg ...
- **Analyse:** Mit Mitteln der Luft- und Farbperspektive wird die tiefenräumliche Wirkung erzielt ...
- **Interpretation:** Das gewaltige Gebirgsmassiv macht uns die Großartigkeit der Schöpfung bewusst ...

2.2 Analyse: Wie sind die Bildelemente zueinander geordnet?

Wir „zerlegen" gedanklich das Ganze der Komposition, um das zugrunde liegende Beziehungs- und Bedeutungsgeflecht der Teile (Gestaltungselemente) aufzudecken bzw. deren Sinnzusammenhang nachzuvollziehen. Ziel der Auseinandersetzung mit der Komposition ist demnach das Auffinden der dem Kunstwerk innewohnenden Struktur.

Komposition wird vom lateinischen Verb „componere" abgeleitet, was „Zusammenfügen" heißt. Gemeint ist das Zusammenfügen der bildnerischen Elemente zu einem Ganzen. Solche Elemente sind in erster Linie **Form** (Linie, Fläche) und **Farbe**.

Form und Farbe sind Elemente der Bildfläche, können aber zugleich den Eindruck von Bildraum erzeugen. Eine Meeresfläche im Hintergrund wird z. B. sowohl als blaue Farbfläche auf der Leinwand als auch als Ferne wahrgenommen. Eine strenge Aufgliederung dieser ambivalenten Wirkung einer Farbfläche ist im Allgemeinen nicht möglich. Dennoch wird im Folgenden versucht, Elemente der Bildfläche und des Bildraumes sowie die Farbgestaltung voneinander getrennt zu untersuchen, um die Analyse in möglichst überschaubarer Weise durchzuführen.

Organisation der Bildfläche

Die Bildfläche wird durch Linien und Flächen gegliedert. Bei den Linien unterscheidet man zwischen gedachten und ausgesprochenen Linien:
- Gedachte Linien sind Linien, die als solche nicht sichtbar, für den Bildaufbau aber von besonderer Bedeutung sind. So kann eine senkrechte Symmetrieachse das Bild durchziehen und eine ausgewogene Komposition bewirken. Ebenso können Achsen, die durch Bildgegenstände verlaufen (z. B. senkrecht stehende Personen), oder Achsen, die als Bildbegrenzung fungieren (z. B. Baumstamm), das Bildgefüge gliedern. Vor allem in der Renaissance waren verschiedene geometrische Konstruktionen gebräuchlich (z. B. Dreieckskomposition, Goldener Schnitt), die für Klarheit und Harmonie sorgen.
- Ausgesprochene Linien sind tatsächlich sichtbare Linien. In der Malerei sind dies die Grenzen zwischen Farbflächen. Isolierte Linien, also rein grafische Elemente, sind selten (aber z. B. in zahlreichen ungegenständlichen Kompositionen von WASSILY KANDINSKY überlagern linear-grafische Elemente die darunterliegenden farbigen Flächen). Ausgesprochene Linien sind auch deutlich gezogene Umrisslinien bzw. grafische Muster.

Finden sich auffallend viele senkrechte und waagerechte Linien, die zusammen ein „Gerüst" (Raster) bilden, spricht man von einem in sich gefestigten statischen Bildgefüge bzw. von einer Bildtektonik (Assoziation: Ruhe, Ausgeglichenheit). Der Bildaufbau kann in einem solchen Fall mit einer Architektur verglichen werden, die von stützenden Senkrechten und lastenden Waagerechten bestimmt wird (z. B. bei Arbeiten von JAN VERMEER, EDOUARD MANET und PAUL CÉZANNE).

Dominieren Diagonalen, gebogene bzw. geschwungene, kreisende Linien, wird die Bildanlage eher als dynamisch empfunden (Assoziation: Bewegung, Hektik) (z. B. „Die Löwenjagd" von PETER PAUL RUBENS oder „Komposition Nr. 50" von JACKSON POLLOCK).

Bei den Flächen, die für den Bildaufbau bestimmend sind, untersucht man, ob größere, zusammenhängende Bildzonen existieren, ob sie voneinander abgegrenzt sind oder ineinander übergehen (z. B. Vorder-, Mittel- und Hintergrund oder Figur – Grund/Umfeld). Auffallend große, in sich geschlossene Farbflächen können zu auffallend kleinteiligen Bereichen im Kontrast stehen, ebenso wie dunkle, helle oder mattfarbige Flächen zu intensiv farbigen Zonen.

Organisation des Bildraumes

Untersucht man die Organisation des Bildraumes, ist zu fragen, welche Mittel der Künstler einsetzt, um einen Bildraum zu erzeugen bzw. inwieweit er überhaupt eine räumliche Wirkung beabsichtigt.

	RAUMSCHAFFENDE MITTEL
ALLGEMEIN	• Verkleinerung nach hinten (Größenabnahme) • Überschneidung • diagonale Linien • Darstellung von Bewegung (z. B. eine in den Bildraum schreitende Gestalt) • Plastizität durch Hell-Dunkel (Modellierung der Bildgegenstände) • Lichtsituation (sind die Oberflächen der Dinge gleichmäßig abgestuft oder fällt z. B. ein greller Lichtstrahl auf einen bestimmten Punkt?)
LANDSCHAFTEN	• Luftperspektive Nähe: kräftige, dunkle Farben; klare Umrisse; Präzision Ferne: Dunst; Verschwimmen der Konturen; kühle, helle, bläuliche Farbtöne; „Verblauen" • Farbperspektive Nähe: warme, intensive Farben Ferne: kalte, matte Farben
GEMALTE ARCHITEKTUR	• Linearperspektive (z. B. Zentralperspektive; Lage des Fluchtpunkts kann für den Bildsinn entscheidend sein)

Farbe als Gestaltungselement

Die eingehende Beschäftigung mit der Farbe im Bild wird auch die Untersuchung von Bildfläche und Bildraum begleiten. Wie bereits erwähnt, setzt sich die Bildfläche aus nichts anderem als aus Farbe zusammen, wird aber zugleich als räumlich wahrgenommen. Auch ein ungegenständliches Bild suggeriert in gewisser Weise Räumlichkeit, denn Farbe an sich wirkt räumlich. Warme Farben (Rot, Orange, Braun) bewirken den Eindruck von Nähe, kalte Farben (Blau, Blaugrün) treten scheinbar zurück.

Unter dem Aspekt „Farbe" stehen folgende Punkte zur Diskussion:
- Überwiegt die koloristische oder die valeuristische Anlage? (Farbige Gesamtkonzeption)
- Dominiert der darstellende Wert der Farbe oder deren Eigenwert?
- Haben die Farben symbolische Funktion (wie z. B. im Mittelalter)?

- Wie sind die Farben innerhalb der Bildfläche verteilt?
- Welche Farben überwiegen?
- Welche Farbkontraste sind für die Bildwirkung entscheidend? (Vgl. Exkurs „Farbe")
- Wie stellt sich der Farbauftrag dar (Malweise)?

Zum Aspekt „Malweise" ist zu bemerken, dass jeder Künstler seine eigene Art hat, mit dem Pinsel umzugehen und die Farbe aufzutragen. Die Art und Weise, wie er den Pinsel handhabt, nennt man **Duktus** (lat. „ducere": lenken, leiten). So kann Farbe z. B. mit dem Borstenpinsel grob aufgestrichen oder mit dem Marderhaarpinsel behutsam und glatt aufgetragen werden. Um eine glatte Farboberfläche zu erhalten, können die Pinselstriche „vertrieben" werden, d. h. Pinselspuren werden nachträglich getilgt.

Die Pinselführung bei einer statisch wirkenden Bildorganisation ist meist eher behutsam, sorgsam. Überwiegt der Eindruck des Dynamischen, so fällt dies oft zusammen mit einem locker-schwingenden Duktus.

Die Bildoberfläche erhält einen anderen Charakter, wenn der Farbe irgendwelche Materialien beigemischt werden. JAN VERMEER und WILLI BAUMEISTER haben zum Beispiel mitunter Sand beigemischt, ANSELM KIEFER vermengt Farbe u. a. mit Stroh.

2.3 Interpretation: Was will der Künstler oder die Künstlerin aussagen?

Die Interpretation zieht Schlussfolgerungen aus subjektiver Bewertung, Beobachtetem und Analysiertem. Sie ist abhängig von der Person, die interpretiert, die wiederum in einer bestimmten Zeit lebt, sich in einer bestimmten Lebensphase befindet und mit einem ganz bestimmten Interesse an das Bild herangeht. Daraus folgt, dass ein objektives Vorgehen ausgeschlossen ist.

Dass ein Kunstwerk aus früherer Zeit heute anders gesehen und gedeutet wird als zu seiner Entstehungszeit, zeigt gerade die Lebendigkeit von Kunst. Ein vor Jahrhunderten fertiggestelltes Bild teilt sich dem heutigen Betrachter mit, sofern er sich intensiv mit dem Kunstwerk befasst und sich emotional auf das Kunstwerk einlässt. Der Rückgriff auf den ersten Eindruck wird zeigen, ob spontan Empfundenes im Verlauf der Untersuchung bestätigt und vertieft bzw. abgeschwächt und oder gar widerlegt wurde. Die einzelnen Schritte der Untersuchung belegen, wie jedes Bildelement sinnvoll auf die anderen Elemente bezogen und somit innerhalb des Form- und Bedeutungsgeflechtes unentbehrlich ist.

Was zuvor in der Analyse zerlegt (analysiert) wurde, muss in der Interpretation wieder zu einem Ganzen gefügt werden **(Synthese)**. Das Augenmerk des Interpreten richtet sich erneut auf das ganze Kunstwerk und nicht nur auf einzelne Aspekte des Inhalts oder der Form. Ohne die vorangegangene Analyse würde der Blick allerdings am vordergründigen Inhalt hängen bleiben und nicht durch die Oberfläche dringen.

Die Beschäftigung mit der tieferen Bedeutung bzw. der Botschaft des Kunstwerks verlangt visuelle und gedankliche Arbeit, also die Aktivität des Betrachters. Der Künstler setzt sich bildnerisch mit essenziellen Problemen auseinander, die nicht veralten. Indem wir versuchen, das Lebensgefühl einer früheren Epoche zu ergründen, kommen wir nicht umhin, unser eigenes Lebensgefühl als Vergleichsmaßstab mit ins Spiel zu bringen. Je tiefer wir in die Struktur des Kunstwerks eindringen, desto intensiver werden wir uns mit uns selbst beschäftigen. Interpretation berührt existenzielle Fragen, die uns selbst betreffen. Letztlich stellt jedes Kunstwerk die Frage nach dem Sinn des Daseins und mündet so in die angrenzenden Bereiche der Philosophie bzw. Theologie.

3 Durchführung einer exemplarischen Werkerschließung zu Edouard Manet: „Die Barke"

Kurzbiografie

EDOUARD MANET, geboren 1832 in Paris, lernte im Atelier des damals populären Historienmalers THOMAS COUTURE. Autodidaktisch bildete er sich in Museen und vor der Natur weiter. Obwohl er mit zahlreichen jüngeren Impressionisten freundschaftlich verbunden war, stellte er nicht mit ihnen zusammen aus. Es war ihm um öffentliche Anerkennung zu tun, die ihm aber erst kurz vor seinem Tod zuteil wurde. Manet starb im Jahr 1883 51-jährig in Paris.

1874, im Jahr der ersten Impressionistenausstellung, malte er seinen Freund CLAUDE MONET in dessen Atelierboot auf der Seine in der Nähe von Argenteuil, beliebtes Ausflugsziel der Pariser. In der folgenden, ausführlichen Analyse werden nahezu alle zuvor angesprochenen Aspekte anhand des Gemäldes von Manet untersucht.

Edouard Manet: „Die Barke" (1874), Öl auf Leinwand, 80 × 99 cm, Neue Pinakothek, München

3.1 Beschreibung

Eine friedvolle Stimmung geht von dem Bild aus. Die Barke, die Claude Monet zu einem schwimmenden Atelier umbauen ließ, liegt vermutlich in einer Bucht oder einem Seitenarm der Seine in ruhigem Gewässer. Die glitzernde und spiegelnde Wasseroberfläche ist etwas gekräuselt. Bei längerer Betrachtung meint man, das leichte Schwappen und Klatschen der Wellen gegen den Rumpf des Kahns zu hören.

Der Himmel ist an diesem sommerlich-warmen Tag leicht bewölkt. Flecken blauen Himmels lassen aber doch so viel Sonnenlicht hindurch, dass Monet das Sonnendach aufgespannt hat und sich mit einem Sonnenhut schützt. Das ganze Bild ist von Licht überzogen, auch wenn das „Atelier" im Schatten liegt. Der bärtige Maler, bekleidet mit einem weißen Hemd und einer hellen, beigefarbenen Hose, sitzt in zentraler Position am Bug des Bootes, das den Vordergrund des Bildes und nahezu die gesamte Bildfläche einnimmt, und betrachtet konzentriert sein Landschaftsbild. Man sieht ihn von der Seite, das rechte Bein hat er lässig auf den Bootsrand gelegt, den rechten Ellenbogen stützt er auf dem Knie ab. Die Pinsel und Palette haltenden Hände sind nur vage angedeutet, sodass sie unscharf wirken und man sich vorstellen kann, dass sie sich gerade noch bewegt haben.

Seine Frau, die im Eingang zur blau gestrichenen Kajüte sitzt, ein schwarzes Hütchen auf dem Kopf und ein offenes Buch in den Händen, blickt ebenfalls in die Richtung der Staffelei, wenn sie das Bild auch nur schräg von hinten zu sehen vermag. Ihre Gesichtszüge hat Manet nur knapp angedeutet.

Betrachtet man die Gegend hinter der Barke, stößt man am linken oberen Bildrand auf eine Insel oder einen Landvorsprung, auf dem ein Bootshaus und daneben eine Pappel zu sehen sind. Einige Segelboote liegen abgetakelt zu beiden Seiten der Seine, es scheint Werktag zu sein. Monet kann sich daher in aller Ruhe, ohne von Freizeitsportlern gestört zu werden, seiner künstlerischen Arbeit widmen. Das gegenüberliegende Seine-Ufer markiert zugleich den ziemlich weit oben im Bild liegenden Horizont. Fabrikschornsteine und einige Häuser sind hier im Hintergrund schwach zu erkennen. Der nach links ziehende Qualm deutet eine leichte Brise an.

Manet mag auf einem etwas erhöhten Bootssteg seine Staffelei aufgestellt haben, um Monet zu malen. Der hoch liegende Horizont und die Sicht auf das Dach der Barke legen diese Vermutung nahe. Auf dem schwarzblauen Rumpf des Bootes erkennt man die Signatur „Manet". Es existieren zwei Fassungen zu diesem Bild, beide blieben unvollendet.

3.2 Analyse

Organisation der Bildfläche
Der Blick richtet sich zuerst auf den mittleren, zentralen Bildbereich, in dem Monet, seine Frau Camille und das in Arbeit befindliche Gemälde zu sehen sind. Zieht man ein Fadenkreuz über die Bildfläche (vgl. Kompositionsschema, S. 14), so erkennt man, dass sich Monets Kopf in der Nähe des geometrischen Mittelpunkts des Bildformates befindet. Die Gestalt des Malers, dessen Gesicht man im Profil sieht, kann einem Dreieck einbeschrieben werden, ebenso wie die Gestalt von Camille, die man von vorn sieht. Ihre auf das Bild gerichteten Blicke tragen dazu bei, dass auch das Auge des Betrachters an ihm haften bleibt.

Den größten Raum innerhalb des Bildes nimmt die Barke ein, der eigentliche Schauplatz des Geschehens. Ihr Bug ragt links weit nach vorn, das Heck liegt dagegen etwas weiter hinten. Man kann sich eine Symmetrieachse durch die Länge des Schiffsrumpfes gezogen vorstellen, die eine vom Betrachter wegführende Diagonale darstellt. Parallel dazu verläuft die Symmetrieachse des Bootsdaches. Das Kajütendach ist durch eine gestreifte Markise, die am vorderen Mast angehängt ist, verlängert worden, sodass das Boot fast in ganzer Länge überdacht ist. Das geschwungene Dach überschneidet den weit oben liegenden Horizont im Bereich der nur schwach angedeuteten Siedlung am gegenüberliegenden Ufer.

Während bisher vor allem **gedachte Linien** aufgezeigt wurden, geht es im Folgenden um **ausgesprochene Linien**, d. h. tatsächlich sichtbare Linien.

Kompositionsschema zu Edouard Manet, „Die Barke"

Von bestimmender Wirkung für den Gesamteindruck sind fraglos die geschwungenen Begrenzungslinien des Atelierbootes. Diese zum Teil als lineare Elemente (dunkelbraune Linien als Dachränder), zum Teil als Kanten wahrnehmbaren Umrisslinien umschließen von unten (Schiffsrumpf) und oben (Dach) das Bildzentrum. Ganz locker hat Manet den über Monet von der Markise herabhängenden Volant mit dem Pinsel gezeichnet. Die unregelmäßigen Bögen ähneln einem Schriftzug. Im Übrigen sind vor allem gerade Linien für die Bildstruktur kennzeichnend. Besonders deutlich sind sie im Bildzentrum zu beobachten. Hier erfüllen sie die Funktion, das Bildthema (Monet beim Malen) zu umreißen und hervorzuheben.

Hinter dem Rücken des Malers erhebt sich der Bootsmast, der fast bis zum oberen Bildrand hinaufreicht. Da er ein wenig nach links geneigt ist, hat man den Eindruck, als mache er das leichte Schwanken des Bootes mit. Monets Kopf und Oberkörper verdecken weitgehend die linke, gelbliche Begrenzungslinie der blauen Kajüte. Über seinem Kopf erstreckt sich das in diesem Bereich annähernd horizontal abschließende Sonnendach. Unterhalb von Monet kann ebenfalls eine Waagerechte gezogen werden, sodass der Maler in ein Raster aus rechtwinklig zueinander verlaufenden Linien eingespannt ist. Auf dieselbe Weise wird Camille von der Türöffnung der Kajüte umgrenzt. Der streng tektonische Aufbau im Bildzentrum wird durch das schwingende Dach, die Volants und das Skizzenhafte der Malweise aufgelockert. Das Bild auf der Staffelei fügt sich nicht in das Gerüst aus Senkrechten und Waagerechten sowie bildparallelen Flächen (vordere Kajütenwand). Manet hat die Staffelei diagonal in den Bildraum gestellt und dadurch zum Betrachter gedreht. Wenn Claude Monet sein Bild im direkten Gegenüber vor sich hätte, würde man als Betrachter nur einen schmalen, stark verkürzten Streifen von der unfertigen Leinwand sehen.

Zu den Bildrändern hin lockert sich die Struktur. Gegenständliche Motive sind im Hintergrund sehr klein und skizzenhaft wiedergegeben. Senkrechte und waagerechte Elemente wirken daher nicht so stark konstruktiv wie im Vordergrund. Während eine innere Rahmung im Bildzentrum deutlich zu erkennen ist, bleibt das Gemälde zu den Seiten hin eher offen. Trotz einiger rahmender Elemente überwiegt sein **ausschnitthafter Charakter**.

Auf den Rahmen bezogen ist beispielsweise die Pappel im linken oberen Bildbereich, die sich als Senkrechte noch in der Wasserspiegelung fortsetzt. Am rechten oberen Bildrand wirken zwei Schiffsmasten begrenzend. Als Abschluss nach unten kann der dunkelblaue, schwer und breit sich lagernde Rumpf des Bootes angesehen werden, oben wiederholt der Horizont die waagerechte Bildkante.

Die eben erwähnten Motive beeinträchtigen die Vorstellung, dass sich die Wasserfläche nach rechts und links fortsetzt, nur unwesentlich. Auch bis an die untere Bildkante reicht das Wasser. Zwar kann der Schiffsrumpf als untere Begrenzung angesehen werden, doch ist er ringsum von Wasser umgeben, und der imaginäre Beobachter des Geschehens hat gleichsam keinen festen Boden unter den Füßen. Das Ausschnitthafte wird auch durch das Ruder betont, das rechts am Bootsrand eingehängt ist, mit seinem unteren Ende im Wasser schwimmt und vom Bildrand überschnitten wird. Dieses Ruder stellt eine der wenigen ausgesprochenen Diagonalen dar und hat vor allem die Funktion, auf das Leinwandbild hinzuweisen.

Nicht nur Linien bestimmen das Bildgefüge, sondern ebenso **Flächen**. Den Vordergrund (Atelierboot) nimmt man als große, zusammenhängende Fläche wahr, sie füllt fast das gesamte Bildformat aus. Innerhalb des Vordergrundes stellt der schwarzblaue Schiffsrumpf, den man als Basis auffassen kann, eine besonders große, homogene Farbfläche dar. Die umgebende Wasserfläche reicht von der unteren Bildkante bis zum jenseitigen Ufer, das etwa mit dem Horizont zusammenfällt. Hinter dem Boot nimmt sie fast den gesamten Mittelgrund ein. Der schmale Uferstreifen und der sich darüber hinziehende Himmel bilden den Hintergrund. Wenn auch das Atelierboot eine in sich geschlossene Zone darstellt, ist diese doch mit der Umgebung (Wasserfläche, linke Landzunge, gegenüberliegendes Ufer) in verschiedener Hinsicht verzahnt:

- Das Dach überschneidet den Horizont und ist rechts von einer klaren, bräunlichen Linie begrenzt. Am linken oberen Rand geht es dagegen nahezu in den Hintergrund über. Helligkeit, Pinselführung und Farbgebung ähneln einander in diesem Bereich und verwischen ein Davor und ein Dahinter.
- Das gestreifte Sonnendach berührt an seiner linken Kante die von links ins Bild ragende Landzunge und den nur angedeuteten, senkrechten Mast des bläulichen Bootes davor.
- Der hellblaue Farbton der rechten Kajütenwand unterscheidet sich kaum von dem der anschließenden Wasseroberfläche.
- Der Mast des Atelierbootes ragt über den Horizont hinaus bis in den Himmel hinauf, verbindet also die vorderste mit der hintersten Bildzone.
- Das Schwarzblau des Schiffsrumpfes setzt sich in der Spiegelung im Wasser fort.

Organisation des Bildraumes

Das Bild wirkt insgesamt nicht sehr räumlich. Es sollen daher einerseits die Bildelemente untersucht werden, die für eine begrenzte Tiefenräumlichkeit verantwortlich sind, andererseits ist zu überlegen, welche Elemente den Eindruck von Räumlichkeit abschwächen. Manet wendet verschiedene Mittel zur Erzeugung von Tiefenräumlichkeit an:

- **Verkleinerung:** Das dem Betrachter sehr nahe, große Atelierboot steht im Kontrast zu den am Horizont kaum noch erkennbaren, kleinen Bildgegenständen, deren Dimensionierung auf eine beträchtliche Entfernung zum Vordergrund schließen lässt.
- **Überschneidung:** Das Atelierboot überschneidet einen großen Bereich des Bildes und betont damit das Davor und Dahinter. Auch im Detail treten häufig Überschneidungen auf. So ragt der Bootsmast vor Monet auf, der Künstler sitzt vor der Kajütenwand usw.
- **Diagonale:** Das Atelierboot liegt nicht bildparallel (parallel zum horizontalen Bildrand) im Wasser, sondern diagonal von links vorn nach rechts hinten. Die Gegenrichtung beschreiben Ruder und Staffelei.
- **Bewegung:** Wenn auch keine heftige Bewegung gezeigt wird, so wirkt das Bild doch durch Wasserspiegelungen, das Spiel von Licht und Schatten und die zum Teil eher flüchtige Malweise bewegt.
- **Farbperspektive:** Eine kontinuierliche Veränderung von warmen Farbtönen im Vordergrund hin zu kühlen im Hintergrund kann man hier nicht beobachten. Im gesamten Bildbereich herrscht eine ausgesprochen kühle Farbgebung vor. Einige wärmere Farbpartien, die bis zu einem gewissen Grad Nähe und Wärme suggerieren, sind im Vordergrund zu erkennen, etwa das Ocker des Daches, das Gelb des Strohhutes und die vereinzelten roten Linien auf dem Sonnendach. Das Hellblau des Himmels scheint die Stadtsilhouette im Hintergrund ganz leicht zu überziehen, sodass man von einem Verblauen in der Ferne sprechen kann.
- **Luftperspektive:** Manet malt, was er sieht, daher muss der Vordergrund farbintensiver und dunkler als der Hintergrund gehalten sein. Die Häuser am Horizont liegen im Dunst, der vom Qualm der Schornsteine herzurühren scheint. Am Blau der Wasserfläche lässt sich der Übergang von kräftigeren Farbtönen bis hin zu einem sehr hellen, zarten Blau (Himmel) beobachten.
- **Linearperspektive:** Manet legt seinem Bild keine streng-mathematische Konstruktion mit einem oder mehreren Fluchtpunkten zugrunde. Fluchtlinien sind nicht eindeutig auszumachen, da klar umrissene Kuben fehlen. Die hohe Lage des Horizonts lässt uns das Motiv in Aufsicht wahrnehmen.

Man kann sich vorstellen, dass Manet auf einem anderen Boot (oder am nahen Ufer) an der Staffelei stand und daher auch auf das Dach des Bootes blicken konnte, das er demzufolge abbildete.

- **Plastizität durch Licht und Schatten:** Die Lichtquelle ist nicht direkt zu sehen, doch der Anblick des leicht bewölkten Himmels lässt ahnen, dass hier und da die Sonne durchkommt. Die Wolkendecke, welche die Sonneneinstrahlung dämpft, muss sehr dünn sein, denn man sieht meist helle Farben. Selbst in den tiefsten Schattenzonen (Schiffsrumpf) sind helle Farbstreifen als Lichtreflexe zu sehen. Als besonderer Lichtreflektor wirkt sich die Wasserfläche aus. Diffuses Licht überzieht alle Bildzonen und lässt auch Bildgegenstände, die eigentlich im Schatten liegen müssten, aufleuchten. So wird das strahlende Weiß des Hemdes, das Monet trägt, kaum durch den Schatten des Sonnendaches über ihm getrübt.

Monets Frau sitzt im Schatten der Kajüte, in der es nicht wesentlich dunkler als im Freien ist. Ihr weißes Schultertuch erscheint durch Beimischung von etwas Schwarz hellgrau. Auch während seiner impressionistischen Phase verwendete Manet die Farbe Schwarz, die er, ebenso wie Grau, in seinen früheren Bildern besonders liebte. Die reinen Impressionisten lehnten die Farbe Schwarz ab, weil sie als Gegenteil von Weiß kein Licht reflektieren kann und somit die Leuchtkraft der Farben dämpft bzw. erlöschen lässt. Zusammenfassend lässt sich sagen, dass Manet Licht und Schatten genauestens beobachtet, seinen Seheindruck mit Pinsel und Farbe festhält und auf diese Weise eine relativ räumlich-plastische Wirkung erzielt.

Wenn auch die Abstufung der Körper nach Hell-Dunkel nicht kontinuierlich und weich erfolgt wie noch zu Beginn des 19. Jahrhunderts üblich, ist sie doch in der lockeren Pinselschrift erkennbar. Die Barke wird z. B. als großer, plastisch ausgeformter Körper dargestellt. Auch in kleineren Bereichen (z. B. das Hosenbein Monets) geben helle und dunkle Pinselstriche Licht und Schatten an. Die Plastizität nimmt zum Hintergrund hin ab, was der Beobachtung entspricht (vgl. Luftperspektive).

Dem Eindruck von Tiefenräumlichkeit wirken folgende Aspekte entgegen:
– Waagerechte und senkrechte Linien im Bildzentrum betonen den Bezug zum Rahmen und damit die Bildfläche.
– Der vordere Bootsmast und das Kajütendach überschneiden den Horizont, binden damit als übergreifende Elemente das Vorderste an das Hinterste. Das Heck des Bootes stößt rechts an den ganz vorn befindlichen Bildrand. Das Ineinanderübergreifen von eigentlich hintereinander vorzustellenden Bildelementen (Kajütendach, Hintergrundszenerie) trägt zur Bindung der Bildgegenstände an die Fläche bei.

— Die lockere Pinselschrift lässt keinen allzu illusionistischen Eindruck aufkommen. Bei der Nahsicht nimmt man breite Farbstreifen und Leinwandtextur wahr. Erst beim Zurücktreten schließen sich die Pinselstriche zu erkennbaren Bildgegenständen zusammen.

Farbgestaltung
Blau in unterschiedlichsten Abstufungen bestimmt den Farbeindruck. Hinzu kommen Ocker, Gelb, wenig Rot und Grün sowie Weiß, das fast allen Farben beigemischt ist und die Farbkontraste mildert. Nuancenreichtum und Beschränkung auf wenige Farben kennzeichnen die farbige Gesamtkonzeption (valeuristische Farbanlage).

Manet setzt Farbe ein, um mit diesem Mittel etwas darzustellen. Die Bildgegenstände sind trotz Unschärfe, erzeugt durch den spontanen Pinselduktus, konkret erkennbar. Was er malt, entspricht seinem optischen Eindruck von der sichtbaren Realität.

Ob der leuchtend gelbe Strohhut Monets als ironische Anspielung auf einen Heiligenschein zu deuten ist, wobei der Farbe nicht nur darstellender, sondern auch symbolischer Wert zukäme, muss offenbleiben. Insgesamt liegt die Betonung auf der **darstellenden Funktion** der Farbe. Betrachtet man die Farbverteilung, so stellt man fest, dass Blau als dominierende Farbe und Weiß in allen Bildbereichen anzutreffen sind. Nach oben hin nimmt die Weißbeimischung zu (vgl. Luftperspektive). Im **Vordergrund** sind relativ große, homogene Farbflächen zu sehen. So steht etwa der hellsten Farbfläche (Kleidung Monets) die größte zusammenhängende und dunkelste Farbfläche (Schiffsrumpf) gegenüber. Die Weißtöne, die die beiden Personen überziehen, klingen noch einmal im vorderen Stoffdach an. Dem hellblauen Anstrich der Kajüte wird das im hinteren Teil beigefarbene Dach zugeordnet, welches das Boot eindeutig von der blauen Umgebung (Wasserfläche, Himmel) trennt. Wasserfläche und Landstreifen im **Hintergrund** sind in kleinteiligere Farbflächen aufgeteilt, ebenso wie das „Bild im Bild", auf dem mit kurzen, feinen Pinselstrichen ein Ausschnitt aus der Landschaft des Hintergrunds angedeutet ist. Rot, Gelb und Grün werden sparsam verwendet. Einige rötliche Farbflecke (Strohhut- und Markisenränder sowie Inkarnat, d. h. Hautoberfläche der Menschen) setzen Akzente im Vordergrund. Einzelne hellrote Hausdächer sind im Hintergrund auszumachen. Leuchtendes Gelb verwendet Manet für den Strohhut und die Kanten der Kajüte, vereinzelte gelbliche Farbtupfen erscheinen auf der Wasserfläche und am hinteren Uferstreifen. Die Landzunge links im Bild ist grün, einen schwachen Widerschein davon beobachtet man auf dem von Monet anskizzierten Bild. Schwarz und Weiß als Nichtfarben treten in reiner Form nur im Bildzentrum auf (Hemd, Halsbinde und Schuhe Monets, Hut von Camille).

Der auffallendste **Farbkontrast** besteht zwischen dem vorherrschenden kühlen Blau und den gelblich-rötlichen Farbflächen **(Kalt-Warm-Kontrast)**. Bildbestimmend ist weiterhin der **Hell-Dunkel-Kontrast**, der innerhalb des Vordergrundes am stärksten auftritt (schwarze und weiße Farbflächen im Zentrum, schwarzblauer Schiffsrumpf) sowie den gesamten Vordergrund vom helleren Hintergrund abhebt. Die Farben des Vordergrundes sind jedoch zum Teil nicht nur dunkler, sondern auch von größerer Reinheit und Leuchtkraft als im Hintergrund. Diesbezüglich spricht man von einem **Intensitätskontrast**. Als gedämpfter **Komplementärkontrast** kann die Kombination von Blautönen und gelblich-rötlichen Farbtönen bezeichnet werden. Der stärkste Farbkontrast besteht zwischen dem Kopf Monets und der dahinterliegenden Kajütenwand. Das kräftige Blau wird aber nicht mit dem komplementären, reinen Orange konfrontiert, sondern mit leuchtenden Gelbtönen, feinen rötlichen Linien und einem Gemisch aus Weiß und Rot (Gesicht). Weiteren Farbkontrasten kommt untergeordnete Bedeutung zu.

Die hellsten und dunkelsten zusammenhängenden Bildzonen sind im Vordergrund auszumachen: Das weiße Hemd und die hellbeigefarbene Hose Monets stehen als hellste zusammenhängende Farbflächen in starkem Kontrast zum dunklen Schiffsrumpf. Hier befinden sich auch die am stärksten und die am wenigsten strukturierten Zonen: Kopf und Strohhut Monets hat Manet besonders behutsam und detailliert ausgearbeitet, die dahinterliegende blaue Farbfläche weist den glattesten Farbauftrag auf. Großzügig hingestrichene Flächen (vor allem der Schiffsrumpf) stehen im Kontrast zu detailliert ausgearbeiteten Zonen.

Ein Grund für die ausgesprochen lockere Pinselschrift (Duktus) von Manet könnte sein, dass sich der Maler auch auf einem Boot befand, als er Monet malte. Der schwankende Untergrund und die für ihn ungewohnte Pleinair-Situation mögen ihn dazu verleitet haben, schneller als sonst zu arbeiten. Aber auch die Bewunderung für die Arbeiten seines Freundes Claude Monet erklären die ausgesprochen lockere Handschrift, mit der Manet sein Bild in nicht allzu langer Zeit hingeworfen hat. Detailliert ausgeführte Partien mag er später im Atelier nachgearbeitet haben. In Skizzenhaftigkeit und Sujetwahl (sonnenbeschienene Szene inmitten einer spiegelnden Wasserfläche) kommt dieses Bild in besonderer Weise dem Stil der **Impressionisten** nahe.

Zum Malen verwendete Manet Ölfarben, die zur Zeit der Impressionisten bereits in **Tuben** erhältlich waren und in dieser handlichen Form die **Pleinairmalerei** begünstigten. Zum Farbauftrag benutzte er relativ grobe Pinsel, deren Spuren er nicht vertrieb. Besonders stark strukturiert und in mehreren Schichten pastos angetragen ist die Wasseroberfläche in der unteren Bildhälfte. Mit äußerst großzügigen Pinselschwüngen gibt Manet den Bootsrumpf an. Ausgesprochen skizzenhaft behandelt er die Gestalt der Camille und die Hände Monets. Das Fragmentarische gerade in diesem zentralen Bereich spricht dafür, dass das Bild unvollendet blieb.

Ebenfalls skizzenhaft, wenn auch detaillierter, hat Manet im Stil Monets das **Bild im Bild** angelegt. Die Verteilung der grünlichen und orangefarbenen Flecken lässt darauf schließen, dass Monet die von links ins Bild reichende Landzunge vor sich hatte und wiedergeben wollte. Man meint, Pappel und rot gedecktes Häuschen wiederzuerkennen.

Das Skizzenhafte der Pinselstriche und -schwünge lässt in besonderem Maße die Virtuosität der Malerei Manets offenbar werden. Wenige Striche genügen ihm, um etwa im schmalen, in der Ferne gelegenen Uferstreifen die dunstige Atmosphäre einer Industriesiedlung wiederzugeben.

Mit deutlich sichtbaren Pinselstrichen formt er Bildgegenstände, d. h. die Hand Manets folgt der jeweiligen plastischen Form und gibt sie für das Auge des Betrachters nachvollziehbar wieder. So deuten nur wenige feine Richtungslinien auf dem blendenden Weiß des Hemdes von Monet das Weite und Bauschige des Stoffes an und machen auf diese Weise Volumen von Gewand und darunter befindlichem Körper sichtbar. Zwischen Malen und Zeichnen verwischen die Unterschiede.

Beim Zurücktreten vom Bild schließen sich die Pinselstriche für unser Auge zusammen und vermitteln ein relativ illusionistisches Bild. Der optische Eindruck, den Manet mit dem Pinsel festgehalten hat, teilt sich dem heutigen Betrachter ganz unmittelbar mit. Die Farben, mit denen Manet Licht eingefangen hat und die noch feucht zu sein scheinen, das Spontane der Pinselschrift, die die sanfte Bewegung einfängt und zugleich selbst bewegt ist, lassen die Szene frisch und lebendig wirken.

3.3 Interpretation

Ein Leitspruch Edouard Manets lautete: *„Il faut être de son temps et faire ce qu'on voit"*, was sinngemäß übertragen heißt, man müsse bewusst in seiner eigenen Zeit leben und das malen, was man sieht. Damit setzte er sich von der bei Weitem überwiegenden Mehrheit der Maler ab, die alljährlich im Pariser Salon vertreten war. Diese damals populären Künstler entlehnten ihre Themen aus mythologischen, exotischen oder literarischen Stoffen und entwarfen daraus farbenprächtige Traumfantasien, die den Betrachter weit weg von der Alltagsrealität führten. Aus der heutigen Sicht war Manet der Erste, der das Bewusstsein der modernen Zeit im bildnerischen Bereich formulierte.

Beim Anblick des Gemäldes „Die Barke" kann man sich vorstellen, wie Manet mit seiner Staffelei am Ufer der Seine stand und seinen Freund Monet auf dessen zum Atelier umgebauten Boot malte. Manet hatte sich unter dem Einfluss des frühen Impressionismus zur Pleinairmalerei durchgerungen, ahmte also Monet nach, der sich noch weiter vorwagte, im übertragenen und hier auch im wörtlichen Sinn, denn er sitzt mitten in dem feuchten Element, das er malt. Manet hatte noch festen Boden unter den Füßen, wenn er sich am nahen Ufer oder auf einem Bootssteg befand.

Mit schnellen Pinselstrichen hielt er die sommerliche und beschauliche Stimmung der Szene, die er vor Augen hatte, fest. Man darf davon ausgehen, dass Manet ohne Hintergedanken einen flüchtigen Glücksmoment bannen wollte: Monet betrachtet seine Arbeit, während seine Frau als geduldige, verständnisvolle Begleiterin an der Arbeit ihres Mannes stumm Anteil nimmt.

Das Ehepaar und das Bild auf der Staffelei werden in ruhigem Beieinander gezeigt, bilden ein **Stillleben**, wie im Grunde jedes Bild von Manet als Stillleben aufgefasst werden kann. Malerische Virtuosität und harmonischer Farbklang bereiten dem Betrachter ästhetischen Genuss. Wenn auch Manet wohl kaum an einen symbolischen Sinn verschiedener Bildelemente dachte, z. B. an das Boot als Schiff des Lebens, das Wasser als Übergang von Leben zu Tod usw., so lassen sich doch aus der Sicht des heutigen Betrachters durchaus tiefere Bedeutungsebenen erschließen.

Das Gemälde ist nicht nur als Zeugnis einer Künstlerfreundschaft aufzufassen, sondern zeigt auch Manets **Nachdenken über Malerei**. In der in sich gefestigten Komposition wird das Zentrum, Monet und sein Bild, mehrfach herausgehoben, sodass unser Blick beides erfasst. Bemüht man sich, nur den Maler zu fixieren, folgt man seiner Blickrichtung und schwenkt wieder hinüber zum unfertigen Bild. Unwillkürlich versucht man, das Vorbild für die auf der Leinwand mit wenigen Pinselstrichen skizzierte Landschaft in der näheren Umgebung wiederzufinden.

Für Monet wäre es günstiger, wenn die Staffelei weiter links stehen würde, er hätte dann sein Motiv beim Malen direkt vor Augen. Manet malte die Staffelei so zu uns gedreht, dass man sehen kann, was unter der Hand Monets entsteht. Er bemühte sich, den flüchtigen Duktus des jüngeren Freundes nachzuahmen, dessen malerische Freiheit er bewunderte. Malerei ist Manet nie leicht gefallen. Er sei ein ans Ruder geketteter Galeerensklave, sagte EDGAR DEGAS (1834–1917) einmal über ihn. Er meinte damit, dass Manet kein Künstler aus

Neigung war, sondern ein Künstler aus Zwang. Was nicht heißen muss, dass er beim Malen keine Freude empfunden hat.

Auf der Suche nach Motiven und einer repräsentativen Komposition setzte Manet sich immer wieder mit den alten Meistern auseinander. Unter seiner Hand verwandelten sich jedoch von diesen entlehnte Motive wie das traditionelle der liegenden Venus („Olympia") in Zeugnisse seiner Zeit. Hier griff er das Atelier-Thema auf, dem er mit dem Schildern einer Pleinair-Situation einen völlig neuen Aspekt zufügte. Man könnte das Bild als Hommage an die neue, moderne, impressionistische Malerei auffassen.

Einen besonderen Akzent bei der Darstellung Monets in seinem schwimmenden Atelier setzte Manet, indem er den Freund malte, als dieser gerade nicht arbeitet. Man erlebt einen Moment der Kontemplation. Das entspricht einerseits dem Stil Manets, der kaum jemals eine Person in Bewegung gemalt hat, deckt hier aber auch eine weitere, tiefer liegende Sinnschicht auf. Der Künstler heftet seinen Blick konzentriert auf sein Werk und scheint dabei über die bisher vollbrachte Leistung nachzudenken. Nicht das Handwerklich-Manuelle des Farbauftrags zeigt Manet, sondern er macht klar, dass sich der eigentliche kreative Akt im Kopf abspielt. Malen heißt nicht gedankenlos „Vorsichhinpinseln", sondern bedeutet angespannte, geistige Arbeit. Die scheinbar so leicht hingeworfene Skizze hat sich Monet hart erkämpft. Es ist bekannt, dass er oft monatelang an seinen Bildern arbeitete, die dann zuletzt den Eindruck vermitteln, als hätte er sie in wenigen Stunden mit unglaublich sicherer Hand geschaffen. Beiden Künstlern ging die Arbeit nicht leicht von der Hand, in dieser Hinsicht sind sie eng verwandt. Ihre ganze Lebenskraft setzten sie ein, um ihr Werk zu schaffen. Manet ging es bei diesem Bild nicht nur um eine „Hommage à Monet", sondern darüber hinaus um eine „Hommage à la peinture": Er setzte der Kunst des Malens ein Denkmal. Damit steht er wiederum in der Tradition der großen europäischen Malerei. „Die Barke" von Manet ist dem Gemälde „Die Malkunst" von Jan Vermeer in Ausdruck und Bedeutung sehr nahe.

Malerei

1 Entwicklung und Technik von Wand- und Tafelmalerei

Das Wissen um bildnerische Techniken trägt ebenso wie die Kenntnis historischer oder literarischer Hintergründe zum Verständnis eines Kunstwerks bei. Bestimmte technische Vorgehensweisen können den Intentionen des Künstlers Grenzen setzen. So erschwert z. B. die Mosaiktechnik die Darstellung von Plastizität, Raum und Bewegung. Handwerkliche Technik und künstlerisches Ausdrucksverlangen sind aufeinander abgestimmt. Es ist schwer zu entscheiden, ob in der Geschichte der Kunst neue Techniken erfunden worden sind, um einer neuen Ausdrucksabsicht entgegenzukommen, oder ob die Erfindung einer Technik diese erst ins Leben rief. Die Entwicklung der Ölmalerei zu Beginn des 15. Jahrhunderts ist ein gutes Beispiel dafür, dass technische Voraussetzungen und künstlerische Intentionen im Allgemeinen Hand in Hand gehen: Der Wunsch nach detaillierter, atmosphärischer und realistischer Schilderung der sichtbaren Wirklichkeit erfordert geradezu die subtil gehandhabte Technik der Ölmalerei.

Malerei wird als **farbige Gestaltung in der Fläche** definiert, im Unterschied zur Plastik, die **Körper** gestaltet, und zur Architektur, die **Räume** entwirft. Die wichtigsten Arten der Malerei sind **Tafelmalerei, Wandmalerei, Buchmalerei, Glasmalerei** und **Mosaik**. Gemeinsam ist allen Arten der Malerei, dass sich das Bild aus farbigen Flächen zusammensetzt, sei es aus Farbflecken, farbigen Glasscheiben oder aus bunten Steinen.

Farbe, die sich zum Antragen auf der Bildfläche eignet, also als zähe Flüssigkeit haftet, besteht immer aus zwei Komponenten, dem **Pigment** und dem **Bindemittel**. Der Farbstoff wird mit einem Bindemittel angerührt und meist mit einem Pinsel aufgetragen. Nach der Art der Bindemittel werden die verschiedenen Malverfahren benannt. Handelt es sich dabei um Öl, spricht man von **Ölmalerei**. Bei der **Temperamalerei** (lat. „tempera": Mischung) besteht das Bindemittel aus Eiweiß, einer geringen Menge von Harzen und sehr wenig Öl. Die Wirkung der auf diese Weise angerührten Farben ist matt im Gegensatz zu den meist glänzenden Ölfarben. Unter den verschiedenen Arten der

Malerei ist bis heute die **Tafelmalerei** am Weitesten verbreitet. Bis ins 16. Jh. jedoch überwog die **Wandmalerei** (Ausmalung von Kirchen, Schlössern usw.).

1.1 Tafelmalerei

Der Begriff „Tafelmalerei" leitet sich von der Tafel, ursprünglich der Holztafel, ab, die als Bildträger verwendet wurde. Seit der Renaissance ist stattdessen immer häufiger Leinwand in Gebrauch, denn Holztafeln eignen sich nicht für die nun oft verlangten sehr großen Formate. Leinwand dagegen kann gerollt und daher bequem transportiert werden. In jedem Fall ist ein Tafelbild **mobil**. Es kann von der Wand genommen werden. Hauptbestandteile des Tafelbildes sind **Malfläche** (Bildträger und Grundierung) und **Farbe** (Pigmente und Bindemittel) und meist der **Rahmen**. Dass auch das wertvollste Gemälde lediglich aus Holz (bzw. Leinwand) und Farben besteht, materiell also keinen hohen Wert darstellt, bemerkte im 17. Jahrhundert der bayerische Kurfürst Maximilian I. Es war seinem Agenten nicht gelungen, ein Exemplar der „Heiligen Familie" von MICHELANGELO zu erwerben. Daraufhin soll er verärgert ausgerufen haben, selbst wenn dieses Gemälde nicht nur von Michelangelo, sondern sogar von APELLES stammte (der Legende nach ein berühmter griechischer Maler), sei er sich dennoch bewusst, dass es ein Brett sei, mit Farben überstrichen.

Tafelbilder sind seit der **Antike** bekannt. Als früheste „Tafelbilder" gelten bemalte Tontäfelchen (gr. **„pinakes"**: Bilder, davon abgeleitet „Pinakothek"), die im alten Griechenland als Weihegeschenke in Heiligtümern aufgehängt wurden. Beispiele dafür sind nicht erhalten, ebenso wenig die Tafelbilder, die als Wandschmuck in Pompeji gedient haben. Auch das spätägyptische **Mumienporträt** kann als Vorform unseres Tafelbildes angesehen werden. Holztafeln wurden mit den Porträts der Verstorbenen in Enkaustik-Technik (Malerei mit farbigem Wachs) bemalt und auf den Kopf der Mumie gelegt. Seit dem 5. Jh. entwickelte sich die **Ikone**, das auf eine Holztafel gemalte byzantinische Kultbild. Malweise und Stil der Ikonenkünstler gelangten im 13. Jh. nach Italien und beeinflussten dort stilistisch die ersten Tafelbilder.

Im **Mittelalter** fand man das Tafelbild fast ausschließlich in Kirchen. Eine Vorform der gotischen Altartafel stellt das **Hängekreuz** in italienischen Kirchen dar. Bemalte Altartafeln kamen im 12./13. Jahrhundert auf und dienten anfangs zur Verkleidung der Altarvorderwand (Antependium). Das Aufstellen einer Bildtafel auf dem Altartisch wurde erst nach einer Liturgiereform (Ende

12. Jahrhundert) möglich, die vorschrieb, dass der Priester nicht mehr hinter, sondern vor dem Altartisch zu stehen hatte. Um 1300 entstanden in Italien zahlreiche monumentale Altartafeln, z. B. die „Maestà" von DUCCIO DI BUONINSEGNA (Siena, Domopera) oder die „Ognissanti-Madonna" von GIOTTO DI BONDONE (Florenz, Uffizien). In Mitteleuropa bildete sich im 14. Jahrhundert der **Flügelaltar** (Blütezeit 15. Jahrhundert) heraus, der aus bemalten bzw. geschnitzten Bildtafeln besteht:

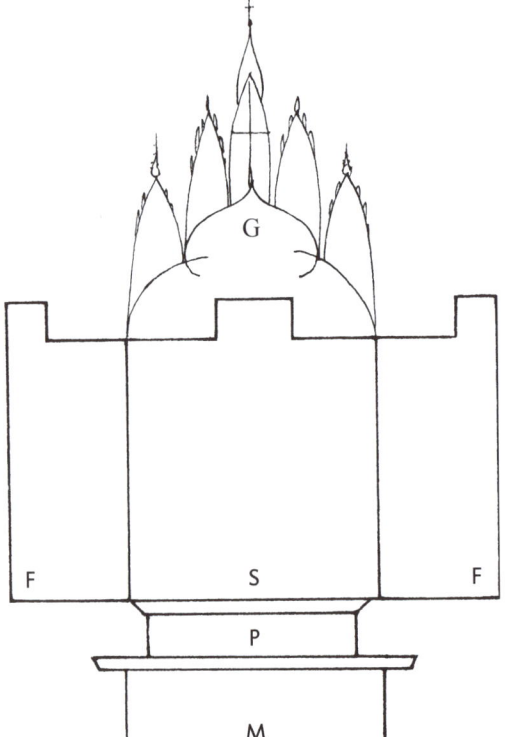

- **Mensa** (M), Altartisch
- **Predella** (P), Unterbau (bemalt bzw. geschnitzt)
- Mitteltafel bzw. geschnitzter **Schrein** (S)
- **Flügel** (F), beweglich (bemalt bzw. geschnitzt)
- **Gesprenge** (G) (geschnitzter Aufbau)

Neben den gemalten bzw. mit Bildschnitzerei kombinierten Flügelaltären gibt es auch den reinen holzgeschnitzten Altar. Der **Wandelaltar** ist eine Weiterentwicklung des Flügelaltars. Er kann mehrmals aufgeklappt werden. Berühmtestes Beispiel und zugleich letzter der großen Wandelaltäre ist der Isenheimer Altar (1511–1516) von MATTHIAS GRÜNEWALD (1470/75–1528).

Im 15. Jahrhundert löste sich die einzelne Tafel sozusagen aus dem formalen Zusammenhang des Altars und das **autonome Tafelbild** wurde im Lauf der Renaissance zur wichtigsten Art der Malerei. Die meist kleinformatigen

Bildtafeln mit fast ausschließlich sakralen Motiven wurden v. a. vom aufstrebenden, wohlhabenden Bürgertum gekauft, z. B. für die private Andacht. Zugleich begann die Entwicklung weltlicher Bildgattungen **(Profankunst)** wie der Landschaftsdarstellung, des Porträts und des Stilllebens, wenn auch bis ins 18. Jahrhundert die **Sakralkunst** (religiöse Thematik) überwog.

Bis zum Ende des Mittelalters war handwerkliche Perfektion Voraussetzung dafür, dass ein Bild bestellt und bezahlt wurde. Es war sogar üblich, schriftliche Vereinbarungen über die wichtigsten Verpflichtungen beider Parteien, des Malers und des Auftraggebers, zu treffen. Zahlreiche Verträge aus dem 15. Jahrhundert sind erhalten, u. a. folgender, welcher vor Anfertigung der „Anbetung der Weisen" (1488) erstellt wurde. In diesem Vertrag heißt es:

> [...] dass am heutigen Tage, dem 23. Oktober 1485, der besagte Francesco den besagten Domenico (Ghirlandaio) beauftragt und betraut, eine Holztafel zu bemalen, die besagter Francesco hat anfertigen und bereitstellen lassen, welche Holztafel der besagte Domenico zu vergüten, das heißt zu bezahlen hat; und er hat besagte Tafel eigenhändig zu kolorieren und zu malen, in der Art, wie es auf einer Papierzeichnung zu erkennen ist [...] Er darf nicht von der [...] Komposition der besagten Zeichnung abweichen; und er hat die Tafel auf eigene Kosten zu kolorieren, mit guten Farben und mit gepudertem Gold bei jenen Ausschmückungen, die solches erfordern; [...] und das Blau muss Ultramarin im Werte von etwa 4 Florin die Unze sein; und er muss besagte Tafel in dreißig Monaten vom heutigen Tage an fertiggestellt und geliefert haben; und er soll als Preis [...] 115 große Florin erhalten, wenn es mir, dem oben genannten Frau Bernardo, scheinen will, dass sie diesen Betrag wert ist; und ich kann eine Meinung über ihren Wert oder ihre künstlerische Ausführung einholen, bei wem es mir beliebt [...].[2]

Betont wird ganz eindeutig der materielle Aspekt, aber immerhin geht es am Ende der Frührenaissance auch schon um die künstlerische Ausführung, die von einem Sachverständigen zu beurteilen war. Grundlage für die Berechnung der Bezahlung waren im Allgemeinen die Arbeitszeit und die Auslagen des Künstlers für Malmaterial. Das erwähnte Ultramarin spielte in diesen Verträgen eine besondere Rolle. Dieser Farbstoff wurde aus pulverisiertem Lapislazuli hergestellt, das unter großem finanziellen Aufwand aus Äthiopien eingeführt wurde. Das Pulver musste mehrfach gewässert werden, um die Farbe zu extrahieren. Am teuersten und besten war der erste Extrakt, ein sattes Violett. Andere Blautöne waren wesentlich billiger. „Deutsches Blau" wurde z. B. aus Kupferkarbonat gewonnen. Die Leuchtkraft war allerdings viel geringer und die Farbe war durch ihre Lichtempfindlichkeit unbeständig.

Die strengen Auflagen für den Maler entfielen erst am Beginn der Neuzeit, als sich eine neue Kunstauffassung durchsetzte. Kunst wurde nicht mehr nach dem Materialwert, sondern dem Grad an Originalität und Naturtreue beurteilt. Das Verhältnis zwischen Auftraggeber und Künstler kehrte sich teilweise geradezu um. So sind Briefe an RAFFAEL erhalten, in denen reiche Kunstfreunde um die Gnade eines Bildes von der Hand des Meisters bitten – vom Preis wird nicht mehr gesprochen, geschweige denn von einer einzuhaltenden Frist. Man schätzte sich glücklich, überhaupt ein Werk des Genius zu erhalten.

Eine Sonderentwicklung der Tafelmalerei ist im 17. Jahrhundert in den Niederlanden zu beobachten, wo das meist kleinformatige Tafelbild zur Hauptaufgabe der Malerei avancierte. Man spezialisierte sich auf enge Themenkreise (z. B. Blumenstillleben), die im bürgerlichen, calvinistischen Holland, das keine Kirchenkunst gestattete, beliebt waren.

Während im Barock das Tafelbild noch einmal in das Gesamtkunstwerk „Kirche" oder „Schloss" eingebunden wurde, setzte sich im 19. Jahrhundert endgültig das **autonome Tafelbild** durch, das als Ausstellungsbild nicht mehr für einen bestimmten Verwendungszweck vorgesehen ist, sondern von Museen bzw. von Sammlern erworben wird.

Hinsichtlich der Technik der Tafelmalerei unterscheidet man zwischen **Lasurtechnik** und **deckender Malweise**. Bei der lasierenden Malweise werden dünne, transparente Farbschichten übereinandergelegt, bis der gewünschte Farbton erreicht ist. Die endgültige Farbwirkung entsteht dabei durch eine optische Mischung. Bei der deckenden Malweise mischt der Maler den Farbton auf der Palette aus und streicht ihn dann auf den Bildträger (à la prima). Änderungen sind durch weitere, deckende (pastose) Farbschichten möglich. In der Praxis gehen beide Arbeitsweisen häufig ineinander über.

Die einzelnen Arbeitsschritte bei der Herstellung einer spätmittelalterlichen Bildtafel werden im Folgenden kurz beschrieben. Zunächst wird eine genaue Entwurfszeichnung auf Papier (gebräuchlich seit dem 15. Jh.) angefertigt und dem Auftraggeber vorgelegt. Die zu bemalende Holztafel bereitet man in verschiedenen Arbeitsgängen vor: Mittels einer Leimgrundierung wird die Oberfläche gleichsam imprägniert, damit verhindert man ein allzu starkes Aufsaugen der Farben. Es folgt eine weiße Kreide- oder Gipsgrundierung, welche die Farbwirkung später steigern wird. Mit schwarzer Temperafarbe oder Feder und Tusche überträgt man die Vorzeichnung auf die grundierte Holztafel. Danach überzieht man diese Vorzeichnung mit der sogenannten Imprimitur, einer dünnen, meist grünlichen, transparenten Farbschicht. Diese bildet den Grundton, auf dem die plastischen Formen (z. B. Faltenwurf) ausgearbeitet werden. Der Eindruck von Plastizität entsteht durch die nun folgende Modellierung nach Hell-Dunkel: beleuchtete Stellen werden weiß gehöht, Schattenpartien schwarz getieft. Der Mittelwert zwischen Weiß und Schwarz ist der Ton der Imprimitur. In diesem Zustand wirkt das Bild wie eine **Grisaillemalerei**, in der nur Grauwerte vorkommen. Zuletzt erst werden die Farben in dünnen Schichten **(Lasuren)** aufgetragen. Wo die plastische Modellierung nicht genügend durchscheint, muss erneut gehöht bzw. getieft werden.

Bis ins 15. Jh. waren v. a. Temperafarben gebräuchlich, die matt auftrocknen und eher decken als Ölfarben. Zu Beginn des 15. Jh. entwickelten in den Niederlanden die Gebrüder van Eyck die **Mischtechnik**, die eine Verfeinerung der damals üblichen Methoden darstellte. Vasari meinte, sie hätten die Ölmalerei „erfunden". Tatsächlich verwendeten sie sehr wenig Öl als Bindemittel, dafür mehr Harze und Balsame, die auch den Glanz der Farboberfläche erzeugen können. Das Prinzip der Mischtechnik besteht darin, dass zwischen Tempera- und Öllasuren gewechselt wird. Wenn mit Tempera auf Harzölfarben gemalt wird, trocknet die Farbe recht schnell. Dies ist ein Vorteil der Mischtechnik. Außerdem lösen sich die Farbschichten nicht gegenseitig auf, was vorkommen kann, wenn mehrere Temperaschichten übereinandergelegt werden. Arbeitet man mit einem langhaarigen, feinen Pinsel mit Tempera in die Öllasur, sind miniaturartige Feinheiten darstellbar. Diese schwierige Technik, bei der nicht selten bis zu 30 Lasuren übereinanderliegen, wurde von Rubens (in vereinfachter Form) wieder aufgegriffen und von den Surrealisten des 20. Jh. nachgeahmt, doch ist sie seit dem 16. Jh. kaum mehr gebräuchlich. Man verwendete fast nur noch Ölfarben und arbeitete v. a. deckend. Die allzu systematische Arbeitsweise widersprach der zunehmend kreativen Vorgehensweise der Künstler, die ihre Idee oft nur grob skizzierten und dann beim Malen entwickelten, wobei immer wieder Korrekturen notwendig waren.

Die Erfindung der **Tubenölfarbe** im 19. Jahrhundert, die nunmehr chemisch gewonnen wurde, stellte auch eine Voraussetzung für die **Pleinairmalerei** dar, denn der Maler konnte nun seine Farben praktisch transportieren und musste sie nicht mehr allmorgendlich aus Pigmenten und Bindemitteln frisch anrühren. Heute verwenden nur noch wenige Maler Ölfarben. Die Erfindung von Bindemitteln aus synthetischen Harzen (z. B. **Acrylfarben**) hat die Ölmalerei stark zurückgedrängt. Immer deutlicher ausgeprägtes, subjektives Ausdrucksverlangen ließ auch immer mehr individuelle Arbeitsmethoden entstehen, die hier nicht im Einzelnen beschrieben werden können. Der Anonymität des mittelalterlichen Künstlers, der sich an strenge Regeln zu halten hatte, sowohl was die Technik als auch den Inhalt seiner Tafel betraf, steht der moderne, freischaffende Künstler gegenüber, dem keinerlei Beschränkungen von außen auferlegt werden und dessen Name allein für die Qualität bürgt.

1.2 Wandmalerei

Bei der Wand- bzw. Deckenmalerei unterscheidet man die Arbeit auf trockenem und auf feuchtem Putz. Bis um 1300 war die **Secco**-Technik (ital. „secco": trocken) üblich, bei der sich Farbe und Grund nur wenig miteinander verbinden und die daher weniger dauerhaft ist.

Entscheidend ist bei der **Fresko**-Technik (ital. „fresco": frisch), dass die Bemalung der Wand auf dem nassen Mörtel erfolgt, wobei sich die in Kalkmilch gelöste Farbe mit dem Mauerbewurf verbindet und so zum Bestandteil der Wand wird. Damit die zu bemalende Putzschicht bis zum Abend eines Arbeitstages feucht bleibt, darf die aufgetragene Fläche nicht zu groß sein. Nur so viel Mörtel wird angetragen, wie an einem Tag zu bewältigen ist. In jedem Fall ist zügiges Arbeiten vonnöten. Die meisten der mittelalterlichen Wandmalereien nach 1300 sind in einem Fresko-Secco-Mischverfahren hergestellt, bei dem die Vorzeichnung und einige Farbflächen, v. a. rote, ins Feuchte gemalt wurden und die Binnenmodellierung (Abstufung nach Hell-Dunkel) später an der trockenen Wand erfolgte.

Durch Zusatz eines Bindemittels (z. B. Kalkkasein) konnte man die Haftung der Farbe an der trockenen Wand verbessern. Bei der Ausführung der Malerei begann man bei der Darstellung von Menschen mit dem **Inkarnat** (Kopf, Hände usw.), das meist vollständig als Fresko gearbeitet wurde. Die Fleischfarbe grundierte man mit einer Hell-Dunkel-Untermalung in Grüner Erde (Farbstoff), die plastische Werte berücksichtigte. Weil die darübergestrichene Hautfarbe (Kalkfarbe) kaum transparente Wirkung hatte, erfolgte die nochmalige Ausarbeitung von Schatten mit feinem Pinsel in etwas dunklerem Farbton nachträglich als eher grafische Arbeit. Die Gewänder wurden häufig als Secco vollendet. Nach GIOTTO, der die Technik des „Buon Fresco" erneuert hatte, überwogen (bis ins 16. Jh.) die ins Feuchte gemalten Partien. Blauer Himmel wurde aber immer erst ins Trockene gemalt, mit Tempera- und nicht mit Kalkfarbe. Die blauen Partien sind daher oft am schlechtesten erhalten.

Ein Wandbild entsteht aus mehreren, unregelmäßig geformten Bildfeldern, die an aufeinanderfolgenden Tagen gemalt werden. Im Allgemeinen beginnt man mit den oberen Feldern, was den Vorteil hat, dass die heruntertropfende Farbe nicht bereits fertiggestellte Partien verschmutzt, außerdem kann das Gerüst kontinuierlich gesenkt werden. Zur Vorbereitung des Mauerwerks wird eine dicke Schicht Rauhputz (Arriccio) angetragen, die kleine Steinchen enthält und an der Oberfläche zusätzlich durch Beschlagen mit dem Hammer aufgeraut wird, damit die feinere Putzschicht (Intonaco) gut haftet, auf der gemalt wird.

Die Vorzeichnung (**Sinopie**) wurde bis ins 15. Jahrhundert auf der unteren, gröberen Putzschicht angetragen. Verwendet wurde dazu rotbraune Farbe, die man aus der türkischen Stadt Sinopia bezog. Während des Malens war die Sinopie allerdings für den Meister nicht sichtbar, denn man malte auf den Feinputz, der über dem Rauhputz liegt. Da man sich stilistisch an bestimmte Formeln hielt, empfand man dies nicht als Erschwernis.

Ab Mitte des 15. Jahrhunderts führte das wachsende Bedürfnis nach eigenständiger, kreativer Gestaltung der traditionellen Themen zu einer grundlegenden Veränderung der Technik. Eine kleine Entwurfsskizze, die dem Auftraggeber zur Genehmigung vorgelegt werden musste, übertrug man auf einen **Karton** in Originalgröße des Freskos. Die Umrisslinien durchlöcherte man, hielt ein Stück des Kartons auf den für die Arbeit eines Tages (**Tagwerk**, ital. „giornata") aufgetragenen Feinputz und rieb mithilfe eines mit Kohlenstaub gefüllten Beutels die Umrisslinien durch. Auf diese Weise konnten originelle Neuerungen auch von Gehilfen auf der Wand verwirklicht werden.

Zum Ende des 15. Jahrhunderts zeichnete sich eine Krise der Freskomalerei ab. LEONARDO DA VINCI (1452–1519) z. B. lehnte diese Technik ab und experimentierte mit Öl auf trockener Wand im Palazzo Vecchio (Florenz) und bei seinem weltberühmten „Abendmahl" in Santa Maria delle Grazie (Mailand). Die florentinische Malerei gelang überhaupt nicht, die in Mailand war bereits fünf Jahre nach Entstehung restaurierungsbedürftig, wozu allerdings auch die Feuchtigkeit der Wand im Speisesaal der Mönche beitrug. MICHELANGELO (Sixtinische Kapelle) und RAFFAEL (Stanzen des Vatikan) hingegen arbeiteten im Vatikan noch im traditionellen Freskoverfahren.

1.3 Giotto di Bondone: „Der Traum des Joachim"

Kurzbiografie

Von GIOTTO DI BONDONE, der 1266 in Colle di Vespignano im Mugello-Tal bei Florenz geboren wurde, sind nur wenige Lebensdaten gesichert. GIORGIO VASARI (1511–1574), der Biograf der berühmtesten Künstler Italiens seit dem 13. Jahrhundert, berichtet, dass Giotto bei CIMABUE (etwa 1240–1302), mit dem die „Viten" des Vasari beginnen, in der Lehre war. Vasari zufolge erhielt Giotto 1296 den Auftrag, die Oberkirche von San Francesco in Assisi, wo der heilige Franz von Assisi begraben liegt, auszumalen. Sicher ist, dass verschiedene Meister dort tätig waren. Giottos Mitwirkung ist heute umstritten. Es ist bekannt, dass Giotto 1301 ein Haus in Florenz kaufte. Danach war er von 1305 bis 1310 nachweislich in Padua tätig. Hier schmückte er die Cappella degli Scrovegni, die sogenannte Arenakapelle, mit einem Freskenzyklus zum Leben Christi. Er unternahm zahlreiche Reisen innerhalb Italiens, vielleicht kam er auch nach Avignon. Nach 1317 arbeitete er als Freskenmaler in der Florentiner Kirche Santa Croce. Die Stadtväter von Florenz beriefen 1334 den 68-jährigen, berühmten Künstler, der den ehrenvollen Titel „Magnus Magister" führen durfte, zum Bauleiter des Florentiner Doms. In der Ernennungsurkunde steht, dass „[...] *in der ganzen Welt niemand gefunden werden könne, der diesen und vielen anderen Anforderungen besser genüge als Giotto, der Maler*". Seine Bautätigkeit beschränkte sich auf den Campanile, den er plante und zu bauen begann. Er starb drei Jahre später 71-jährig (1337) in Florenz.

Giotto di Bondone: „Der Traum des Joachim" (um 1310), Fresko, 200 × 185 cm, Arenakapelle, Padua

Beschreibung
Das Fresko ist Teil eines umfangreichen Bildprogramms. Die nahezu quadratischen Felder (200×185 cm) zeigen Szenen aus dem Leben von Joachim und Anna, der Eltern von Maria, sowie aus dem Leben Jesu.

Leuchtendes Blau, das den Hintergrund aller Bildfelder und die Decke überzieht, bestimmt den Eindruck beim Betreten des Kirchenraumes. Kräftiges Rot und Gelb ergänzen das dominierende Blau zu einem harmonischen Farbklang (Primärfarben).

Ort der Handlung auf dem hier besprochenen Bildfeld ist eine nahezu kahle Gebirgslandschaft, in der einige Schafe aus der Herde Joachims weiden. Hinter dem Schafstall, vor dem Joachim schlafend kauert, ragt ein Felsen hoch auf, zum linken Bildrand hin erhebt sich ein weiterer, etwas niedrigerer Fels.

Joachim, der die Nacht hier draußen im Freien unter Hirten und Schafen verbringt, hat sich in seinen weiten Umhang gewickelt, den Kopf auf das rechte, angezogene Knie gelegt, und gleicht so einem in sich geschlossenen, felsenartigen Block. Sorgen zeichnen sich auf der durchfurchten Stirn des alten Mannes ab. Die kantigen Felsen im Hintergrund scheinen von weichen, schwer herabfallenden Stoffbahnen überzogen und sind dadurch der schlafenden, mantelumhüllten Gestalt formverwandt.

Zwei Hirten stehen am linken Bildrand, der vordere stützt sich auf den Stab. Seine Augen liegen im Schatten der Hutkrempe. Der Haltung nach zu urteilen, beobachtet er den Schlafenden. Der hintere, mit hochgezogener Kapuze, blickt nach oben. Man meint, Erstaunen in seinen Zügen zu erkennen. Über den Gestalten am Boden erblickt man den himmlischen Boten, der dem Joachim die frohe Nachricht von der baldigen Geburt einer Tochter überbringt. Ein Engel stößt sozusagen durch die blaue Himmelsfläche, etwa bis zur Hüfte wird er sichtbar. Sein Gesicht sieht man im Profil. Fast beschwörend richtet er das Auge und den rechten ausgestreckten Arm auf den Schlafenden. In der linken Hand hält er ein Zepter, das mit einer stilisierten Lilie bekrönt ist. Wenn der Engel etwas kleiner als die übrigen Gestalten im Bild dargestellt ist, mag dies daran liegen, dass er als weit entfernt wahrgenommen werden soll. Obwohl es sich um eine nächtliche Szene handelt, ist der Himmel strahlend blau. Nachtszenen mit dunklem Himmel kennt Giottos Zeit noch nicht. In lebendiger Natürlichkeit hat Giotto die Tiere geschildert: Angespannt beobachtet der etwas erhöht liegende Hund seinen Herrn. Drei der Schafe ruhen am Boden, ein Widder knabbert an einem dornigen Gewächs, ein anderer will gerade einen steilen Abhang hinunterklettern. Sie bilden gleichsam ein **erzählerisches Moment** und lockern den Ernst der zurückhaltenden Schilderung etwas auf. Unbeeinflusst vom unerhörten Geschehen geben sie sich dem Fressen, Schlafen oder Klettern hin.

Dem Biografen Vasari zufolge soll Giotto eine besondere Beziehung zu Schafen gehabt haben. Er berichtet, Giotto habe in seiner Kindheit die Herden seines Vaters gehütet. Als ihn Cimabue, der bis dahin in Italien berühmteste Maler, zum ersten Mal sah, soll er gerade Schafe auf einen Stein gezeichnet haben. Cimabue hätte sofort die Begabung des Jungen erkannt und ihn in die Lehre genommen.

Analyse
Die Bildsprache Giottos ist von ungeheurer Ausdruckskraft und Spannung. Verantwortlich dafür sind sowohl das psychologische Einfühlungsvermögen des Malers, das sich in der differenziert wiedergegebenen Mimik und Gestik zeigt, als auch der Bildaufbau, dem ein klares, abstraktes Gerüst zugrunde liegt, und in dem jedem Bildelement eine unverrückbare Position zugewiesen wird. Ausgangsgröße ist das annähernd quadratische Bildfeld, das klar überschaubar aufgeteilt ist: In der linken, unteren Ecke stehen die Hirten, die rechte bestimmt Joachim, der den Schwerpunkt der Komposition bildet. Vom linken, oberen Bildbereich fliegt der Engel nach rechts unten auf Joachim zu.

Von entscheidender Bedeutung für die Bildhandlung ist die **Diagonale**, welche als eine das Bild durchquerende Achse zwischen dem Engel und Joachim spürbar ist. Diese unsichtbare Linie stellt gleichsam eine geistige Kraft dar, die die beiden Figuren miteinander verbindet.

Als Bildabschluss fungieren zur Linken die beiden Hirten, die als Senkrechte die Bildbegrenzung wiederholen und zugleich mit ihrer Haltung nach rechts ins Bild hineinweisen. Die kauernde Gestalt Joachims, die einem Felsmassiv ähnelt, wird vom scharfkantigen Dach des Schafstalls und dem dahinterliegenden, treppenartig sich auftürmenden Felsen überhöht. Fels, Schafstall und Joachim schließen das Bild rechts ab und sind inhaltlich aufeinander bezogen. In der mittelalterlichen Symbolik weisen Fels und Hütte auf den Schutz Gottes hin, der Joachim gewährt wird. Nichts deutet über den Rahmen hinaus, die Szene ist ganz in sich geschlossen.

Vom linken zum rechten Bildbereich zieht sich durch die Bildmitte das nach rechts steil ansteigende Felsgebirge in schwingenden Linien, durchbrochen von einer Schlucht. Über den Abgrund hinweg beobachtet der Hund seinen Herrn, ebenso wie einer der Hirten, sodass verschiedene Blickbahnen zu Joachim führen. Auch die Umrisslinie des nach rechts abfallenden Höhenzuges führt auf das Haupt des Träumenden hin und wiederholt die gebogene Linie des rechten Armes des Himmelsboten.

Kompositionsschema zu Giotto, „Der Traum des Joachim"

Die streng in sich gefügte Komposition bezieht sich in erster Linie auf die Bildfläche. Dabei schafft Giotto aber zugleich eine begehbare **Raumbühne**, in der sich die Körper scheinbar bewegen und ausdehnen können. Eine relativ schmale Vordergrundbühne steht Mensch und Tier zur Verfügung. Indem Giotto Licht und Schatten beobachtet und durch Hell-Dunkel-Abstufung wiedergibt, gewinnen Figuren und Landschaftsformen an Plastizität und Schwere. Menschliche Körper sind unter den Gewandbahnen spürbar, wenn auch der organische Körperbau noch nicht ganz realistisch wiedergegeben ist.

In seiner Landschaftsschilderung folgte Giotto weitgehend noch **byzantinischer Formelhaftigkeit**. Er hielt sich an das sogenannte Byzantinische Felstreppenschema, das seit frühchristlicher Zeit im orthodoxen Raum zur Darstellung von Felsgebirgen angewendet wurde. In Italien herrschte im 13. Jahrhundert die „Maniera byzantina" vor: Künstler aus dem orthodoxen Bereich beeinflussten stark die Kunst in Italien. Giottos Lehrer, Cimabue, unterlag noch weitgehend diesem Einfluss.

Die in den Bildraum hineinführenden Felsstufen sind von betonter Plastizität und erzeugen Tiefenräumlichkeit. Giotto entwickelt den Bildraum sozusagen vom Plastischen her und ahmt die Verkleinerung in der Bildtiefe noch kaum nach. So scheinen z. B. Hund und Widder oberhalb der Schlucht ebenso wie der spärliche Pflanzenbewuchs im Hintergrund zu groß. Die diagonal nach hinten führende Schlucht könnte auch nur eine kleine Felsspalte sein. Bildtiefe suggeriert bis zu einem gewissen Grad das Blau des Himmels. Luft- und Farbperspektive, die seit dem 15. Jahrhundert ein kontinuierliches Öffnen des Bildraumes bis in scheinbar unendliche Ferne ermöglichen, sind noch nicht ausgebildet, der Horizont scheint daher greifbar nah.

Dem Betrachter der Szene wird auf diese Weise jedes Bildelement deutlich präsentiert, alle Gestalten werden in gleicher Schärfe gezeichnet. Da es nur wenige Überschneidungen gibt, sieht man die einzelnen Bildelemente eher im Nebeneinander in der Fläche ausgebreitet als im Hintereinander im Raum, obwohl sich Giotto um Tiefenraum bemüht.

Räumlich ungelöst ist das Verhältnis von Joachim zur Hütte, die als Schafstall zu klein ist und deren vorragendes Dach, das eigentlich über seinen Kopf reichen sollte, perspektivisch betrachtet hinter ihm liegt. In der Kühle der Nacht sollte es ihn schirmen, im Gegensatz zu den Hirten ist er nämlich barhäuptig. Die dunkelste Fläche im Fresko bildet der Hütteneingang, der die Gestalt des Joachim deutlich hervortreten lässt.

Die Farbigkeit des Freskos orientiert sich weitgehend an der Natur, d. h. Giotto bedient sich des **darstellenden Wertes der Farbe**. Sanfte Braun-, Grau- und Ockertöne finden sich in der Landschaft, mit ebensolchen Farben sind Mensch und Tier gemalt. Das strahlende Blau des Himmels, das fast die Hälfte der Bildfläche einnimmt, lässt den weiß gewandeten Engel deutlich herausleuchten. Das Zartrosa seiner Flügel findet sich im Gewand des Joachim wieder. Damit wird auch farblich eine Verbindung der beiden Hauptpersonen hergestellt.

Interpretation
Mit Szenen aus dem Leben von Joachim und Anna beginnt der Freskenzyklus Giottos in der **Arenakapelle** zu Padua, wie sie im deutschen Sprachgebrauch bezeichnet wird. Das Wort „Arena" erinnert an die römische Arena, die sich in antiker Zeit auf dem Gelände befand. Italiener sprechen von der „Cappella

degli Scrovegni", der Kapelle der reichen Kaufmannsfamilie Scrovegni. Giotto hat die Fresken 1310 fertiggestellt und damit in Padua sein Hauptwerk geschaffen. Mit der Schilderung des Lebens der Eltern Mariens bezieht er sich auf die im Mittelalter populäre **Legenda Aurea** des Jacobus de Voragine (13. Jh.). Darin wird berichtet, dass die Eltern der Maria, vergleichbar mit den Eltern von Johannes dem Täufer, bereits hochbetagt waren, als ihnen das erste Kind geboren wurde, sodass man darin ein von Gott bewirktes Wunder sah. Um Gott zu bewegen, seinen Wunsch nach einem Kinde endlich zu erfüllen, hatte sich Joachim entschlossen, im Tempel zu Jerusalem ein Opfer darzubringen. Der Priester wies ihn jedoch zurück, weil Joachim kinderlos war, was in der damaligen Zeit als Schande galt. Niedergeschlagen kehrte er zu seinen Schafen zurück. Hier begegnete ihm im Traum der Engel Gottes.

Giotto macht in einzigartiger Weise etwas klar, was im Grunde nicht zu erklären ist: Fast gewaltsam durchstößt der Himmelsbote die Trennwand zwischen Jenseits und Diesseits, die Nahtstelle ist unscharf. Der Oberkörper des Engels ist bereits in den irdischen Raum eingetaucht und passt sich sozusagen den Menschen an, wird sichtbar und erhält einen Körper. Da er in großer Entfernung bleibt, malt ihn Giotto kleiner als die übrigen Personen. Die **Bedeutungsperspektive**, d. h. der freie Umgang mit Größenproportionen je nach Bedeutung des Dargestellten, die im Mittelalter üblich war, hat hier für Giotto keine Gültigkeit mehr. Er richtet sich nach dem Augenschein: Was weiter entfernt liegt, stellt er kleiner dar, auch wenn es in der Hierarchie der mittelalterlichen Theologie von größerer Bedeutung ist. Selbst der Heiligenschein des Engels, der perspektivisch zum Oval verkürzt ist, ist unseren Wahrnehmungsgewohnheiten angepasst. Die **Vermenschlichung des Göttlichen** macht es leichter, dem Geschehen zu folgen.

Im Auftrag Gottes teilt der Engel dem Joachim mit, dass seine Bitten erhört worden sind. Die scheinbar ruhige, kontemplative Szene ist durchzogen von geistiger Spannung. Die gedachte Diagonale zwischen Engel und schlafendem Joachim „transportiert" den Willen Gottes. Joachim empfängt schlafend die Botschaft, beim Erwachen wird ihm bewusst werden, was geschehen soll. In seiner knappen, aber eindringlichen Bildsprache erklärt Giotto nicht nur die Szene aus der Legenda Aurea, sondern auch, in den folgenden Fresken, die entscheidenden Stationen aus dem Leben Christi. Bis heute bestimmen die auf den Kern der biblischen Aussage konzentrierten Bilder weitgehend die Vorstellung vom Heilsgeschehen für die Christen Europas.

Exkurs
Farbe als optisches Phänomen und bildnerisches Mittel

Zum Farbensehen gehören komplizierte physikalische, physiologische und psychologische Vorgänge, die uns nicht bewusst werden, aber das Farbensehen erst ermöglichen. In der Physik wird Farbe als Licht bestimmter Wellenlänge definiert. Licht ist farblos, wenn alle Wellenlängen in gleichmäßigen Anteilen vorhanden sind. ISAAK NEWTON (1643–1727), englischer Naturwissenschaftler, entdeckte, dass die Brechung des Lichts als **Spektrum** (Spektralband, Regenbogenfarben) sichtbar wird. Damit bewies er, dass Licht die Quelle jeder Farberscheinung ist. Trifft Licht auf körperhafte Farbstoffe, wird es aufgrund der jeweiligen Molekularstruktur der Gegenstandsoberfläche in unterschiedlicher Weise reflektiert bzw. absorbiert. Die Dinge an sich sind farblos. Der Eindruck von „Schwarz" entsteht z. B. durch totale Absorption von Licht, der von Weiß durch totale Reflexion. „Rot" erscheint, wenn alle Strahlung außer dem Rotbereich absorbiert wird. Unser Auge (physiologischer Aspekt) nimmt den Farbreiz auf und leitet ihn über den Sehnerv zum Gehirn weiter (psychologische Ebene).

Unter **additiver Farbmischung** versteht man die Mischung von verschiedenfarbigem Licht. Bringt man z. B. auf einer weißen Projektionswand in einem verdunkelten Raum die drei Grundfarben (Rot, Grün, Blau) zur Deckung, so mischen sie sich zu Weiß. Die Strahlung der drei Lichtquellen wird addiert. Die **subtraktive Mischung von Farbe** ist nur durch Mischung von Farbsubstanzen (z. B. Ölfarben) möglich. Dabei ist die gemischte Farbe dunkler als die Ausgangsfarben (z. B. Rot und Blau ergibt Violett).

Farbordnungen

Um die Gesamtheit der **reinen Farben** (Spektralfarben) übersichtlich darzustellen, wurden verschiedene Systeme entwickelt. Am bekanntesten ist der zwölfteilige **Farbkreis** von JOHANNES ITTEN (1888–1967). PHILIPP OTTO RUNGE (1777–1810) erdachte die **Farbkugel**, die sämtliche vorstellbare Farbtöne enthält. Ausgangspunkt für beide ist die Gesamtheit der reinen Farben. Die verschiedenen Farbordnungen gehen von den drei Grundfarben Rot, Blau und Gelb („Primärfarben") aus, die selbst nicht aus anderen Farben gemischt werden können. Als „Sekundärfarben" werden die Farben zweiter Ordnung bezeichnet (Orange, Grün, Violett), die sich aus der Mischung der Primärfarben ergeben. Treten die „Tertiärfarben" hinzu, erhält man den 12-teiligen Farbkreis bzw. bei Erweiterung des Spektrums den „Äquator" der Farbkugel.

Farbe in der Malerei

Um den Farbcharakter eines Bildes zu benennen, gebraucht man im Allgemeinen die beiden Begriffe **Kolorismus** und **Valeurismus**. Bei der **farbenbestimmten Malkonzeption** (Kolorismus) ist die Farbe und nicht die Zeichnung primäres Gestaltungsmittel. Bunte, intensive, kontrastreiche Farbkombinationen bestimmen die Komposition. Eine besondere Rolle kommt hierbei dem Komplementärkontrast zu. Der Kolorismus überwiegt in Stilrichtungen, die expressive bzw. abstrahierende Darstellungsformen ausbilden, so z. B. in der spätgotischen Tafelmalerei und dem Expressionismus zu Beginn des 20. Jahrhunderts. Die **tonwertige Malkonzeption** hingegen (Valeurismus, frz. *valeur*: Wert, Tonwert) wird weniger durch Farbe als durch Hell-Dunkel bestimmt. Das malerische Spätwerk REMBRANDTS gilt als bekanntestes Beispiel für die Ton-in-Ton-Malerei. Eine besondere Art der Tonmalerei ist die **Grisaillemalerei** (frz. *gris*: grau), bei der auf einem Grundton von mittlerem Grau durch Weißhöhung und Schwarztiefung die dargestellten Formen besonders plastisch hervortreten. Maler, die eine sehr zurückhaltende Farbigkeit pflegen, werden ebenfalls zu den Valeuristen gezählt. Im Allgemeinen ist der Valeurismus in Stilrichtungen verbreitet, deren Vertreter das Sichtbare auf differenzierte Art und Weise nachahmen, so etwa die holländischen Stilllebenmaler des 17. Jahrhunderts oder die Impressionisten.

Farbe besitzt **Darstellungswert**, wenn sie die sichtbare farbige Oberfläche eines Gegenstands malerisch wiedergibt. Dabei dient die Farbe der Naturnachahmung. Infolgedessen überwiegt ein solcher Einsatz von Farbe in Epochen, in denen die sichtbare Wirklichkeit im Bild festgehalten werden soll, wie etwa in der Renaissance oder im Realismus des 19. Jahrhunderts. Kommt Farbe unabhängig von ihrer darstellenden Funktion zum Ausdruck, spricht man vom **Eigenwert** der Farbe. Im Mittelalter steht der Eigenwert in enger Beziehung zum Symbolgehalt der Farbe. Ultramarinblau war z. B. bestimmten göttlichen Personen (Christus, Maria) vorbehalten. Die Abkehr von der Naturnachahmung zu Beginn des 20. Jahrhunderts führte u. a. zur abstrakten Malerei, in der Farbe gelöst von gegenständlicher Bindung als bildnerisches Element für sich wirkt. Allgemein ist zu sagen, dass in jedem gemalten Bild der Farbe sowohl Darstellungswert als auch Eigenwert zukommt.

Die koloristische Auffassung verbindet sich eher mit dem Eigenwert, die valeuristische mit dem Darstellungswert der Farbe.

Buchmalerei: „Die Verkündigung an die Hirten" (aus dem Perikopenbuch Heinrichs II.) (um 1000)

Vergleich mit der „Verkündigung an die Hirten" (um 1000)

Um die Modernität Giottos zu Beginn des Trecento (14. Jh.) klarer herauszustellen, bietet sich der Vergleich mit einer illuminierten Seite aus dem Perikopenbuch (Sammlung biblischer Texte) von Kaiser Heinrich II. an, kurz nach 1000 im Kloster Reichenau entstanden und in der stark abstrahierenden Formensprache der Vorromanik gehalten. Die **Expressivität der Darstellung** ist typisch für die Buchmalereischule, der sie entstammt. Der formale Kontrast zum ca. 300 Jahre später entstandenen Fresko ist freilich sehr groß, in ihren Motiven ähneln sich beide Kunstwerke jedoch ganz offensichtlich. Die Miniatur aus dem Perikopenbuch weist verschiedene, dem Fresko Giottos vergleichbare Bildgegenstände auf, allerdings bezieht sie sich inhaltlich auf das Lukas-Evangelium, in dem die Verkündigung an die Hirten beschrieben wird.

Auf einem niedrigen, buckeligen Hügel, der aussieht, als sei er aus übereinandergetürmten Felsbrocken zusammengesetzt und mit Tüchern überzogen worden, steht die riesige, bilddominierende Gestalt des Engels mit ausgebreiteten Flügeln. Als ob er sich gerade erst auf der Erde niedergelassen hätte, flattern noch die Enden seines togaähnlichen Übergewandes, zwei weiteren Flügeln gleich. Er neigt sich etwas herab und deutet mit seiner Rechten energisch auf den stehenden Hirten, dessen Umhang von der brausenden Luft aufgebläht ist. Er dreht sich gerade um und hebt die rechte Hand, wohl zum Schutz gegen das von der himmlischen Erscheinung ausgehende blendende Licht.

Am linken Bildrand sitzen zwei weitere Hirten und blicken zum Engel hinauf. Alle haben weit aufgerissene Augen, sie sehen tatsächlich, was geschieht. Am unteren Bildrand weiden Schafe, eines steht abgesondert etwas weiter oben hinter einem Felsvorsprung. Der Hintergrund ist von Blattgold überzogen, nur ein Streifen ist oben ausgespart und mit hellroter Farbe ausgefüllt.

Die auffälligsten Unterscheidungsmerkmale seien kurz zusammengefasst: Bei der „Verkündigung an die Hirten" geht es um ein **dramatisches Geschehen**. Heftige Gestik, schwingende Flügel und flatternde Gewänder lassen diesen Gesamteindruck entstehen. Dabei ist das Bild klar komponiert. Die dominierende Gestalt des Engels bestimmt als senkrechte Mittelachse das Bild. Die Gewichte sind rechts und links annähernd gleichmäßig verteilt. Der den Hintergrund überziehende **Goldgrund** verhindert Tiefenräumlichkeit. Obwohl sich die aufeinandergetürmten Steine mehrfach überschneiden, wird der Hügel als senkrechte Erhebung wahrgenommen, das ganze Bild als Fläche. Die Formen sind deutlich konturiert und meist flächig mit kräftigen Farben ausgemalt. Schafe und Hirte im Vordergrund sind auf einer Bodenlinie angeordnet, die keinen Platz für ein ausgearbeitetes Körpervolumen lässt. Tiere und Menschen werden **formelhaft** (naturfern) wiedergegeben. Der Malermönch von der Reichenau konzentriert sich bei seiner Darstellung auf das biblische Wort, das er fast buchstabengetreu ins Bild umsetzt: Durch Blick, Gestik und Goldgrund, der die geistige Anwesenheit Gottes symbolisiert, überbringt der übergroß gezeichnete Engel („Bedeutungsperspektive") die frohe Botschaft.

Giottos „Traum des Joachim" hingegen beschreibt einen **ruhigen Vorgang**. Eine in sich fest gefügte, auf den gemalten Rahmen Bezug nehmende Bildarchitektur bestimmt die Komposition. Durch die plastische Ausarbeitung der Landschaftselemente, den blauen Himmel und die schräg nach hinten führenden Linien (Hütte, Schlucht) gestaltet Giotto eine Raumbühne, auf der Tier und Mensch, nach Hell-Dunkel abgestuft, als Körper wahrgenommen werden. Das geistige Geschehen deutet Giotto als Traum. Eine gedachte, nicht sichtbare Diagonale zwischen Engel und Joachim symbolisiert dies: Die himmlische Botschaft dringt auf geheimnisvolle Weise in das Unbewusste des Joachim ein. Damit erklärt der Maler, was mit menschlicher Logik nicht zu erklären ist. Giotto lebt in der Zeit der **Gotik**, sein Werk deutet jedoch bereits auf die **Renaissance** hin, da es naturnachahmende Züge aufweist.

Giotto versetzt biblische Handlungen bzw. Legenden religiösen Ursprungs in die tatsächlich wahrnehmbare Welt, d. h. er schildert die uns umgebende, sichtbare Wirklichkeit als Schauplatz des Heilsgeschehens. Biblischen Personen verleiht Giotto „Fleisch und Blut" und lässt sie für das menschliche Gefühl nachvollziehbar agieren: *„Giottos Gestalten stehen vor uns wie aus Marmor gemeißelt, in sich ruhend und unverrückbar wie Statuen, und doch erfüllt von überwältigender Vitalität."*[21]

Giottos Klarheit und Monumentalität war Vorbild für unzählige Künstler bis ins 20. Jh. hinein. So wird sein Einfluss z. B. bei MASACCIO (1401–1428) zu Beginn der Frührenaissance in Florenz spürbar. Während seiner Lehrzeit setzte sich auch MICHELANGELO (1475–1564) mit Giottos Fresken in Santa Croce (Florenz) auseinander. Manierismus und Barock lösen zwischenzeitlich die strenge Bildtektonik auf. Das Festhalten des Augenblicks erfordert eine dynamische Komposition: Schwingende Linien, Kreisbewegungen, in die Bildtiefe stoßende Diagonalen liegen der Komposition nun zugrunde; dramatisches Hell-Dunkel verstärkt die lebendige Wirkung.

Doch auch in der Zeit des Barock, die sich ihrem Wesen nach weit von Giotto wegbewegt hatte, treten Maler auf, die die zurückhaltende, statisch gefügte Komposition bevorzugen. VERMEER (1632–1675) ist der berühmteste. Im 18. Jh. muss JEAN SIMÉON CHARDIN (1699–1779) als „Bildarchitekt" genannt werden, dem PAUL CÉZANNE (1839–1906) nahesteht und dessen Bildgefüge so gesehen bis auf Giotto zurückweist. Zugleich zieht Cézanne jedoch einen Schlussstrich unter den seit Giotto angestrebten Naturalismus. Den scheinbar begehbaren Bildraum, an dem Giotto arbeitete und der später durch die Perspektive mathematisch berechenbar wurde, gibt er auf. Kunst ist für ihn nicht mehr Nachahmung der Natur, sondern eine *„Harmonie parallel zur Natur"*. Sein Bild gehorcht eigenen Gesetzmäßigkeiten, emanzipiert sich sozusagen von der sichtbaren Wirklichkeit, wird autonom.

Bis ins 19. Jh. kaum beachtet, wird Giottos Werk heute als epochemachend eingestuft. Seine völlig unsentimentale, eindringliche Bildsprache wird auch 700 Jahre nach ihrer Entstehung verstanden. Ihr hoher Grad an Abstraktion und Klarheit liegt uns heute näher als überschwängliches Pathos.

2 Gegenüberstellung von drei Kinderbildnissen

2.1 Francisco de Goya: „Don Manuel Osorio Manrique de Zúñiga"

Kurzbiografie

Ähnlich wie Velázquez, sein großes Vorbild, kam Francisco José de Goya y Lucientes, geboren 1746 in Fuendetodos (Aragón) mit 12 Jahren zu einem Maler in die Lehre. Zwei Jahre später wechselte er zu Francisco Bayeu, dessen Schwester er 1773 heiratete. Ebenso wie Velázquez war er zunächst für die katholische Kirche tätig. Durch die Vermittlung seines einflussreichen Schwagers und Lehrmeisters gelang dem ehrgeizigen jungen Künstler der Sprung an die Königliche Teppichmanufaktur. 1786 wurde er zum Hofmaler ernannt, 1799 zum Ersten Hofmaler.

1793 wurde Goya aufgrund einer schweren Erkrankung taub, was ihn bis zu seinem Lebensende stark behinderte und zu einer pessimistischen Grundhaltung beitrug. Trotz seiner Abneigung gegen die Königsfamilie und den korrupten spanischen Adel kam er seinen Aufgaben als Hofmaler mit großer Virtuosität nach. Neben den offiziellen Porträts entstand seine „private" Kunst, die u. a. seit Beginn des spanischen Aufstandes gegen die napoleonischen Truppen das Leid der Bevölkerung und die Grausamkeiten des Krieges festhielt. Seine letzten Jahre verbrachte er im Exil in Bordeaux, wo er 1828 starb.

Goya gilt als das einzige Genie auf dem Gebiet der Malerei um 1800. Wegweisend war er sowohl für Realisten des 19. Jahrhunderts als auch für Surrealisten des 20. Jahrhunderts.

Beschreibung

Beim ersten Blick auf das Gemälde fällt vor allem der rote Samtanzug des kleinen Jungen auf. Er leuchtet uns geradezu entgegen. Die großen dunklen Augen im blassen Gesicht können Mitleid mit dem Kind hervorrufen, das wie eine Puppe in einem relativ dunklen Raum steht. Umgeben ist es von Tieren, dabei wirkt es irgendwie hilflos. Die Szene hat etwas Beklemmendes, ja Unheimliches.

Der kleine Junge ist Don Manuel Osorio, der dritte Sohn des spanischen Grafen von Altamira. Als er von Francisco de Goya gemalt wurde, war er vier Jahre alt, ebenso alt, wie Goyas Sohn Xavier im Jahr 1788 war. Manuel hatte nicht mehr lange zu leben, er starb im Alter von acht Jahren. Sonst wissen wir nichts über das Kind des spanischen Adeligen und seiner Frau, der Condesa de Altamira.

Manuel posiert als „Modell" in anstrengender Haltung. Es ist für ein Kind, das einen ausgeprägten Bewegungsdrang hat, etwas Unnatürliches, stillzuhalten. Der Kleine befolgt jedoch die Anweisung des Malers, steht aufrecht und streckt die Arme nach vorn. In den Händen hält er eine Schnur, an der seltsamerweise eine Elster befestigt ist, die ein Kärtchen im Schnabel hat. Darauf findet man die Signatur Goyas und die Zeichnung eines toten Vogels.

Francisco de Goya: „Don Manuel Osorio Manrique de Zúñiga" (um 1788), Öl auf Leinwand, 127 × 101 cm, The Jules Bache Collection, New York

Die Blässe des Kleinen wirkt besorgniserregend, man möchte meinen, er sei krank. Die Lebensumstände adeliger Kinder, die sich nicht im Freien austoben durften, mag dafür verantwortlich sein. Ihr Leben spielte sich im Palast ab, in ungesunder Luft, schlecht geheizten Räumen und unter unhygienischen Bedingungen. Die einzigen „Spielkameraden" des Jungen sind Tiere, obwohl gerade diese Tiere denkbar ungeeignet scheinen. Links neben Manuel, hinter der Elster, hocken lauernd drei Katzen, von der hinteren sieht man nur die beiden leuchtenden Augen. Sie starren auf den Vogel, der eine leichte Beute wäre. Rechts steht ein Vogelkäfig, der fast wie ein kleiner Palast aussieht. Bevölkert ist er von kleinen, bunten Vögeln.

Zurück zum Zentrum des Bildes. Das helle Gesicht des Kleinen ist von dunkelbraunem, weichem, etwas gelocktem Haar umgeben. Den Pony hat man ihm ganz gerade in Stirnmitte abgeschnitten. Der kleine rote Mund, der dieselbe Farbe wie der intensiv rote Samtanzug hat, ist geschlossen. Mit seinen dunkelbraunen, weit offenen Augen blickt er ernst, fast traurig, am Betrachter vorbei.

Das Kind wurde für die Porträtsitzung ausstaffiert. Es wurde in einen mit einem hellen Spitzenkragen verzierten roten Samtanzug, einen „Overall", gesteckt, um den Bauch hat man ihm eine hell glänzende Seidenschärpe geschlungen, die an der Seite zu einer bauschigen Schleife gebunden ist. Aus demselben Material sind die schleifenbesetzten Schühchen.

Das Kind steht in einem völlig leeren Raum, der nicht näher definiert ist. Unwillkürlich denkt man an einen Keller, da das Licht, zumindest zum Teil, von oben einzufallen scheint. Es beleuchtet v. a. den Kopfbereich. Eine andere Lichtquelle ist für den schwachen Lichtschein am Boden verantwortlich, der von links nach rechts verläuft, so als ob jemand gerade eine Tür geöffnet hätte.

Der Betrachter des Bildes sieht die Gestalt von Don Manuel direkt vor sich. Ein aufrecht stehender Erwachsener müsste dem Jungen eigentlich von oben auf den Kopf schauen. Wenn man ihm hier ins Gesicht blickt, ist man wohl in die Hocke gegangen. Nur die Schnur, die an eine Absperrung vor einem Kunstwerk erinnert, trennt den Betrachter von dem Jungen.

Analyse
Die **Bildfläche** ist v. a. durch die senkrechte Achse, die man durch das Kind ziehen kann, in zwei Hälften geteilt. So entsteht eine gewisse Symmetrie. Don Manuel steht uns fast frontal gegenüber, ist sozusagen bildparallel angeordnet. Eine ganz leichte Drehung nach links ist zu bemerken. Das Gesicht ist in Dreiviertelansicht gemalt, die fast zum *en face* (direkt von vorn) wird.

Katzen und Elster zur Linken und der Vogelkäfig zur Rechten entsprechen einander und betonen den symmetrischen Aufbau. Ein Gegengewicht zur dominanten Senkrechten bildet eine waagerechte Linie, die sich aus der Anordnung der am Boden kauernden Katzen und des Käfigs ergibt. So entsteht eine in sich ausgewogene, statische Komposition. Man könnte den Jungen und die Tiere einem Dreieck einbeschreiben, an dessen oberer Spitze der Kopf sitzt. Hier ist das Zentrum der Komposition auszumachen. Vor der leeren Wandfläche hebt sich das vom dunklen Haar und vom weißen Spitzenkragen gerahmte Gesicht deutlich ab.

Am rechten Bildrand schließt eine senkrecht verlaufende Kante die Komposition ab. Zu den übrigen Seiten hin ist das Bild offen, d. h. die Fortsetzung des Raumes nach allen Seiten hin ist denkbar.

Untersucht man den **Bildraum**, so zeigt sich, dass die räumliche Wirkung nicht allzu stark ist, allein schon deshalb, weil sich hinter dem Kind sehr bald eine Wand erstreckt. Vor dem Kind ist etwas Freiraum, Goya hat die kleine Gestalt ein wenig in den Raum zurückversetzt und so eine gewisse Distanz zum Betrachter geschaffen. Ein „Hervortreten" des Kindes bewirkt insbesondere das leuchtende Rot des Anzugs. Die warme Farbe lässt das kühlere Grün der Wand deutlich zurücktreten.

Es gibt kaum Überschneidungen, eine linearperspektivische Konstruktion beschränkt sich auf den Vogelkäfig. Bildraum wird durch ein dramatisches Hell-Dunkel erzielt. Von links nach rechts verläuft eine schräg in den Bildraum führende Diagonale, die durch den Lichteinfall am Boden gebildet wird. Alle Bildgegenstände sind plastisch modelliert. Das von links einfallende Licht lässt den Jungen aufleuchten, die Tiere bleiben dagegen im Dämmerlicht. Die zweite, von oben kommende Lichtquelle strahlt das Gesicht an und erhellt den Bereich hinter dem Kopf des Kleinen, sodass ein Gegenlichteffekt entsteht. Die Lichtführung ist rational nicht ganz zu erklären. Auch die tatsächliche Tiefenerstreckung des dargestellten Raumes ist schwer zu beurteilen. Die Katzen tauchen sozusagen aus dem Dunkel auf, rechts verliert sich der Raum wieder im Dunkeln.

Farbe

Das leuchtende Rot des Samtanzugs beherrscht den Farbeindruck, den wir von diesem Gemälde haben. Die Primärfarbe Rot tritt hier in ganz reiner Form auf, kaum getrübt durch Schwarz oder Weiß. Die plastische Wirkung des Körpers entsteht v. a. durch die um den Bauch gebundene Schärpe, die deutlich abgestuft ist.

Alle anderen Farben sind sehr zurückhaltend, sodass ein starker Intensitätskontrast die Farbwirkung bestimmt. Außer der Farbe Rot verwendete Goya nur Grün und Braun, ganz unterschiedlich untereinander und mit Weiß und Schwarz gemischt.

Die Bildgegenstände schildert Goya realistisch, weshalb der darstellende Wert der Farbe überwiegt. Trotz des leuchtenden Rots kann man von einer valeuristischen Gesamtanlage sprechen. Neben dem Intensitätskontrast wirkt sich der Hell-Dunkel-Kontrast stark aus. Der Komplementärkontrast ist dagegen nur schwach ausgeprägt, dem reinen Rot wird ein getrübtes Grün zugeordnet.

Untersucht man die **Malweise**, so zeigt sich, dass Pinselspuren kaum zu sehen sind. Bei Nahsicht erkennt man einen doch recht deutlichen Pinselduktus an der Schärpe. Tritt man wieder zurück, stellt sich jedoch die illusionistische Wirkung ein, die typisch für die Zeit des Rokoko ist, in der die Oberflächen verschiedenster Materialien mit ungeheurer Virtuosität geschildert wurden. Man hört förmlich das leise Knistern der Seide, wenn Manuel sich ein wenig bewegt, und meint, die Weichheit des Katzenfells oder der braunen Haare des Jungen zu fühlen.

Interpretation
Ob Goya das Porträt des „Gilles" von ANTOINE WATTEAU (1684–1721) gekannt hat, wissen wir nicht. Einige Züge an dem Kinderbildnis erinnern an das berühmte Gemälde aus dem Louvre. Ähnlich wie der Schauspieler Gilles steht Don Manuel wie verloren da. Man hat ihn hingestellt, um ihn porträtieren zu lassen. Dabei wirkt er wie eine leblose Puppe, hilflos, unglücklich. Sein ernster Gesichtsausdruck und die starre Haltung sind ungewöhnlich für einen Vierjährigen.

Tiere, die wohl menschliche Spielkameraden ersetzen sollen, leisten ihm in diesem sonst leeren Raum Gesellschaft, doch der Junge scheint sich für die Tiere nicht zu interessieren. Die gierigen, auf den Vogel fixierten Katzen eignen sich nicht dazu, gestreichelt zu werden, und die Vögel sind nicht die Spielgefährten, die sich ein Kind wünscht. Auf dem Gemälde von Watteau lauern hinter dem aufrecht stehenden Gilles keine Tiere, sondern seine feixenden Kameraden. Auch Gilles bleibt für sich allein und scheint sie gar nicht zu bemerken.

Don Manuel ist einsam, und es kommt einem so vor, als sei er eingesperrt, ebenso unfrei wie die Vögel. Der Vogel gilt als Symbol für Freiheit. Hier sind die Vögel angebunden, eingesperrt oder tot. Vielsagend hat Goya über seine Signatur einen toten Vogel gezeichnet. Bezog er das Gefangensein auch auf seine eigene Person? Goya lebte am Königshof, umgeben von Intriganten, abhängig von der Gnade eines launischen Königs.

Manuel ist ein zartes, sensibles Kind, das etwas Unschuldig-Reines hat. Dieser Eindruck mag auch durch den Lichtschein hinter seinem Kopf entstehen, der an einen Heiligenschein erinnert. Das Gesicht hat etwas Durchscheinendes. Wenn man weiß, dass der Kleine nur noch vier Jahre leben durfte, wirkt das Bildnis noch rührender. Es gehört zu den meisterhaften Porträts des spanischen Malers, der nicht nur das Äußere seiner Modelle wiedergab, sondern mit dem Pinsel psychologische Studien trieb.

2.2 Pablo Picasso: „Paul als Harlekin"

Kurzbiografie
PABLO RUIZ PICASSO, der wohl bekannteste Künstler des 20. Jahrhunderts, wurde 1881 in Malaga als Sohn eines Zeichenlehrers geboren. Den Namen „Picasso" nahm er von seiner Mutter an. Mit 14 Jahren studierte er bereits an der Kunstakademie. Zahlreiche Ausstellungen und Preise machten ihn in Spanien schnell bekannt. Mit 19 Jahren fuhr er zum ersten Mal nach Paris, um die moderne Kunst kennenzulernen. 1904 ließ er sich am Montmartre nieder, wo er das legendäre Atelier „Le Bateau Lavoir" bezog. Während seiner ersten wichtigen Schaffensphase, der „Blauen Periode", schilderte er in melancholischen Bildern das Elend von Außenseitern, zu denen er sich selbst hingezogen fühlte. Blau, Violett und Braun waren die bevorzugten Farben. Ab 1905 hellte sich seine Palette auf und mit der „Rosa Periode" stellte sich der Erfolg ein, der ihm bis zum Lebensende treu bleiben würde.

1906 begann Picasso mit den Arbeiten zu einem Schlüsselwerk des 20. Jahrhunderts, er malte „Les Demoiselles d'Avignon". Die Auseinandersetzung mit außereuropäischer Kunst ist dabei offensichtlich.

Mit GEORGES BRAQUE zusammen entwickelte er ab 1907 den Kubismus. In diese Schaffensphase fällt das Bild „Mädchen mit Mandoline" (siehe S. 67).

Während des Ersten Weltkrieges entwarf Picasso Bühnendekorationen für den russischen Choreographen Diaghilew, aus dessen Balletttruppe seine erste Ehefrau Olga Koklowa stammte. In den 1920er-Jahren durchlief er eine neoklassizistische Phase, griff aber auch immer wieder auf die Formensprache des Kubismus zurück. Nach dem Zweiten Weltkrieg zog er zusammen mit seiner Lebensgefährtin Françoise Gilot von Paris an die Riviera. Die bevorzugten Themen seines Spätwerks sind der Stierkampf, mythologische Szenen und „Maler und Modell". 1973 starb Picasso in seinem Schloss Mougin. Beigesetzt wurde er im Park seines Anwesens in Vauvenargues am Fuß der Montagne Sainte Victoire, dem Lieblingsmotiv seines verehrten Vorbildes PAUL CÉZANNE.

Malerei 49

Pablo Picasso: „Paul als Harlekin"
(1924), Öl auf Leinwand,
130 × 97,5 cm, Musée Picasso, Paris

Beschreibung

Paul, der Sohn von Pablo Picasso und Olga Koklowa, ist auf dem Gemälde etwa so alt wie der kleine Manuel von Goya. Man hat das Gefühl, ein „Bild von einem Kind" vor sich zu haben. Mit großen, dunkelbraunen Augen, die er vom Vater geerbt hat, schaut Paul ernst geradeaus, doch nicht direkt zum Betrachter. Sein kleiner, geschlossener Mund ist fein geschwungen, die Wangen sind etwas gerötet und verleihen dem kindlich-runden Gesicht etwas Liebliches. Unter der schwarzen Mütze, die mit den wegstehenden seitlichen Laschen an eine Montera (die Kopfbedeckung der Toreros) erinnert, schauen rötlich-blonde Haare hervor. Ponyfransen bedecken die Stirn.

Paul hält still, er konzentriert sich auf seine Aufgabe, für den Vater Modell zu stehen. Ob er auf dem Sessel sitzt oder sich an ihn lehnt, ist nicht ganz klar. Das von uns aus gesehen rechte Bein ist durchgedrückt, das linke etwas angewinkelt. Picasso legte keinen Wert darauf, die Verkürzung des Beines realistisch wiederzugeben.

Vielleicht machte Picasso ein Foto von seinem Sohn, das ihm beim Fortgang der Arbeit als Gedächtnisstütze diente. Damit hätte er ihm langweiliges Modellstehen erspart. Wir wissen, dass Picasso, nachdem er die russische Ballerina Olga kennengelernt hatte, den Fotoapparat für sich entdeckte und, wie alle stolzen Väter, den ersten Sohn häufig fotografierte. Das Porträt von Olga (1919) z. B. entstand nach einem noch erhaltenen Foto. Es zeigt die russische Ballerina auf einem Sessel sitzend, der dem Sessel auf unserem Bild sehr ähnlich ist. Beim Bildnis seines Sohnes ließ Picasso jedoch das Blumenmuster weg. Die wunderschönen bunten Blüten widmete er seiner frisch Angetrauten.

Der kleine Junge steckt in einem „Overall" mit blau-gelbem Rautenmuster, einem Harlekinskostüm, das sich leuchtend vom dunklen Sessel abhebt. Dazu gehören Halskrause und Rüschen an den Ärmeln, evtl. aus weißem Tüll. Nähere Angaben über stoffliche Qualitäten macht Picasso nicht.

Auffällig ist das Unfertige des Bildes, das auch bei Olgas Porträt überrascht. Den Hintergrund hat Picasso mit breitem Pinsel in neutralem Ocker aufgestrichen. Verzierungen unterhalb des Sitzpolsters wie Kordeln und Borten hat er mit dem Pinsel skizziert, ebenso die Füße des Kindes. Einzig das Gesicht des Kleinen ist sorgsam ausgeführt. Die übrigen Bereiche sind lediglich von einer Untermalung bedeckt.

Analyse
Bei der Untersuchung der Bildfläche soll klargemacht werden, wie Picasso Kind und Sessel, die einzigen Bildgegenstände, innerhalb der **Bildfläche** positioniert hat. Durch den Körper des Kleinen kann man eine leicht von der senkrechten Mittelachse abweichende schräge Linie ziehen. Dieser nach links geneigten Diagonale, gebildet durch den Jungen, steht die nach rechts führende Diagonale des Sessels gegenüber.

Kopf und Oberkörper sind dem Betrachter direkt zugewandt, also bildparallel dargestellt. Die Beine sind etwas nach rechts gerichtet.

Kind und Sessel bilden eine in sich geschlossene Bildzone, die sich vor der hellen Untermalung, der zweiten Bildzone, deutlich abhebt. Mütze und Sesselbezug haben dieselbe Farbe und sind in der gleichen Art gemalt, was zu einer Verschmelzung von Kopf und Sesselbezug führt.

Paul hat keinen Boden unter den Füßen und keine Wand hinter sich. Picasso verzichtete auf jegliche Definition eines Zimmers. Eine Folge davon ist, dass das Bild keine innere Rahmung aufweist, d. h. nach allen Seiten hin

„offen" ist. Die Aufmerksamkeit des Betrachters wird ganz auf das Gesicht des Kleinen gelenkt. Zentrum der Komposition ist der Kopf, der von Halskrause und Mütze gerahmt wird.

Von besonderer Bedeutung für den **Bildraum** ist der Sessel, der schräg im imaginären Bildraum steht, aber keinen Schlagschatten wirft, welcher die Position im Raum klären würde. Körperschatten gibt Picasso nur äußerst reduziert an. Plastisch wirkt vor allem der Kopf. Die kugelige Form ist durch die eng anliegende Mütze und die Schatten am Kinn und hinten an der Halskrause betont. Arme und Beine sind nur ganz leicht modelliert, ein Lichteinfall ist nicht klar erkennbar.

Die kleine Gestalt wird also nicht durch Beleuchtungslicht erhellt, sondern leuchtet aufgrund der reinen und hellen Farben ihres Kostüms und der hellen Haut, die sich vom dunklen Sessel deutlich abheben. Die räumlich-plastische Wirkung ist sehr wenig ausgeprägt. Das Fragmentarische des Bildes trägt zu noch stärkerer Reduktion des räumlichen Eindrucks bei.

Vergleicht man den Umgang mit der **Farbe** in den Kinderbildnissen von Goya und Picasso, so leuchtet uns der rote Anzug des kleinen Manuel förmlich entgegen. Paul wirkt dagegen farblich zurückhaltend. Einen deutlichen farbigen Akzent setzt allein das Harlekinskostüm in Gelb und mattem Taubenblau. Rötliche Töne im Gesicht und an den Händen ergänzen Gelb und Blau zu den drei Primärfarben. Es entsteht also ein dezenter Farbe-an-sich-Kontrast (Rot – Gelb – Blau). Hinzu kommen nur noch Schwarz (Augen, Mütze, Sessel, Umrandungen der Rauten), Weiß (stark verdünnt an den Rüschen, etwas deckender im Gesicht) und ein helles Ocker, mit dem das ganze Bild untermalt wurde. Die transparent gemalte Halskrause z. B. lässt die streifige Untermalung durchscheinen.

Dominierend unter den Farbkontrasten ist der Hell-Dunkel-Kontrast, was sowohl für Teilbereiche (dunkle Augen – helles Gesicht) als auch für die ganze Bildfläche (heller Grund – dunkler Sessel) gilt.

Der unvollendete Zustand des Bildes erlaubt ein Zurückverfolgen des Entstehungsprozesses, denn alle Arbeitsstadien sind noch sichtbar: Nach der Untermalung skizzierte Picasso mit dem Pinsel Sessel und Kind mit verdünntem, flüssigem Ocker. Unter dem Sessel ist ein dritter Fuß des Jungen zu erkennen, der wohl noch von einem ersten Entwurf stammt, die Position der Füße wurde später korrigiert. Danach wurde der Sesselbezug mit nur einer Farbschicht dunkel ausgemalt, wobei die Pinselschrift deutlich bleibt. Auch das Rautenmuster wurde nur dünn und nicht allzu „sorgfältig" ausgemalt, die helle Grundierung ist an manchen Stellen noch sichtbar. Einzig der Kopf ist deckend (pastos) mit cremiger Farbe gemalt, ebenso wie die Hände, d. h. Picasso verlieh dem gesamten Inkarnat etwas Greifbar-Kompaktes. Mit einem feinen Pinsel „zeichnete" er vermutlich zuletzt die Haare, die das Gesicht rahmen. Mit wenigen Pinselstrichen gelang es ihm, eine illusionistische Wirkung zu erzielen, der Pony erscheint weich und glänzend.

Interpretation
Auf den ersten Blick mag einem das Puppenhafte des kleinen Jungen auffallen. Das hübsche Kind sieht aus wie im Bilderbuch, sein Kopf erinnert an einen Porzellanpuppenkopf. Dabei malte Picasso seinen kleinen Sohn in einer durchaus unkindlichen Pose. Mit geradem Oberkörper steht (sitzt?) er konzentriert vor seinem Vater, die Händchen ineinandergelegt, das Gesicht unbewegt. Wie Don Manuel wurde er in einen Anzug gesteckt, der ihm etwas „Niedliches" (aus Sicht der Erwachsenen) verleiht. Ob ihm das gefiel, weiß man nicht.

Dabei zeigt Picasso seinen Sohn nicht nur als ein putziges Bilderbuchkind, sondern auch als einen ernst zu nehmenden Menschen. Der Sessel verleiht der kleinen Gestalt eine gewisse Würde. Picasso zitiert damit ein herrschaftliches Requisit, das schon in den Kinderbildnissen von Velázquez eine bedeutende Rolle spielte. Ebenso wie seine großen Vorbilder, die allerdings Fürstenkinder porträtierten, legt er ein repräsentatives Bild an, das an die Tradition des Kinderbildnisses anknüpft, das es seit der Renaissance gibt.

Neben dem Porträt von Prinz Philipp Prosper (Velázquez) und dem des Don Manuel (Goya) mag auch das unvollendete Porträt des Infanten Don Francisco de Paula (Goya) auf Picassos Konzeption Einfluss genommen haben.

Picassos Kinderbild bliebt gleichfalls unvollendet. Während Goya sein Bild aus ungeklärten Gründen in unfertigem Zustand hinterließ, legte Picasso das seine absichtlich als Fragment an. Diese Möglichkeit gibt es erst seit dem 20. Jahrhundert. Wir sehen inzwischen einen besonderen Reiz darin, den Entstehungsprozess eines Bildes zurückverfolgen zu können bzw. zwischen skizzenhaft angelegten und detailliert ausgearbeiteten Partien zu vergleichen.

In jedem Fall zeigt ein unvollendet-vollendetes Bild eine große Lebendigkeit und Frische. Es ist nicht „totgemalt": *„Eine Sache fertig machen heißt, sie zu töten, heißt, ihr Leben und Seele zu nehmen"*[20]*,* behauptet Picasso.

Die Fotografie hat heute das gemalte Kinderbildnis weitgehend verdrängt. Betrachtet man allerdings Kinderbildnisse in den Auslagen der Fotoateliers, so erkennt man mitunter in den herausgeputzten Kindern kleine Prinzen und Prinzessinnen. Die Tradition ist noch nicht abgerissen.

2.3 Diego Velázquez: „Prinz Philipp Prosper"

Kurzbiografie

Mit 11 Jahren wurde DIEGO VELÁZQUEZ, geboren 1599 in Sevilla, von seinen Eltern in die Lehre des Malers PACHECO gegeben. Zu Ende der Lehrzeit, im Jahr 1618, heiratete er – wie damals üblich – die Tochter des Meisters.

In der ersten Phase seines Schaffens lebte Velázquez in Sevilla (bis 1623) und malte vor allem religiöse Bilder. Die zweite Schaffensphase spielte sich am Hof des spanischen Königs Philipp IV. in Madrid ab, wohin er durch Vermittlung seines Schwiegervaters gelangte. Zu seinen künstlerischen Aufgaben als Hofmaler gehörten nun vorwiegend repräsentative und weltlich geprägte Gemälde, vor allem Porträts. Er bezog ein festes Jahresgehalt und avancierte zum Kammerherrn des Königs, als der er für die Unterkünfte während ausgedehnter Reisen des Königs verantwortlich war. Dass er ihn dabei zu begleiten hatte, nahm ihm viel von seiner kostbaren Arbeitszeit. Gegen Ende seines Lebens beklagte er sich heftig über die Strapazen der verhassten Reisen. Das Ehepaar Velázquez starb kurz nacheinander 1660 an einem Fieber.

Velázquez gehört zu den bedeutendsten Malern der Neuzeit. Es ist nicht geklärt, wie er sich vom Einfluss seines provinziellen Lehrherrn löste und zu seinem unverwechselbaren Malstil gelangte, der auf italienische und flämische Einflüsse hinweist.

Beschreibung

Philipp Prosper wurde 1657 geboren. Sein Vater war der spanische König Philipp IV., seine Mutter Maria Anna, eine Tochter des deutsch-römischen Kaisers Ferdinand III.

Das spanische Königspaar setzte seine ganze Hoffnung auf den neugeborenen Thronerben, denn bisher hatte es „nur" eine Tochter, die als Nachfolgerin in Betracht kam. Bald stellte sich jedoch heraus, dass der Junge eine schwache Konstitution hatte. Sein Vater ließ ihn im zweiten Lebensjahr von seinem Hofmaler DIEGO VELÁZQUEZ (1599–1660) malen, der ein Jahr später starb. Das Gemälde gehört zu seinen letzten Werken.

Philipp IV. ließ das Gemälde zusammen mit einem Porträt der Infantin Margarita Theresa an den kaiserlichen Hof nach Wien schicken, wo Leopold I. residierte, der Nachfolger von Ferdinand III. Das Mädchen war zur künftigen Gattin des Kaisers bestimmt und heiratete ihren Onkel und Cousin 1666. Seit 1657 befinden sich die beiden Gemälde in Wien, heute hängen sie im Kunsthistorischen Museum.

Es fällt auf, dass Philipp Prosper mit seltsamen kleinen Dingen aus Metall behängt ist. Hierbei handelt es sich um Amulette, die vor dem bösen Blick schützen sollten und den sogar am spanischen Hof verbreiteten Aberglauben dokumentieren. Der alternde König war in Sorge um das kränkelnde Kind, das seinen Thron erben sollte. Alle Fürsorge nützte jedoch nichts, das Kind starb 1661 kurz vor seinem vierten Geburtstag.

Diego Velázquez: „Prinz Philipp Prosper" (1659), Öl auf Leinwand, 128,5 × 99,5 cm, Kunsthistorisches Museum, Wien

Die erste Biografie von Diego Velázquez, verfasst von ANTONIO PALOMINO, erscheint zu Beginn des 18. Jahrhunderts. Darin ist über das Porträt des kleinen Prinzen zu lesen:

1659 hat Velázquez zwei Porträts gemalt, die zu schaffen ihm seine Majestät aufgetragen hatte, um sie dem Kaiser von Deutschland zu schicken. Das eine war von dem durchlauchtigsten Prinzen von Asturien, (Don) Philipp Pros-

per ... Es ist eines der feinsten Porträts, die Velázquez je gemalt hat, ungeachtet der großen Schwierigkeiten, Kinder zu malen, da diese außerordentlich lebhaft und unruhig sind. Er hat den Prinzen stehend gemalt, gekleidet wie es seinen zarten Jahren entsprach. Seitlich hinter ihm liegt auf einem einfachen Stuhl (auf einem Samtkissen) ein Hut mit einer weißen Feder. Zu seiner anderen Seite steht ein Lehnstuhl, auf dem seine rechte Hand leicht ruht; im oberen Teil des Bildes befindet sich ein Vorhang und im Hintergrund ist eine offene Tür dargestellt. Alles ist mit höchster Grazie und Kunst, mit der Schönheit der Farben und in der großartigen Manier dieses berühmten Malers wiedergegeben. Auf dem Lehnstuhl liegt eine kleine Hündin, die wie lebendig wirkt und ein Abbild jenes Tieres ist, das Velázquez sehr gern gemocht hat.[10]

Das Hündchen gehört also, wenn wir Palomino glauben dürfen, nicht dem Prinzen, sondern dem Künstler, der so einen Weg gefunden hat, dem geliebten Tier ein Denkmal zu setzen.

Gegenüberstellung der drei Kinderbildnisse

Alle drei Kinderbildnisse stammen von spanischen Malern. Velázquez war sowohl für Goya als auch für Picasso ein großes Vorbild. Viele seiner Werke hängen im Prado, Goya und Picasso waren mit ihnen vertraut und setzten sich auch bildnerisch mit ihnen auseinander. Motive des Barockmalers tauchen sowohl bei Goya als auch bei Picasso auf.

Das Porträt des kleinen Philipp Prosper jedoch kannten sie nicht im Original. Es hing seit 1657 in Wien, das weder Picasso noch Goya besuchten. Kunstwerke wurden jedoch seit dem 16. Jahrhundert als Kupferstiche reproduziert, sodass es durchaus möglich ist, dass Goya eine Abbildung gesehen hat, und es im Grunde undenkbar ist, dass Picasso nicht in irgendeinem Bildband auf das Porträt gestoßen ist. Wir können also davon ausgehen, dass das Gemälde den beiden Jüngeren bekannt war.

Alle drei Buben haben etwas Rührendes und Puppenhaftes an sich. Sie wurden ausstaffiert, um porträtiert zu werden, und gaben sich Mühe stillzuhalten und „brav" zu sein, doch ihre großen Augen haben einen ernsten oder traurigen Ausdruck. Nur Philipp schaut uns direkt an, ebenso wie das Hündchen, das seine Schnauze auf die weiche Armlehne des Sessels gelegt hat und zu seinem Herrchen, dem Maler Velázquez, aufschaut.

Dieser legte als Einziger der drei Künstler Wert auf die Ausgestaltung des Raumes. Der Prinz steht auf einem weichen, gemusterten Teppich. Links befindet sich ein gepolsterter Sessel, über dessen Lehne ein schwerer Vorhang fällt, rechts ein Hocker mit einem großen Samtkissen, darauf die von Palomino beschriebene Mütze. Noch etwas weiter hinten sieht man eine geöffnete

Tür, in der ein weiterer Vorhang zu sehen ist. Die vorherrschende Farbe ist ein warmes Rot in verschiedensten Abstufungen, die Materialien sind fast alle weich. Das Kind ist eingebettet in eine behagliche Atmosphäre. So ungeniert, wie sich das Hündchen auf dem Samtpolster räkelt, darf sich der Prinz allerdings nicht geben. Er muss aufrecht stehen und stillhalten. Dass der kleine Junge ein Kleid trägt, ist für uns ungewohnt, war aber bei Kleinkindern zu jener Zeit üblich. Seine aufrechte Haltung und sein ernster Gesichtsausdruck täuschen ein wenig darüber hinweg, dass Philipp erst zwei Jahre alt ist.

Velázquez bekleidete als Hofmaler und Vertrauter des Königs eine hohe Stellung am Hofe. Philipp IV. war dem Maler nahezu freundschaftlich zugetan und betraute ihn mit verantwortungsvollen Aufgaben, die häufig nichts mit seiner künstlerischen Arbeit zu tun hatten. So hatte der Maler den König auf Reisen zu begleiten und dafür zu sorgen, dass am Abend eines jeden Reisetages das Nachtlager ordentlich bereitet war. Velázquez übernahm derartige Dienste mit großem Pflichtbewusstsein. Es muss eine vertraute Atmosphäre zwischen der Königsfamilie und dem Maler geherrscht haben. Diese kommt auch in dem Gemälde „Las Meninas" („Die Hoffräulein") zum Ausdruck. Hier stellt sich Velázquez in seinem Atelier umgeben von Hofleuten, der Infantin Margarita und dem Königspaar (im Spiegel) dar.

Wenn er den kleinen Philipp malte, war dies nicht nur eine offizielle Pflicht für ihn, sondern er wusste um die Sorgen der königlichen Eltern wegen des stets kränkelnden Kindes und setzte sein ganzes Können für einen kleinen Thronerben ein, der mit hoher Wahrscheinlichkeit nicht mehr lange leben würde.

Goya war ebenfalls Hofmaler des spanischen Königs, sein Verhältnis zum Königshaus war allerdings eher distanziert. Als er im Jahr 1800 die Königsfamilie malte, entlarvte er die einzelnen Mitglieder der korrupten Familie. Dummheit, Arroganz, selbst Idiotie kann man aus den Zügen der einzelnen Adeligen lesen. Goya selbst bleibt als wacher Beobachter im Hintergrund. Sein schonungsloser Realismus störte jedoch nicht. Man kaufte seine Bilder und schickte sie sogar, wie es damals noch üblich war, an die Fürstenhöfe Europas, um sich gegenseitig vorzustellen.

Auch Goya wandte seine ganze Kunst auf, um dem kleinen Manuel ein Denkmal zu setzen. Über das Kind machte er sich nicht lustig, sondern malte es so, dass ihm unsere Sympathie gehört. Inwieweit die Zeitgenossen seine Anspielungen z. B. hinsichtlich der Gefangenschaft der Tiere bzw. des Jungen verstanden haben, wissen wir nicht. Kritisch und geistig überlegen schilderte er, was er sah.

Völlig frei in seiner Arbeit war Picasso. Keinem König verpflichtet, konnte er davon ausgehen, dass seine Bilder von begeisterten Kunstsammlern gekauft werden würden. Seinen Sohn malte er so, wie er ihn sah. Dabei bezog er sich auf die Tradition, übersetzte sie jedoch in seine eigene Ausdrucksweise, die im 20. Jahrhundert entstanden war.

3 Menschen im Spiegel der modernen Malerei

3.1 Paul Cézanne: „Die Kartenspieler"

Kurzbiografie

Aix-en-Provence ist die Geburtsstadt von PAUL CÉZANNE (1839–1906), dem Sohn eines wohlhabenden Bankiers, zu dem Paul sein Leben lang ein äußerst gespanntes Verhältnis hatte. Auf Betreiben des Vaters nahm er ein Jurastudium auf, brach es aber zwei Jahre später ab, um in Paris Maler zu werden. Nach langem Zögern unterstützte ihn der Vater finanziell. Wegen „mangelndem Talent" wurde ihm das Studium an der Pariser Kunstakademie verwehrt. Erfolglos blieben auch alle Versuche, beim jährlichen Salon auszustellen. 1863 beteiligte er sich am berühmt gewordenen „Salon des Refusés", bei dem das „Frühstück im Grünen" von EDOUARD MANET Furore machte. 1869 wurde Hortense Fiquet, die er in zahlreichen Porträts verewigt hat, Cézannes Lebensgefährtin. Der einzige Sohn, Paul, wurde 1872 geboren.

1874 beteiligte sich Cézanne an der ersten Impressionistenausstellung im Atelier von Nadar und wurde von der Presse am heftigsten von allen beschimpft. Immer häufiger zog er sich in die Provence zurück, wo er in der Abgeschiedenheit auf dem elterlichen Anwesen in Aix arbeitete. Die Jahre von 1883 bis 1895 werden als die klassische Epoche in seinem Schaffen bezeichnet. Eine kleine Ausstellung beim Galeristen Vollard in Paris mit etwa 50 Bildern machte Cézanne zumindest in Kunstkreisen seit 1895 bekannt. Vier Jahre vor seinem Tod baute er ein kleines Atelierhaus am Rande von Aix. Die Provence verließ er zu diesem Zeitpunkt kaum noch. Immerhin war er 1904 im Pariser Herbstsalon mit 33 Bildern vertreten. Seinen deutlich steigenden Ruhm nahm er kaum mehr wahr, zu lange hatte er nur Ablehnung erfahren. 67-jährig starb er 1906 in Aix. Eine Retrospektive machte ihn 1907 schließlich weltberühmt.

Cézannes Bild „Die Kartenspieler" ist im Musée d'Orsay in Paris zu sehen. Das Gemälde wurde von Ambroise Vollard, dem später berühmten Kunsthändler der Nachimpressionisten, gekauft, der als einer der Ersten Werke von Cézanne sammelte.

Paul Cézanne: „Die Kartenspieler" (1890–1892), Öl auf Leinwand, 45 × 57 cm, Musée d'Orsay, Paris

Das Motiv der „Kartenspieler"

Im Werk von Cézanne erschien das Kartenspieler-Motiv zuerst im Herbst 1890. Zwischen 1890 und 1895 entstanden dann fünf Bilder zu diesem Thema. Die älteste Fassung, ein großes Bild von 194 × 181 cm, zeigt fünf Figuren, drei Spieler und zwei Zuschauer, von verschiedenem Zubehör umgeben. Auf dem Spieltisch liegen Karten und eine Pfeife, ein gerraffter Vorhang ist rechts im Hintergrund zu sehen, daneben sind an der Wand Pfeifen und ein Spiegel befestigt.

In der zweiten, mehrfigurigen Fassung reduzierte Cézanne auf vier Personen, eine weitere Fassung zeigt drei.

In den letzten beiden Fassungen sitzen sich nur noch zwei Personen gegenüber: Die vierte Version (die hier betrachtet werden soll) ist die kleinste in der Reihe der „Kartenspieler". Bei der Betrachtung einer Reproduktion des Bildes kann man sich kaum vorstellen, dass das Original nur 47,5 × 57 cm misst. Als neues Motiv ist die auf dem Tisch stehende Weinflasche dazugekommen, ansonsten verzichtete Cézanne auf jegliche Requisiten. Die fünfte, wieder etwas größere Fassung (60 × 73 cm) zeigt gleichfalls zwei Personen, in der Komposition wurde fast keine Änderung mehr vorgenommen. Sie hängt heute in London (Courtauld Institute Galleries).

In der Geschichte der Malerei gehört das Bildthema „Kartenspieler" zu den **Genreszenen** (Darstellung gewöhnlicher Tätigkeiten in Innenräumen). Der Italiener CARAVAGGIO (1573–1610) befasste sich als Erster mit diesem Motiv. Eine drastische Schilderung kartenspielender Bauern von ADRIAEN BROUWER (1606–1638) findet man in der Alten Pinakothek in München. Berühmt wurde etwas später der „Falschspieler mit dem Karo-As" (Louvre, Paris) des Franzosen GEORGES DE LA TOUR (1593–1652). Das Gemälde entstand um 1635 und war Cézanne sicher bekannt. Auch LE NAIN schuf ein Bild zum gleichen Thema. Die Gemälde der beiden Franzosen könnten Cézanne angeregt haben, sich mit diesem Thema auseinanderzusetzen.

Beschreibung

Völlig unbeweglich und schweigend sitzen zwei Männer an einem kleinen Tisch einander gegenüber und blicken konzentriert in die Karten, die sie in ihren Händen halten. Beide sind von der Seite zu sehen, haben Hüte auf dem Kopf und tragen einen Schnauzer. Der Tisch zwischen ihnen scheint schief zu stehen, jedenfalls liegt die rechte Kante höher als die linke. Hände und Knie der Männer berühren sich fast. Zwischen ihnen steht nur eine verkorkte Weinflasche, auf der sich ein auffälliger Lichtstreifen als senkrechte, weiße Linie abzeichnet. Gläser sind nicht zu sehen.

Die beiden Spieler wirken etwas grob, fast wie aus Holz geschnitzt. Der linke ist schlanker und sitzt aufrecht. Seine steife Haltung setzt sich in seinem Hut fort, einer Mischung aus Melone und Zylinder. Die hoch aufragende Stuhllehne, deren vordere Kante zu sehen ist, betont den langen, geraden Rücken des Mannes. Im Mund steckt eine Pfeife, aus der jedoch kein Qualm aufsteigt.

Der rechte Mann, von schwerfälliger und massiger Statur, beugt sich etwas über den Tisch, auf den er seine Unterarme gelegt hat. Sein Gegenüber stützt dagegen nur die Handgelenke an der Tischkante ab. Der Hut des Rechten scheint weicher zu sein, ist etwas zerdrückt und rundlich, der robusten Gestalt angepasst. Beide Männer tragen Jackett, helles Hemd und Hose.

Über dem Tisch liegt eine Decke, die wohl etwas verrutscht ist. Dieses Tischtuch hat nichts von einem weich fallenden Stoff. Man denkt eher an einen Bogen Packpapier oder ein Stück Filz, das über den hölzernen Tisch gebreitet wurde. Tuch und Holz sind aus denselben rostbraunen, orangegelblichen Tönen zusammengefügt und scheinen daher aus dem gleichen Material zu bestehen.

Merkwürdig ist, dass der kleine Tisch, auf den sich der rechte Spieler schwer aufstützt, wenig Tragfähigkeit und Stabilität zu besitzen scheint. Die Tischbeine kippen nach links, sind nur skizziert, nicht ganz bis zur unteren Bildkante ausgeführt und nur als Flächen, nicht als quaderförmige Stützen wahrnehmbar.

Von dem Innenraum, in dem sich die Spieler befinden, ist kaum etwas zu erkennen. Den Hintergrund bildet evtl. eine Tür, deren obere Hälfte aus Glas besteht. Man meint, auf eine spiegelnde Fläche zu blicken, die die Schiebetür zu einer Veranda sein könnte. Auf ein Wirtshaus deutet nichts hin.

Alles Überflüssige hat Cézanne weggelassen. Nur die beiden Personen haben Platz auf dem Bild, wobei ihre Beine unterhalb der Knie vom Bildrand abgeschnitten werden. Auch der Rücken des rechten Mannes wird vom Bildrand überschnitten. Wenn Cézanne beide Figuren etwas nach links gerutscht hätte, wäre die Anordnung symmetrisch gewesen und sie hätten ins Bild gepasst. Die Gleichgewichtigkeit hätte der Komposition jedoch die Spannung genommen. Obwohl man sich vorstellen kann, ganz nah am Tisch zu stehen, kann man den Spielern doch nicht in die Karten schauen, deren Oberflächen grau aussehen. Man bleibt trotz der Nähe außerhalb des Geschehens.

Analyse
Überzieht man das Bild mit einem Fadenkreuz, so fällt das leichte Abweichen der nahezu symmetrischen Anordnung auf. Wenn die Weinflasche zwischen den beiden Männern auch nicht exakt die geometrische Mitte bestimmt (sie ist leicht nach rechts verrückt), lässt doch der als senkrechte Linie aufgetragene Lichtreflex an eine Symmetrieachse denken.

Die Komposition wird am linken Bildrand durch die Stuhllehne begrenzt, rechts ist sie eher offen, denn der Rücken des rechts Sitzenden wird vom Bildrand überschnitten, ebenso wie die Beine der beiden Spieler unterhalb ihrer Knie. Der Boden des Raumes ist also nicht im Bild zu sehen.

Trotz dieses Ausschnittcharakters ist die Komposition in sich fest gefügt. Waagerechte und senkrechte Linien bestimmen das Bildgerüst und nehmen Bezug zum Rahmen. Tisch, Stuhl, Flasche und Figuren werden als nahezu gleichberechtigte Elemente einer **strengen Bildarchitektur** wahrgenommen.

Mit verschiedenen Mitteln wird der Blick des Betrachters auf das Bildzentrum hin gelenkt, nämlich auf die Hände, die die Karten halten. Die schräg in den Bildraum führenden Tischkanten rahmen das Zentrum. Dabei ist die Tischfläche etwas nach oben gekippt, die Weinflasche steht wiederum ganz gerade auf der leicht ansteigenden Tischfläche, dem Schauplatz des Geschehens. Der Fluchtpunkt, auf den die beiden Kanten zulaufen, liegt auf Höhe des Flaschenhalses. Verlängert man die Tischkanten bis zum Fluchtpunkt, ergibt sich mit der vorderen Tischkante zusammen ein Dreieck, das sich um das Bildzentrum schließt.

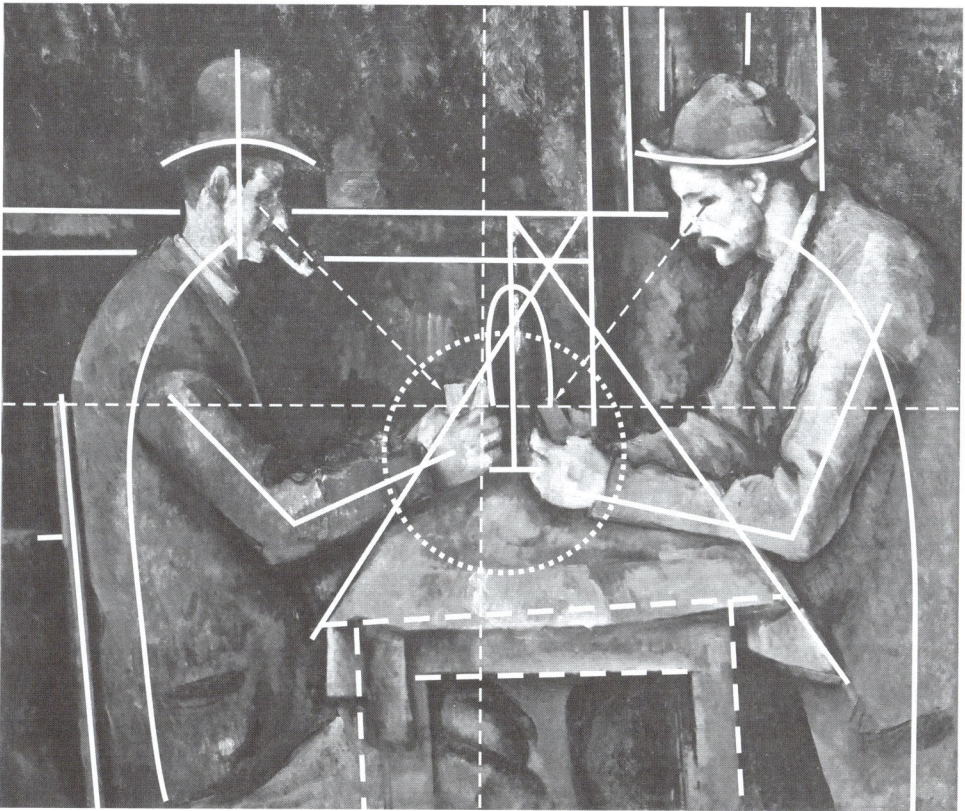

Kompositionsschema zu Cézanne, „Die Kartenspieler"

Führt man den Blick über die angewinkelten Arme zu den Gesichtern der beiden Männer hinauf, so wird man gleich darauf wieder nach unten zu den Karten gelenkt, denn beide Spieler schauen dorthin.

Gerade bzw. angewinkelte Linien von hartem, scharfkantigem Charakter dominieren das Bild. Senkrechte und waagerechte Linien bestimmen den Hintergrund, bilden sozusagen das Grundgerüst. Gebogene Linien treten an den Körpern, den Gesichtern, den Hüten, der Flasche und am Tischtuch auf. Die faltigen Jackenärmel sind von frei schwingenden, locker hingemalten Umrisslinien begrenzt.

Die Leinwand überzog Cézanne mit relativ kurzen, kristallin anmutenden Pinselstrichen, die meist leicht schräg bzw. der Form der Oberfläche folgend aufgesetzt sind (z. B. die Ärmel) und auch als **Farbschraffuren** bezeichnet werden können. Die Art des Farbauftrags betont den **statischen Charakter der Komposition** und legt den Vergleich mit einem stofflichen Gewebe nahe. Man kann von einem Farbfleckengewebe sprechen. Über die enge Verflechtung der Bildelemente untereinander äußerte sich Cézanne in einem Gespräch folgendermaßen:

> *Mein Motiv, sehen Sie, das ist so [...] (Cézanne breitet die Hände aus mit gespreizten Fingern, nähert sie langsam einander, verschränkt sie krampfhaft ineinander) [...] das ist es, was man erreichen muss. Es darf keine einzige lockere Masche geben, kein Loch, durch das die Wahrheit entschlüpft [...].*[7]

Bei genauer Betrachtung erkennt man, dass sich einige der Senkrechten leicht nach links neigen, die Waagerechten etwas nach rechts ansteigen bzw. umgekehrt. Exakte rechte Winkel sind nicht auszumachen. Am auffälligsten ist in dieser Hinsicht das nach rechts hochgebogene Tischtuch. Der ganze Tisch scheint schief zu stehen, da sich seine Beine nach links neigen. Man hat den Eindruck, der Boden sei rechts etwas erhöht, sodass auch der Stuhl des rechten Mannes weiter oben als der des linken stehen müsste. Daher kommt es dem Betrachter so vor, als würde sich der rechte Spieler etwas mehr von oben über den Tisch beugen, während der linke ziemlich gerade sitzt. Im Lot ist nur die Flasche zwischen ihnen.

Dieses leichte Ansteigen der Komposition bewirkt einen kaum wahrnehmbaren Zug nach rechts oben. Linien und Flächen sind so fest in die Bildfläche verspannt, dass dieses Ansteigen nach rechts als etwas für die Komposition Notwendiges empfunden wird. Rationale Erwägungen um die merkwürdig verbogene Tischplatte erübrigen sich angesichts des in sich stimmigen Bildgefüges.

Wenn man sich auf die **räumliche Wirkung** des Bildes konzentriert, zeigt sich, dass es im Wesentlichen aus zwei bildparallel hintereinander geschichteten Zonen besteht, nämlich dem Vordergrund, der insgesamt heller ist und dessen Bildgegenstände relativ klar zu erkennen sind, und dem Hintergrund, der dunkler ist und unscharf wirkt. Die hintere Wand scheint sehr nahe zu sein, die (vermutete) Glasfläche erlaubt keinen Durchblick, sodass sich insgesamt nur eine geringe Tiefenräumlichkeit ergibt.

In begrenztem Maße bedient sich Cézanne der Linearperspektive. Die schräg in die Bildtiefe führenden Tischkanten laufen aufeinander zu und schneiden sich in einem Fluchtpunkt, der in Höhe des Flaschenhalses anzunehmen ist. Der Oberkörper des rechten Mannes führt diagonal (Schultern!) in den Bildraum, während der des linken Mannes streng im Profil eher einer aufragenden Säule ähnelt.

Farbabstufung, Pinselführung und Darstellung von Körper- und Schlagschatten, die aber nicht auf eine bestimmte Lichtquelle zurückgeführt werden können, erzeugen den Eindruck von einer gewissen **Plastizität** der Körper. Besonders Arme, Hüte und Flasche werden als rund wahrgenommen. Die weißen Krägen schmiegen sich um die Hälse und betonen deren zylindrischen Charakter.

Ein Vor- und Zurücktreten der Gegenstände bewirkt die Farbe. Tisch und Tuch scheinen im Bild am Weitesten vorne zu liegen, kühlere und dunklere Farbtöne dominieren im Hintergrund und lassen diesen zurücktreten. Allerdings nimmt man auch auf der hinteren Wand (etwas abgedunkelte) Reflexe der Tischfarbe wahr.

Wenn auch bis zu einem gewissen Grad ein Bildraum angegeben wird, so ist die Tiefenerstreckung des Innenraums doch nicht messbar. Um sich die Entfernung zwischen Tisch und hinterer Fläche vorstellen zu können, müsste der Boden zu sehen sein. Es fehlen Anhaltspunkte wie etwa die Sitzfläche der Stühle oder die hinteren Tischbeine. Die scheinbar nach oben geklappte Tischplatte verkürzt den Raum und widerspricht der einheitlichen Ansicht von einem (Blick-)Punkt aus. Sie erinnert an mittelalterliche Bilder (z. B. Abendmahlsdarstellungen), auf denen die Tischflächen in die Bildfläche gekippt sind, und dadurch die Dinge, die auf dem Tisch liegen, für den Betrachter gut zu sehen sind. Cézanne hielt sich also nicht mehr an die Zentralperspektive, die einen festen Augenpunkt voraussetzt. Manches sieht man von der Seite, manches eher von oben. Diese **Mehransichtigkeit** wird wenige Jahre später die Sicht- und Darstellungsweise der Kubisten bestimmen.

Verschiedene Bildelemente, die von kubischer Form sein müssten, sind nicht konsequent modelliert. Beispielsweise sieht der vordere Unterarm des

Rechten eher flach als rund aus, seine vom Bildrand überschnittene, weite Jacke ist im unteren Bereich nur noch Farbfläche und hüllt nicht mehr den schweren Körper ein.

Bei der Betrachtung der großen Kompositionen GIOTTOS wird klar, dass dieser Architekt unter den Malern den Bezug zur Bildfläche nie verlor, auch wenn er als einer der Ersten einen illusionistischen Bildraum schuf. In dieser Beziehung ist Cézanne in der Nachfolge Giottos zu sehen: Dunkle Umrisse, also lineare Elemente, binden auch die scheinbar hinten befindlichen Farbflächen an die Bildoberfläche. Farbwerte, die im vorderen Bildbereich auftreten, klingen auch im hinteren wieder an und umgekehrt. Der Korken der Flasche berührt die Trennlinie zwischen Glasscheibe und Holzverkleidung der (gedachten) hinteren Tür, bindet also das weiter hinten liegende an das davor befindliche Bildelement. Ähnlich ist es mit dem Hut des rechten Mannes, der von den senkrechten Linien des Hintergrundes eingegrenzt wird, wie überhaupt der Eindruck entsteht, dass die Bildelemente des Vordergrundes mit dem strengen Liniengerüst des Hintergrundes verzahnt sind. Die Bildfläche ist von einer in sich homogenen **Textur** (Oberflächenbeschaffenheit, die durch den Pinselduktus und die Leinwandbeschaffenheit entsteht) überzogen, sodass man nicht etwa von einer feineren Darstellungsweise im Vordergrund sprechen kann.

Insgesamt wird ein allzu auffälliges Vor- und Zurückspringen von Bildelementen vermieden. Die Bildfläche ist Schauplatz des Geschehens. Räumlich-plastische Bildelemente sind dem **Farbfleckengewebe** eingeordnet.

Die **Farbe**, zu der Cézanne ein inniges Verhältnis hatte, ist einerseits ein flächiges bzw. lineares Element des Bildganzen („Farbschraffuren") und andererseits für die räumliche Wirkung verantwortlich. Die Farbe ist also Element der Fläche und des Raumes zugleich, wie auch jede Linie einerseits in der Bildfläche liegt, durch ihre Ausrichtung aber auch Raum vortäuschen kann.

Die Zerlegung (Analyse) des Bildganzen in seine Bestandteile erweist sich an dieser Stelle als besonders problematisch, denn jedes Bildelement ist mit dem anderen so eng verzahnt, dass ein gedankliches Herauslösen unter einem bestimmten Aspekt nur unter der Voraussetzung möglich ist, dass man das Bild als Ganzes im Auge behält.

Auch die Aufteilung der **Farbwerte** erfolgt nahezu symmetrisch. In der Mitte (Tisch) dominieren reich abgestufte, warme Farbtöne. Hinter der Weinflasche erstreckt sich ein wesentlich dunklerer rötlich-brauner Bereich, der leicht ins Violette tendiert, das in den Knien des rechts Sitzenden und in der Jacke des Linken wiederkehrt.

Den Kontrast zu den warmen Farbtönen bildet die grünliche, mit Ocker und Schwarz nuancenreich modulierte Kleidung der beiden Männer. Cézanne verwendete selbst den Begriff **„Modulieren"**, wenn er das Zusammenfügen von Form durch Farbe meinte. Die Jacke des linken Spielers ist dunkler als die seines Gegenübers, die Stuhllehne hinter seinem Rücken besteht aus denselben Farbtönen und passt sich daher nicht nur durch ihre Richtung an, sondern ist auch durch ihre Farbigkeit mit dem geraden Rücken des Mannes nahezu verwachsen. Seine helle Hose korrespondiert mit dem Jackett des Rechten. Kühle Farbtöne wie Schwarz, Blau, Grau und Violett überziehen die unscharf spiegelnde Fläche am oberen Bildrand, die jedoch auch Reflexe der hellen, grünlichen Kleidung wiedergibt. Die Hüte der beiden stellen für sich genommen kleine Farbgebäude dar. Reich moduliert in warmen und kühlen Tönen zugleich schmiegen sie sich um die Köpfe der Spieler, wobei die Hutkrempe des linken nach unten, die des rechten dagegen nach oben gebogen ist.

Das Rotorange des Tisches wiederholt sich, in der Farbintensität durch die Beimischung von Weiß abgeschwächt, in den Gesichtern und Händen. Es sieht so aus, als ob die Haut die Farbe der Tischfläche reflektieren würde. Fast schwarz ist die Weinflasche, weiß sind die beiden Hemdkragen, die Pfeife des Linken, die Karten in seiner Hand und der Lichtreflex auf der Weinflasche. Im Bildzentrum tritt demnach der stärkste Hell-Dunkel-Kontrast auf. Farbe dient nicht der Darstellung stofflicher Qualität, sondern behauptet Eigenwertigkeit innerhalb des Bildgefüges.

Einziges illusionistisches Bildelement ist der Lichtreflex auf der Flasche, der den Glanz der gläsernen Oberfläche andeutet. Farbauftrag und Farbsubstanz sind aber in allen Bildzonen so deutlich sichtbar, dass man sich nicht täuschen lässt über den Realitätscharakter der Szene, die Natur nicht nachbildet, sondern parallel zur Natur für sich als Kunstwerk existiert.

Interpretation

Ich war heute wieder bei den Cézanne-Bildern. Es ist merkwürdig, was für eine Umgebung sie bilden. Ohne ein einzelnes zu betrachten, [...] fühlt man ihre Gegenwart sich zusammentun zu einer kolossalen Wirklichkeit [...] Wenn ich mich erinnere, wie befremdet man die ersten Sachen sah! Man braucht lange, lange Zeit für alles [...] und plötzlich hat man die richtigen Augen.[5]

Nach eingehender Auseinandersetzung mit der Bildsprache von Paul Cézanne beginnt man, diese Gedanken RAINER MARIA RILKES (1875–1926) zu verstehen, die er anlässlich der ersten großen Cézanne-Retrospektive in Paris niederschrieb. Rilke, der damals in Paris lebte und lebhaften Anteil am Kunstgeschehen nahm, spricht von den richtigen Augen, vom richtigen Hinsehen, nicht vom intellektuellen Verstehen irgendwelcher Inhalte, irgendeiner Symbolik, und davon, dass es sehr lange dauert, bis man *richtig* sehen kann.

Um ein Bild von Cézanne richtig zu sehen, muss man seine Augen auf die Sehweise von Cézanne einstellen. Dazu bedarf es keiner gewaltsamen Anstrengung, vielmehr stellt sich die richtige Sicht nach langer Zeit von selbst ein und man kann sich dann eine andere Sicht der Dinge als die hier im Bild gezeigte gar nicht mehr vorstellen.

Man nimmt die verbogene Tischplatte als etwas Selbstverständliches hin, ist sie doch notwendiger Bestandteil der in sich fest gefügten Komposition. Das Zueinander der Dinge, das **Verwobensein der Bildelemente** untereinander werden so zwingend vorgeführt, dass man von der Logik dieser Sicht überzeugt ist.

Je mehr man sich mit dem Bild vertraut gemacht hat, desto deutlicher hat man die **Spannung** empfunden, die von ihm ausgeht. Es ist nicht die inhaltliche Spannung, die fasziniert, sondern die Spannung, die in der Form begründet ist, die damit zum eigentlichen Inhalt wird.

Zwei Kartenspielende könnten dramatischer geschildert werden, heftig gestikulierend etwa. GEORGES DE LA TOUR zeigt z. B., wie ein argloser junger Adeliger von einem Gauner-Trio ausgenommen wird. Bei Cézanne sitzen zwei Leute sich unbewegt und stumm gegenüber und blicken in stoischer Gelassenheit in ihre Karten. Ihre Gesichter sind Bildelemente, die nicht differenzierter ausgearbeitet sind als die Tischplatte oder die Jackenärmel. Wir haben ein monumentales **menschliches Stillleben** vor uns.

Bauern und Landarbeiter aus der Nachbarschaft saßen Cézanne Modell. Ob sie sich in der stark vereinfachenden Darstellung wiedererkannten, ist ungewiss. Typen mag man in ihnen sehen, den Pfiffigen und den eher Schwerfälligen, Bodenständigen. Ihre Individualität gab Cézanne nicht preis. Ebenso verfuhr er bei anderen Personendarstellungen.

Der Betrachter erlebt also nicht eine äußerlich spannende Phase eines tatsächlich stattgefundenen Kartenspiels mit, sondern das Spiel wird als immerwährender Zustand vorgeführt. Die beiden Männer spielen nicht nur in diesem Moment Karten, in dem sie von Cézanne gemalt werden, sondern sie sind anders nicht denkbar. Dem Kunsthistoriker KURT BADT kommt es so vor, als säßen die beiden Spieler in der Kajüte eines sturmbewegten Schiffes und ließen sich dennoch nicht aus der Ruhe bringen. Die Welt um sich herum haben sie vergessen. Ihre Umgebung ist sozusagen tatsächlich ins Wanken geraten, sieht schief und verzerrt aus.

Mit einer schiefen Optik, die man Cézanne unterstellt hat, ist das Phänomen des Verrückten und Verspannten nicht zu erklären. Eine rational nachvollziehbare, naturalistische Wiedergabe der äußeren Realität ist keinem der für die Moderne maßgeblichen Künstler mehr möglich. Jeder von ihnen entwickelt eine eigenständige Sicht der Dinge und muss demnach neue Darstellungsmethoden erarbeiten, mit denen er wiedergeben kann, wie er die Welt sieht und empfindet. Neben die äußere Natur, die seit der Renaissance unbestrittener Maßstab für die Kunst war, tritt gleichberechtigt das Ich des Künstlers. Das Kunstwerk ist bei Cézanne Ausgleichsprodukt zwischen Naturbeobachtung und subjektiver Empfindung, mit den Worten von Cézanne eine *„Harmonie parallel zur Natur"*.

Für seine Sicht der Welt setzte er farbige Äquivalente, d. h. er vermittelte sie im Gleichnis von Formen und Farben. Was er sah, setzte er unter von ihm selbst aufgestellten Gesetzmäßigkeiten ins Bild um. Diese Umsetzung – von Cézanne wurde sie als **Realisation** bezeichnet – erfordert Abweichungen von der optischen Erscheinung der Dinge. Sie werden zurechtgerückt, verbogen, eingespannt, auf ihre Grundformen reduziert, bis das Bildgefüge fest verspannt, fest gefügt ist. Das Geflecht aus Farbe zeigt, wie sich Cézanne die Welt ordnet, wie er das Verhältnis von Körper und Raum, Mensch und Welt für sich klärt. Es geht ihm um die innere Verwobenheit der unveränderbaren Dinge, nicht um ihren augenblicklichen Schein, ihre schimmernden Oberflächen und die verwirrende Vielfalt der Erscheinungen.

Das Verhältnis Mensch–Umwelt–Dinge ordnet er für sich und zeigt zugleich Spannungen, die zwischen „Ich" und „Welt" bestehen und daher auch vom Inneren des Bildgefüges ausgehen. Dissonanzen verhindern den Eindruck von glatter Harmonie. Die Intensität des ordnenden und durchdringenden Blicks des Künstlers ist spürbar und erfordert vom Betrachter eine ebenso intensive sehende Auseinandersetzung.

3.2 Pablo Picasso: „Mädchen mit Mandoline"

Beschreibung
Beim ersten Blick auf das Bild ist man überrascht: Ein „Mädchen mit Mandoline", so der Titel des Bildes, ist nur schwer zu erkennen. Man versucht unwillkürlich, sich aus einzelnen Formen das erwartete Bild zusammenzusetzen.

Scharfkantige, kristallin wirkende Flächen und zum Teil plastisch modellierte Körperformen in vorwiegend hellem Ocker lassen uns ein schlankes nacktes Mädchen mehr erahnen als erkennen. Es scheint in das Spiel auf der

Mandoline versunken und lauscht mit geschlossenen Augen den Klängen. Das Lyrische der Darstellung erinnert an Motive aus Picassos Blauer Periode.

Die stehende Gestalt, sichtbar bis zu den Oberschenkeln, füllt das Hochformat fast aus. Ihr Gesichtsprofil, das sich zum Hals der Mandoline neigt, weist weder Nase, Mund noch Ohren auf, nur ein geschlossenes Auge. Das wellige Haar ist im Nacken geknotet, der Kopf sitzt auf einem langen, schlanken Hals.

Klar zu erkennen ist der Klangkörper mit der zupfenden Hand und der rechte, deutlich plastisch ausgearbeitete angewinkelte Arm. Der übrige Körper besteht aus einander durchdringenden, einander überlagernden bzw. aneinander stoßenden Flächenelementen.

Der Hintergrund, sofern man die den Körper umgebende Fläche noch als solchen bezeichnen kann, weist ähnliche eckige Formen auf, die sich zum Bildrand hin auflösen.

Pablo Picasso: „Mädchen mit Mandoline" (1910), Öl auf Leinwand, 100,3 × 73,6 cm, The Museum of Modern Art, New York

Analyse
Das Mädchen steht in der Mitte des Bildes. Eine gedachte, durch den Körper gezogene, senkrechte Mittelachse teilt die **Bildfläche** in zwei Hälften. Die waagerechte Bildmittelachse verläuft oberhalb der deutlich plastisch ausgearbeiteten Brust. Von der dominierenden Senkrechten weichen diagonale Richtungen ab. Verbindet man Kopf, Hals und rechten Arm, so ergibt sich eine Diagonale, die etwa parallel zum schräg gehaltenen Instrument verläuft. Eine Gegenbewegung gibt das nach rechts gerichtete Bein an, das stark abstrahiert ist. Die einzelnen Teilformen, aus denen Figur und Grund bestehen, werden meist von geraden Kanten eingefasst. Weich anmutende, abgerundete Formen (Brust, Mandoline) lockern den eckig-harten Formcharakter etwas auf.

Zur linken Seite hin ist der Körper des Mädchens deutlich vom Grund abgegrenzt. Nach rechts gehen Figur und Grund teilweise ineinander über. Eine Schatten andeutende dunklere Zone lässt in der linken Bildhälfte den hier helleren Körper deutlich hervortreten.

Manche Formsegmente können sowohl zum Grund als auch zur Figur gehören.

Die Figur wendet sich von uns aus gesehen nach rechts. Eine Fortsetzung der Bildelemente über den Bildrand hinaus ist vorstellbar. Die übereinander getürmten bauklotzähnlichen Elemente zur Linken erinnern an eine zerklüftete Wand, die der Gestalt als Stütze dienen könnte. Die Komposition ist also nach links eher abgeschlossen, nach rechts eher offen.

Obwohl die Figur stark abstrahiert und kein Hintergrund im traditionellen Sinn angegeben ist, setzt Picasso doch verschiedene Mittel ein, um einen – wenn auch stark reduzierten – **Bildraum** zu erzeugen:
- Die Figur ist v. a. in der linken Hälfte in etwas helleren Tönen gehalten als der Grund und tritt somit optisch hervor.
- Plastisch ausgearbeitete Körperpartien stehen im Kontrast zu etwas dunkleren, immer wieder in den Grund „abtauchenden" Partien (rechts). So entsteht der Eindruck, die Figur würde leicht schräg dastehen.
- Die rechte Hand, welche in die Saiten greift, ist kleiner als die zupfende Hand im unteren Bereich, von der man den Eindruck gewinnt, sie sei am weitesten vorn.
- Gleitet der Blick über die splitterigen Formen, so hat man das Gefühl, manche würden auftauchen, andere dagegen im Grund versinken. Das Auf und Ab erzeugt eine sanfte rhythmische Bewegung, die mit den Klängen korrespondieren könnte, die dem Instrument entlockt werden.
- Das ins Bläuliche tendierende Grau wirkt kühler als die warmen Ockertöne, die optisch hervortreten (zurückhaltende Farbperspektive).

Gegen den Eindruck von Bildraum spricht, dass auch warme Farben den Hintergrund bedecken und optisch nach vorne drängen. Das Motiv besteht fast nur aus Flächen, die keinen Raum benötigen, in dem sie sich ausbreiten könnten. Die Figur ist nicht „herauslösbar", d. h. **mit dem Grund verwoben**. Figur und Grund bilden eine gemeinsame Fläche. Zudem verhindert die deutliche Pinselschrift eine illusionistische räumliche Wirkung.

Hinsichtlich der **Farbe** ist anzumerken, dass Picasso das Gemälde nahezu monochrom (einfarbig) angelegt hat. Warmes Ocker in den verschiedensten Abtönungen dominiert. Feinste Nuancen innerhalb einer schmalen Farbskala (Ocker, Braun, Grau, Blau) sind charakteristisch für die **analytische Phase des Kubismus**. Man spricht hier von einer valeuristischen Anlage.

Die warmen Töne „schildern" u. a. die Haut der weiblichen Gestalt, stellen sie aber nicht naturalistisch dar. Der Eigenwert der Farbe überwiegt vor dem darstellenden Wert.

Ein sehr gedämpfter Komplementärkontrast zwischen Grautönen, die ins Bläulich-Violette gehen, und den Ockertönen sorgt für die farbliche Spannung innerhalb der sonst fast monochromen Anlage. In allen Bereichen sind die Farbtöne mit Weiß bzw. Schwarz gemischt, d. h. gedämpft bzw. getrübt. Reine, leuchtende Farben treten nicht auf. Ein zweiter, die farbige Anlage bestimmender Kontrast ist der Hell-Dunkel-Kontrast, der noch stärker wirksam ist, wenn man das Bild mit leicht geschlossenen Augenlidern betrachtet. Die Figur tritt dann als Ganzes hervor, der Grund weicht dunkel zurück.

Pinselspuren sind deutlich sichtbar. Körperformen sind zum Teil etwas feiner ausgearbeitet, etwa die Brust oder der Klangkörper. Insgesamt malt Picasso relativ „dünn", die helle Leinwand leuchtet immer wieder durch die Farbschicht hindurch.

Interpretation

Das Gemälde erzählt keine Geschichte, wir können weder an eine literarische Vorlage anknüpfen noch Symbole ausdeuten. Wir sehen ein Mandoline spielendes Mädchen in stark abstrahierender, kubistischer Formensprache. Die grazile Gestalt in dem dezenten Farbklang zu betrachten, bereitet ästhetisches Vergnügen. Man könnte sich also fragen, ob uns Picasso über das bloß Sichtbare hinaus etwas sagen möchte.

Wir wissen, dass der Künstler zunächst mit einem Modell arbeitete. Ein Mädchen namens Fanny Tellier, das nackt posierte, inspirierte ihn. Als Fanny sah, was Picasso aus ihrem Körper gemacht hatte, entschuldigte sie sich wegen Unwohlseins und kehrte nicht wieder. Picasso soll erleichtert gewesen sein. So irritierte ihn niemand mehr, und er konnte noch „rücksichtsloser" weiterarbeiten. „Ich verwende in meinen Bildern alle Dinge, die ich gern habe: Wie es den Dingen dabei geht, ist mir einerlei – sie müssen sich eben damit abfinden", äußerte er.[20]

Das „Ding" war in diesem Fall ein menschlicher Körper, dem es nicht anders erging als Obst, Tellern und Flaschen in Picassos kubistischen Stillleben. Die Zerlegung der ursprünglich geschlossenen Form in meist eckige, flächige Segmente, die an Splitter erinnern, ist auffälligstes Merkmal des Kubismus. Ein Gegenstand wird nicht mehr so dargestellt, wie man ihn von einem Punkt aus, sondern aus verschiedenen Blickwinkeln sieht. Was in Wirklichkeit nur im Nacheinander zu sehen ist (Vorder- und Rückseite) wird gleichzeitig sichtbar **(Simultandarstellung)**. Raum und Körper werden stark reduziert. Es gibt keine perspektivische Darstellung mehr, auf eine Modellierung nach Hell-Dunkel wird weitgehend verzichtet, die Farbskala ist äußerst beschränkt. Ziel ist die gedankliche Zerlegung (Analyse) der Form. Es geht nicht mehr darum, darzustellen, wie etwas aussieht, sondern zu zeigen, woraus es besteht. So kann es sein, dass die Konfrontation mit dem realen Gegenstand bzw. dem Modell die künstlerische Arbeit stört.

Ausgangspunkt ist in jedem Fall das Sichtbare, hier das Modell Fanny mit der Mandoline. Das Charakteristische ihrer Erscheinung hält Picasso fest. Man sieht ihre schlanke, deutlich feminin geprägte Gestalt und empfindet ihre Hingebung an die Musik.

Die neue Sicht auf die Dinge hat mit bahnbrechenden, das Weltbild des 19. Jh. infrage stellenden wissenschaftlichen Erkenntnissen um 1900 zu tun. Wer sagt uns, dass das, was wir sehen, wirklich ist? Wenn sich im Kleinsten (unter dem Mikroskop betrachtet) und im Größten (durch das Fernglas gesehen) ungeahnte Welten auftun, die das bloße Auge nicht wahrnimmt, kann der winzige Ausschnitt von der Welt, den wir sehen, nicht mehr relevant sein. Wozu ihn im Bild nachahmen? Die Konsequenz für den Künstler heißt, neue Welten zu schaffen. Nicht mehr gebunden an die Nachahmung der Natur ist er nun frei und kann seine Fantasien und Vorstellungen in die Gestaltung einbeziehen, ohne auf eine naturgetreue Wiedergabe achten zu müssen.

Die Malerei am Beginn des 20. Jahrhunderts hat Freude am Experiment, am spielerischen Umgang mit Form und Farbe. Sogar der menschliche Körper wird zum Experimentierfeld, was zunächst auf viele Menschen befremdlich wirkt. Das „Mädchen mit Mandoline" ist mehr als ein optisches Ereignis. Picasso schafft den Spagat zwischen der Wiedergabe der optischen Erscheinung und der Abstraktion der Form. Für unsere Fantasie bleibt viel Spielraum. Die zerklüfteten Formen haben etwas Rhythmisch-Bewegtes und können z. B. musikalische Assoziationen auslösen.

Anselm Feuerbach: „Mandolinenspielerin" (um 1865), Öl auf Leinwand, 79 × 60 cm, Hamburger Kunsthalle

Gegenüberstellung
Pablo Picasso: Mädchen mit Mandoline – Anselm Feuerbach: Mandolinenspielerin
Das Eigentümliche des kubistischen Bildes wird in der Gegenüberstellung mit einem Gemälde des 19. Jahrhunderts, das ein vergleichbares Motiv zeigt, noch deutlicher.

ANSELM FEUERBACH (1829–1880), mit ARNOLD BÖCKLIN und HANS VON MARÉES als „Deutschrömer" bezeichnet, schuf die „Mandolinenspielerin" um 1865 in Italien. Im Unterschied zu Picasso macht er konkrete Angaben zur Person und deren Umfeld. Sein Modell, eine schwarzhaarige Schönheit, zeigt er uns ebenfalls im Profil. Ihre Gestalt nimmt fast das ganze Bild ein. Ihr Blick ist nach rechts gerichtet, uns, als Bildbetrachter, nimmt sie nicht wahr. Ganz ruhig sitzt sie da und hält auf ihrem Schoß die Mandoline, auf der sie spielt – oder tut sie nur so, als ob sie spielen würde? Ihr linker Arm ruht auf einer Steinbalustrade, die zu einer Bank gehören könnte. Ein dunkelrotes Tuch ist von den Schultern gerutscht und umhüllt dekorativ ihren Oberkörper. Der üppige Faltenwurf des Stoffes betont das Körperhafte der Gestalt. Dunkelgrünes Laub, aus dem rote Blüten herausleuchten, bildet eine dichte Wand hinter ihr und sorgt für südliches Flair. Rechts oben hinter ihrem glänzenden, schwer in den Nacken fallenden Haar ist ein Stückchen blauen Himmels zu erspähen. Die dunklen Farbtöne, die den hellen Teint der Schönen rahmen, und ihr schwermütiger Blick verleihen der Szene etwas Elegisches, ja Bedrückendes.

Picasso hingegen kehrt die leichte Melancholie, die auch von seiner Darstellung ausgeht, ins Heitere um. Sie wirkt durch helle und warme Farben beschwingt, durch die aufgebrochenen Formen rhythmisch. Neben der reifen Frau macht sein „Mädchen mit Mandoline" einen zarten, transparenten, schwerelosen, geradezu zerbrechlichen Eindruck.

Beide Frauen bleiben uns fremd und zeigen sich unnahbar-distanziert. Feuerbachs Schöne verharrt in kühl-klassizistisch geprägter Pose, Picassos Mädchen entzieht sich uns durch die stark abstrahierte Gestaltung.

4 Das Atelier als Bildmotiv

4.1 Jan Vermeer van Delft: „Die Malkunst"

Kurzbiografie
JAN VERMEER VAN DELFT wurde 1632 in Delft (Holland) geboren. Mit 21 Jahren heiratete er Catharina Bolnes. Im gleichen Jahr schrieb er sich in das Meisterbuch der Lukasgilde zu Delft ein. Wo Vermeer lernte, ob er später Schüler hatte, ist nicht bekannt, wie überhaupt seine äußeren Lebensumstände nur wenig dokumentiert sind. Als erstes datiertes Bild gilt „Bei der Kupplerin" von 1656. Man weiß, dass Vermeer für die Jahre 1662/63 zum Vorsteher der Lukasgilde gewählt wurde und in den darauffolgenden Jahren erfolgreich als Maler und Kunsthändler tätig war. 1672 traf ihn eine wirtschaftliche Krise, die wohl kriegsbedingt war. Als er 1675 starb, hinterließ er elf Kinder und erhebliche Schulden, die seine Witwe zum Teil mit Gemälden beglich.

„Die Malkunst" (auch: „Maler und Modell", „Das Atelier des Malers" oder „Allegorie der Malerei"), Öl auf Leinwand, misst 120×100 cm und ist das größte unter den 33 von Vermeer erhaltenen Bildern. Man nimmt an, dass es um 1666 entstanden ist. Es hängt im Kunsthistorischen Museum in Wien. Der Künstler hat es zwar signiert, doch nicht datiert und auch nicht verkauft.

In den Nachlassakten ist die Rede von einem Gemälde mit dem Titel „Die Malkunst (De Schilderconst)", das höchstwahrscheinlich identisch mit dem vorliegenden ist. Die Witwe Vermeers soll es ihrer Mutter übereignet haben, um es vor dem Zugriff der Gläubiger zu retten.

Jan Vermeer van Delft: „Die Malkunst" (1666), Öl auf Leinwand, 120 × 100 cm. Kunsthistorisches Museum, Wien

Beschreibung

Vor dem Betrachter liegt ein Raum, in dem man einem Künstler bei der Arbeit zusehen kann. Der schwere, kostbare Vorhang ist zurückgeschlagen, damit wir als heimliche Beobachter am Geschehen teilhaben. Weder der Maler, der einem den Rücken zuwendet, noch das Modell, ein junges Mädchen mit niedergeschlagenen Augen, nehmen den Betrachter wahr, der links beim Vorhang stehen könnte, etwa gegenüber dem Modell. Sie lassen sich bei der ruhigen und konzentrierten Tätigkeit nicht stören. Es ist schwer zu sagen, ob der Blick zuerst auf den Maler oder auf das weiter hinten stehende Mädchen fällt. Der Künstler setzt gerade den Pinsel behutsam auf die vor ihm auf der Staffelei stehende Leinwand. Dabei stützt er die rechte Hand auf einen Malstab. Man erkennt, dass er am Lorbeerkranz, der den Kopf des Modells ziert, arbeitet.

Auffällig ist die Kleidung des Malers: Er trägt ein schwarzes, an Rücken und Ärmeln geschlitztes Wams (Jacke), ein schwarzes Samtbarett, das zu Vermeers Zeit zwar aus der Mode, in Künstlerkreisen jedoch sehr beliebt war, und leuchtend rote Kniestrümpfe. Es ist unwahrscheinlich, dass dies die übliche Arbeitskleidung war. Man fragt sich, ob es sich bei dem Raum überhaupt um ein Atelier handelt. Kein Farbspritzer ist am Boden oder auf der Kleidung des Malers zu sehen. Der schwarz-weiß gekachelte Fußboden scheint gerade blank geputzt worden zu sein. Die kostbaren Einrichtungsgegenstände, die Sauberkeit und die Ordnung lassen einen eher an die „gute Stube" als an ein Arbeitszimmer denken.

In dem Augenblick, den wir beobachten dürfen, wendet der Maler gerade den Kopf zum Modell, hält also im Malen inne. Das Mädchen ist aufgeputzt mit dem schon erwähnten, merkwürdigerweise blauen Lorbeerkranz und einem weiten blauen Umhang aus schwerem, harte Falten werfendem Stoff. In der rechten Hand hält es etwas geziert eine Posaune, mit der linken drückt es ein dickes, gelbes Buch an sich.

Das Modell steht vor der Rückwand des Raumes im Licht, vermutlich vor einem Fenster, das jedoch für den Bildbetrachter unsichtbar bleibt, weil es durch den Vorhang verdeckt wird. Das Gesicht des Mädchens, das dem Betrachter fast frontal zugewandt ist, scheint vom Anflug eines Lächelns überzogen, es wirkt heiter und gelassen. Sein Körper ist von der Seite dargestellt. Es könnte sein, dass es sich um eine Tochter Vermeers handelt.

An der hinteren Wand des Ateliers hängt eine große Landkarte, darüber sieht man die Balkendecke, von der ein kostbarer Messingleuchter an einer Kette herabhängt. In der linken Bildhälfte steht ein Marmortisch, auf dem einige Atelierrequisiten liegen. Zwei lederbezogene Stühle, einer vorne links und einer an der Rückwand, vervollständigen die Einrichtung.

Analyse

Betrachtet man die Elemente, die die **Bildfläche** gliedern, erkennt man ein streng gebautes Gerüst aus Senkrechten und Waagerechten. Vermeer gehört zu den Architekten unter den Malern, ebenso wie z. B. GIOTTO, MASACCIO, PIERO DELLA FRANCESCA, CHARDIN und CÉZANNE. Unterteilt man die Bildfläche mit einem Fadenkreuz, so sieht man, dass die Mittelsenkrechte knapp an der Gestalt des Modells vorbeiführt und die Mittelwaagerechte den Hals des Malers durchläuft und mit dem oberen Rand des Staffeleibildes zusammenfällt. Mathematisches und inhaltliches Zentrum des Bildformats sind identisch.

Zahlreiche waagerechte und senkrechte Linien, zum Teil gedacht, zum Teil ausgesprochen, durchlaufen in weiten Bereichen rasterartig das Bild. So geht z. B. der rechte, senkrechte Rand des Leinwandbildes nach oben in die innere Begrenzungslinie der Landkarte über, nach unten wird er im Stuhlbein fortgeführt. Die waagerechten Tischkanten werden ganz rechts im Stuhl wieder aufgenommen. Sogar die Knitterfalten auf der Landkarte betonen das **rasterartige Grundgerüst**. Rechtwinkelige Flächen (Landkarte, Staffeleibild) stellen Bezüge zur gesamten Bildfläche her und sind gleichsam „Bilder im Bilde". Da sie bildparallel angeordnet sind, verstärken sie den Flächencharakter des Bildes. Im mittleren Bildbereich werden die Köpfe der beiden Personen durch das Bildgerüst hervorgehoben: Sie liegen nicht nur ungefähr auf der Mittelhorizontalen, sondern werden zudem von der Landkarte gerahmt. Der Kopf des Modells befindet sich genau vor dem rechten Winkel der inneren Landkartenbegrenzung. Der Leuchter hängt senkrecht über dem Maler, die ausladenden Kerzenhalter überfangen allerdings beide Gestalten. Gemildert wird das Raster durch schräge (z. B. Boden) und gebogene Linien (menschliche Körper, Leuchter, Requisiten auf der Tischplatte, Faltenbahnen des Vorhangs). Der Eindruck des In-sich-Abgeschlossenen wird durch die innere Rahmung des Bildes hervorgerufen: Links bildet der Vorhang den Abschluss, oben die Balkendecke, rechts kann man sich die Fortsetzung des Raumes zwar denken, doch durchgehende Senkrechte beschließen auch hier das Bild. Nach vorn ist der Raum für den Betrachter geöffnet, wenn auch Stuhl und Tisch vorn links einer Barriere gleichkommen. Der **Bildraum** ist linearperspektivisch konstruiert. Die Bildparallelität der hinteren Wand und des Tisches lassen darauf schließen, dass Vermeer u. a. die Zentralperspektive angewendet hat. Nimmt man an, dass die Mittelwaagerechte (verläuft entlang der oberen Kante des Bildes auf der Staffelei) mit dem Horizont zusammenfällt, und führt eine klar erkennbare Fluchtlinie (rechte Tischkante) zum Horizont, dann ergibt sich als Schnittpunkt der Fluchtpunkt, der auf der horizontalen Mittelachse liegt.

Malerei 77

Kompositionsschema zu Vermeer, „Die Malkunst"

Der vordere Stuhl, der Schemel und die Staffelei stehen allerdings schräg im Raum. Vermeer arbeitete also mit weiteren Fluchtpunkten, die außerhalb des Bildes liegen.

Im Bildraum kann man drei hintereinanderliegende, formal und inhaltlich aufeinander bezogene Bereiche unterscheiden: In der vordersten Zone fungieren der Vorhang, der das Bild in ganzer Länge durchzieht, und der Stuhl als **Anhebungsmotive**. Die stark plastisch wirkenden, bildeinwärts laufenden Faltenbahnen und der leicht diagonal zum Maler hin aufgestellte Stuhl legen die Blickrichtung für den Betrachter fest.

Im mittleren Bereich dominiert der Künstler, dessen Körper nach rechts zur Staffelei hin gerichtet ist. Der „Weg ins Bild" führt also zunächst zum Maler. Seine leichte Kopfwendung lässt auch den Betrachter nach links (zum Modell hin) schwenken. Zur mittleren Raumzone gehört auch der Tisch, auf dem verschiedene Utensilien stilllebenartig arrangiert sind.

Zuletzt ruht unser Blick auf dem Modell. Es steht im hintersten Bildbereich vor der Rückwand, die zum Großteil von der prächtigen Landkarte verdeckt wird. Zwischen hinterer Wand und Tisch bleibt nicht viel Platz für das Mädchen. Auffallend ist, dass die Gestalt im Verhältnis zum Maler recht klein ist, man müsste also eine beträchtliche Entfernung zwischen Maler und Modell annehmen. Bei Betrachtung der Bodenkacheln sieht man jedoch, dass der Abstand nicht allzu groß sein kann. Die geringe Körpergröße des Mädchens kann auch nicht darauf zurückgeführt werden, dass es sich um ein kleines Kind handelt, denn die Gesichtszüge sind jugendlich-weich, aber doch nicht mehr kindlich.

Parallel zur räumlichen Staffelung (Vorhang/Stuhl – Maler/Staffelei – Modell/hintere Wand) nimmt die Lichtintensität zum Hintergrund hin zu. Das Modell wird direkt beleuchtet, die **Lichtquelle** ist jedoch durch den Vorhang verdeckt. Für den Betrachter ergibt sich eine Gegenlichtsituation. Licht streift jeden Gegenstand im Raum, umfließt die Gestalten, erzeugt Glanzlichter (Messingleuchter, Marmorboden) und lässt jede Form plastisch erscheinen, sogar die Landkarte, deren Oberfläche leicht gewellt und stellenweise geknickt ist.

Unter den plastisch wiedergegebenen Formen dominieren die klaren, festen. Kleinteilige Partien (z. B. Landkarte) lockern den Eindruck des Kompakten auf. Zierlich wirkt nur der Leuchter. Wenn man die Farboberfläche von Nahem betrachtet, erkennt man, dass Vermeer nirgends peinlich genau arbeitet, sondern Farbflecken nebeneinandersetzt, die erst aus gewisser Entfernung Gegenständliches zu erkennen geben. Die von Weitem illusionistisch wirkenden Oberflächen lenken von der darunterliegenden kubischen Form nicht ab. Der Eindruck von **Plastizität** entsteht z. B. durch die schweren Vorhangbahnen, die an gebogene Röhren erinnern.

Auch die Kleidung betont das Plastische der Figuren: Ein eng anliegendes Wams umspannt den Rumpf des Malers, die schwarzen Streifen am Rücken betonen die Wölbung zur Schulter hin, die umgestülpten weißen Wadenstrümpfe umschließen die Unterschenkel. Statuenhaft wirkt die Gestalt des Modells. Die Rockfalten, unterhalb des Tisches sichtbar, erinnern an Kannellüren (Rillen in antiken Säulen). Der blaue Umhang schraubt sich um die zarte Gestalt und lässt sie fülliger erscheinen. Das Rund der Köpfe beider Gestalten wird durch den Lorbeerkranz bzw. das Samtbarett betont.

Im Vorhang klingt bereits die gesamte **Farbskala** an, die von warmem, rötlichem Braun, Ocker und Gelb bis hin zu kühlem Schwarz und Blau reicht. Auch im Hintergrund sind all diese Farbtöne zu finden, nur sind sie hier aufgehellt und treten in winzigen Partien (vgl. Landkarte) auf. Das strahlende Hellblau des Umhangs, in den das Modell gehüllt ist, und das Gelb des Buches werden ergänzt durch das leuchtende Rot der Kniestrümpfe des Malers. Dieser **Grundakkord von Rot, Gelb und Blau**, den Primärfarben, wird immer wieder variiert und bewirkt den harmonischen Gesamteindruck. Der dominierende Farbkontrast im Bild ist der von Hell-Dunkel. Am reinsten durchgeführt wird er in der Bekleidung des Malers und am Fußboden. Hier treffen reines Schwarz und Weiß hart aufeinander. Die Nichtfarben (physikalische Bezeichnung für Schwarz und Weiß, die als Gegenteil von Farbe definiert werden) stehen im Gegensatz zu den leuchtenden, lebendigen Farben des jungen Modells. Der starke Gegensatz von dunkler, gedämpfter Farbgebung im Vordergrund und heller, kühlerer im Hintergrund verstärkt den Eindruck von Räumlichkeit. Im ganzen Bild findet sich nichts Grelles, keine Farbe drängt sich vor. Insgesamt dominieren kühle Farbtöne (Blau, Grau, Schwarz, Weiß), auch der Marmorboden mutet kalt an. Als warme Bildelemente empfindet man v. a. den goldgelben Lüster, die Balkendecke, den Lederbezug der Stühle und den Vorhang, der jedoch auch Töne der kühlen Farbskala enthält.

Vermeer baute sein Bild aus Farbflecken auf und ging nicht vom Umriss aus. Von Nahem sieht man, dass er die Farbflächen nicht dunkel konturiert hat, so vermied er harte Grenzen. Äußerst sorgsam ist die **Pinselführung**. Obwohl Vermeer Farbflecken über- und nebeneinandersetzte und Pinselspuren nicht gänzlich tilgte, schildert er in virtuoser Manier verschiedenartigste Oberflächen, was für die Zeit des Barock typisch war. Relativ derb und rauh „fühlt" sich die wollene Oberfläche des Vorhangs „an", die als nahezu materiell existent empfunden wird. Ganz weich wirken die feinen Haupthaare des Malers und das zarte Gesicht des Modells, hart und glatt wiederum der Kachelboden. Die Rückwand erhält im Bereich der leicht gewellten Landkarte stofflichen Charakter und plastische Werte. Die detailgetreue Wiedergabe der einzelnen Bildgegenstände lässt die Komposition nicht zerfallen. Das Licht, von dem die gesamte Bildfläche überzogen ist, und die vornehme Farbharmonie schmelzen die Teile zu einem Ganzen zusammen.

Interpretation

Das Bild zeigt eine in der holländischen Malerei des 17. Jahrhunderts beliebte **Genreszene:** Ein Maler sitzt bei der Arbeit an der Staffelei. Vermeer führt allerdings diesen alltäglichen Arbeitsprozess als etwas Kontemplatives, ja Festliches vor. Zahlreiche Interpreten des Bildes sind sich darin einig, dass es Vermeer zunächst darum ging, eine barocke **Allegorie** zu schaffen. Bei der Ausdeutung einzelner Bildelemente sind allerdings immer wieder äußerst unterschiedliche Meinungen geäußert worden.

Bekannt wurde v. a. die Kontroverse der prominenten Kunsthistoriker HANS SEDLMAYR und KURT BADT (20. Jahrhundert): Sedlmayr deutete die

Gestalt des Modells als eine **Allegorie des Ruhmes der Malkunst** und belegte dies anhand verschiedener Bildgegenstände. Der Lorbeerkranz, den der Künstler gerade malt, ist ebenso ein Symbol für den Ruhm wie die Posaune. Auf die Kunst des Malens verweisen verschiedene Requisiten, die auf dem Tisch angeordnet sind. Ein aufgeschlagenes Skizzenbuch versinnbildlicht die Kunst des Zeichnens, die Grundlage der Malerei. Eine Maske könnte zum einen auf die „imitatio" (Nachahmung der Natur) verweisen, die seit der Renaissance als Ideal gilt, zum anderen als Hinweis auf Thalia (Muse der Schauspielkunst) gesehen werden. Auch die Landkarte der Niederlande wird in die Interpretation einbezogen, sodass sich eine Verknüpfung von drei wesentlichen Aspekten ergibt: Auf der „Malkunst" beruht der Ruhm der Niederlande. Dabei ging Sedlmayr davon aus, dass es sich um eine Selbstdarstellung Vermeers handelt, was nicht beweisbar ist.

Kurt Badt konzentrierte sich in seiner Interpretation auf das Modell, das er als die Muse Klio (Muse der Heldendichtung und Geschichtsschreibung) deutete. Er nahm auch an, dass es sich nicht um Vermeer selbst, sondern um einen Maler der Zeit vor Vermeer handelt, weil er ein zu Vermeers Zeit angeblich bereits unmodernes Gewand trägt.

Im Gegensatz zu Badt, für den sich der Bildsinn im Allegorischen erschöpfte, beließ es Sedlmayr nicht bei der zeitgebundenen Ausdeutung, die als typisch barock zu gelten hatte. Bei der Erschließung einer übergeordneten Sinnschicht ging er von der Stimmung aus, die über der Szene liegt. Den Raum empfand er unnahbar wie ein Heiligtum. Licht verklärt den Raum, verleiht ihm eine geradezu sakrale Aura. Letztlich sah er in der Szene die säkularisierte Fassung des spätgotischen Themas „Der hl. Lukas malt die Madonna". Das blau gewandete Modell steht im hereinflutenden Licht, wie von einer Aureole umgeben.

Heute wird das Gemälde in erster Linie als Beispiel großartiger Malerei wahrgenommen. Vermeer zeigt einen Maler, der seine Kunst zelebriert, und schafft gleichzeitig ein „Fest für die Augen". Über die ästhetische Ebene hinaus führt das Gemälde in besonderer Weise dazu, das **Wesen künstlerischer Tätigkeit** zu reflektieren. Vermeer macht klar, dass Malen ein primär geistiger Prozess ist. Der Betrachter darf daran teilnehmen. Es wird kein schmutziges Handwerk vorgeführt; der strenge Geruch von Farben und Malutensilien ist in dieser reinlichen Umgebung nicht denkbar. Das Vorhangmotiv verleiht der Szene etwas Bühnenartiges. Das verbreitete Welttheatermotiv des Barock klingt an. Malerei findet so im Alltag nicht statt, wird aber kunstvoll in Szene gesetzt. Maler und Modell haben sich zu diesem Zweck kostümiert. Jeder Bildgegenstand ist bedeutungsvolles Requisit. Künstlerische

Tätigkeit vollzieht sich hier in Abgeschiedenheit und sonntäglichem Frieden. So stellte sich Vermeer die idealen Bedingungen für kreatives Tun vor. Das Licht verbreitet eine ruhige, die Konzentration fördernde Atmosphäre. Eine ähnliches Ambiente findet man im Kupferstich „Der hl. Hieronymus im Gehäus" (1514) von ALBRECHT DÜRER (1471–1528).

LEONARDO DA VINCI (1452–1516) notierte bereits, dass die geistige Leistung über der rein handwerklichen steht:

Der Maler sitzt in höchster Bequemlichkeit und fein gekleidet vor seinem Werk und bewegt den federleichten Pinsel [...] und ist nach seinem Geschmack mit Gewändern geschmückt, [...], seine Wohnung ist voll schöner Bilder und sauber, und häufig erklingt Musik oder es werden mannigfache schöne Werke vorgelesen.[12]

Auch Leonardo da Vinci sah also die Tätigkeit des Malers als primär schöngeistige Auseinandersetzung. Seit der Renaissance war der Maler darauf bedacht, auf einer Stufe mit dem Dichter, dem Musiker und dem Wissenschaftler zu stehen, und vermied daher, die handwerkliche Seite seiner Tätigkeit hervorzuheben.

Leonardos Schriften erschienen zur Zeit Vermeers in Holland. Es ist nicht bekannt, ob Vermeer sie studiert hat. Eine Hauptaussage darin ist, dass der Pinsel dem Kopf zu gehorchen hat und dem Denken des Künstlers untergeordnet ist. Der Blickkontakt Maler-Modell deutet auf die eigentliche Tätigkeit des Künstlers, die sich in seinem Kopf abspielt. Um sichtbar zu machen, was er über das Wesen der Malerei denkt, führte Vermeer eine überlegte **Lichtregie**. Beleuchtet ist das Modell, weniger der an und für sich farblose Maler, den man zudem nur von hinten sehen kann. Sein Körper führt aus, was er beim Sehen geistig erarbeitet. Unser Blick fällt über seine Schultern hinweg auf sein Gegenüber.

Vermeer ging es nicht um die Herausstellung eines bestimmten Malers, auch nicht darum, seine Gestalt der Nachwelt zu erhalten, sondern ihn interessierte einzig der Prozess des Schaffens, der im Spannungsfeld Auge – Gehirn – Objekt – Bild stattfindet. So gesehen ist das materiell existierende Bild selbst nicht einmal das Entscheidende, sondern die geistige Auseinandersetzung, die dem Malen vorausgeht und den Arbeitsprozess begleitet.

Exkurs
Das Atelierbild

Als „Atelier" bezeichnet man den Raum, in dem ein Künstler arbeitet. Das Wort leitet sich vom spätlateinischen *astella* (Sägespäne) ab. Von der Antike bis zur Renaissance wurden Musiker und Dichter höher eingestuft als Maler und Bildhauer. Dies hängt mit dem Umstand zusammen, dass man in Letzteren v. a. Handwerker sah, die sich bei ihrer körperlich anstrengenden Tätigkeit schmutzig machten. Das Wort „Künstler" als Bezeichnung für jemanden, der eine kreative, geistige Leistung vollbringt, existierte damals noch nicht. Aus der Zeit des Mittelalters gibt es keine Darstellungen, die Mönche in Klosterwerkstätten oder Steinmetze in Bauhütten zeigen.

Im 15. Jh. wurde aus dem Handwerker allmählich der freischaffende Künstler der Neuzeit. Vom Zunftzwang befreit, war er nun selbstständiger Unternehmer, der oftmals sehr gut bezahlte, weithin bewunderte Werke schuf. Um seinen Nachruhm zu sichern, begann er Selbstbildnisse anzufertigen, die vorerst noch innerhalb eines religiösen Zusammenhangs „versteckt" wurden. ROGIER VAN DER WEYDEN (um 1400–1464) malte sich z. B. als hl. Lukas (Schutzpatron der Malerzunft), der die Madonna zeichnet (um 1440). Es handelt sich dabei vermutlich um eine der ersten Selbstdarstellungen eines Künstlers. Einerseits zeigt sie gestiegenes Selbstbewusstsein, andererseits demutsvolles Verhalten: Kunst stand noch im Dienst des Göttlichen und diente der Verherrlichung der Muttergottes.

Aus der religiösen Szene entwickelte sich das „Atelierbild", das v. a. im Barock zu einer beliebten Genreszene wurde (frz. „genre": Art, Typ; gemeint ist ein Motiv aus dem Alltagsleben, oft mit moralisierendem Hintergrund).

Während bei VERMEER der Künstler in sauberer, aufgeräumter Umgebung zu sehen ist, zeigt sich ADRIAEN VAN OSTADE (1610–1685) in seinem Bild „Der Maler in der Werkstatt" (1663) umgeben von kreativem Chaos. Der Holländer bedient häufig gewisse Klischeevorstellungen vom Leben einfacher Leute (Bauernszenen), aber auch vom Leben der Künstler. Sein „Werkstattbild" entstand zu einer Zeit, als er besonders viele Aufträge hatte. In so ärmlichen Verhältnissen, wie er sie auf dem Bild schildert, kann er nicht gelebt haben. Entweder malte er das Atelier eines armen Künstlers oder eine Art Karikatur seiner selbst. Auf dem kleinen Bild sieht man den Künstler, ausgestattet mit Palette, Pinseln und dem Malstab, an einer Landschaft arbeitend. Ein Leintuch an der Decke sorgt für Verstärkung des Lichtes durch Reflexion. Im Hintergrund reibt ein Gehilfe Farben an.

Ein herausragendes Beispiel zum Atelierbild stammt von VELÁZQUEZ. In „Die Hoffräulein (Las Meninas)" (1556) stellte sich der Hofmaler in seinem geräumigen Atelier im Escorial dar. Im Zentrum steht die kleine Margarita, umsorgt von zwei Hofdamen. Hinten an der Wand hängt ein Spiegel, in dem wir das Königspaar erblicken, das sein bis dahin einziges Kind besucht (in einer Modellpause?). Wir wissen aber nicht, ob Velázquez wirklich die Infantin malt. Er selbst steht unübersehbar an der großen Leinwand und fixiert uns.

GOYA ließ sich von „Las Meninas" zum Gemälde „Die Familie Karls IV." inspirieren. In diesem glanzvollen Gruppenporträt hielt er schonungslos die von Inzucht gezeichnete königliche Familie fest. Er selbst erscheint in umso günstigerem Licht. Im Schatten der Leinwand stehend blickt er zu uns. GUSTAVE COURBET (1819–1877) malte 1855 das berühmteste und größte Atelierbild des 19. Jh. Wirkungsvoll präsentiert er sich inmitten verschiedenster Vertreter der Gesellschaft. Intellektuelle, Wohlhabende und Arme, Junge und Alte, sogar Hunde schart er um sich. Neben ihm steht ein Aktmodell, das er jedoch nicht malt und das wohl als seine Muse zu deuten ist.

Bescheiden nimmt sich dagegen ein anderes weltberühmtes Atelierbild aus. „Das Frühstück im Atelier" (1869) von EDOUARD MANET zeigt den Arbeitsraum als Ort, an dem auch gegessen wird. Das Frühstück ist beendet, Léon, der Sohn des Malers, ist aufgestanden und lehnt sich lässig an den Tisch. Der Ateliercharakter wird nur durch das typische Fenster und ein paar Requisiten (z. B. Waffen) angedeutet.

Wer sich mit dem Werk eines lebenden Künstlers beschäftigt, betrachtet es häufig als besonderes Privileg, einen Atelierbesuch abstatten zu dürfen. Ganz auf die individuellen Bedürfnisse abgestimmt, hat ein solcher Ort für Außenstehende oft etwas fast Sakrales. Hier verbringt der Künstler die meiste Zeit seines Lebens, entwickelt seine Ideen und arbeitet meist in Einsamkeit.

Ateliers verstorbener Künstler werden oft zu Museen umgebaut. Der Besuch der Ateliers z. B. von CÉZANNE (Aix-en-Provence) oder MORANDI (Grizzana-Morandi) kann dazu beitragen, Künstler und Werk besser zu verstehen. Wird einem heute der Blick in das Atelier eines prominenten Künstlers gewährt, ist man von den bescheidenen Verhältnissen, in denen etwa Morandi lebte und arbeitete, noch stärker beeindruckt. Häufig stehen Künstlern wie ANSELM KIEFER oder NEO RAUCH ehemalige Fabrikhallen zur Verfügung, in denen sie Material lagern und an großen Projekten arbeiten. Oftmals bewältigen sie diese nicht alleine, sondern beschäftigen einen Stab an Mitarbeitern. Man denkt unwillkürlich an die Zeit des Mittelalters, als Kunstwerke ganz selbstverständlich als Gemeinschaftsarbeiten von Meistern und Gehilfen entstanden und das Eigenhändige noch kein Kriterium für Kunst war.

4.2 Henri Matisse: „Das rosafarbene Atelier"

Henri Matisse: „Das rosafarbene Atelier" (1911), Öl auf Leinwand, 179 × 221 cm, Puschkin-Museum, Moskau

Kurzbiografie

HENRI MATISSE (1869–1954) stammte aus einfachen Verhältnissen. Sein Vater war Verkäufer, die Mutter Hutmacherin. Dennoch konnte er Jura studieren und war danach in einer Anwaltskanzlei tätig. Während er sich von einer Operation erholte, begann er mit 21 Jahren zu zeichnen. Bald sah er hierin seine eigentliche Bestimmung. Als Schüler von GUSTAVE MOREAU, dem prominenten Symbolisten, studierte er an der Ecole des Beaux-Arts in Paris, wo er v. a. zum Kopieren der alten Meister im Louvre angehalten wurde. Durch Einflüsse der Impressionisten löste er sich bald von der Tradition und begann, mit reinen Farben zu malen. Von seinen Zeitgenossen beeinflusste ihn am meisten CÉZANNE. Um 1905 begann seine fauvistische Phase, mit der er weltberühmt wurde. Das Bild mit dem Titel „Calme, luxe et volupté" bezeichnet die Wende in seiner Entwicklung. Er experimentierte zwar noch mit der pointillistischen Malweise, schlug aber bereits einen ganz eigenen Weg ein. Es folgte „La joie de vivre". In diesem Gemälde zeigt sich bereits der flächige, dekorative Stil, der sein späteres Werk bestimmen würde. Von großem Einfluss auf seine künstlerische Entwicklung waren zwei Marokkoreisen. Nach dem Ersten Weltkrieg zog Matisse nach Nizza, wo für ihn eine glückliche und erfolgreiche Lebens- und Arbeitsphase begann. Eng befreundet war er mit Picasso, beide bewunderten sich gegenseitig.

Seit 1941 konnte er aufgrund einer schweren Operation nur noch vom Bett aus arbeiten. So entdeckte er für sich die sogenannten *papiers découpés*: Er bemalte Papierbögen monochrom, schnitt meist stark abstrahierte Formen aus und setzte sie zu Bildern zusammen. In den letzten vier Jahren seines Lebens widmete er sich der Ausgestaltung eines Klosters in Vence bei Nizza, eine Arbeit, die er selbst als sein Hauptwerk ansah.

Beschreibung

Die südlich-heitere Atmosphäre des sonnendurchfluteten Raumes überträgt sich sofort auf den Betrachter. Warme Farbtöne und das Fehlen jeglicher Schatten lassen das Atelier licht und freundlich wirken.

Durch das kleine Fenster, das erstaunlich viel Sonnenlicht hereinzulassen scheint, sieht man das Grün des Gartens. Zwischen dem Laub sind einige Flecken blauen Himmels zu erspähen. Die Paneele der Wände tauchen immer wieder als Hintergrund in seinen Bildern um 1910 auf. Hier malte er sie in hellem Rosa, in seinem „Stillleben mit Geranien" in Blau.

Wenn es doch einmal kühl wurde, wärmte ein Atelierofen, der sich hinter dem Wandschirm verbirgt. Das schwarze Ofenrohr sieht man links neben dem Fenster aufragen. Es verzweigt sich in der Mitte, um mehr Wärme abzugeben.

Der Vordergrund des Bildes ist nahezu leer. Man sieht auf den rosafarbenen Boden, der erstaunlicherweise keine Farbkleckse zeigt. Ein gelber Teppich mit blauem Muster liegt schräg im Raum und „überbrückt" ihn. Wir könnten auf dem Teppich in den Raum hineinlaufen und zur hinteren Wand gelangen, wo verschiedenste Requisiten und Kunstwerke aufgereiht sind. Ganz links steht eine gemusterte Bodenvase, vom Bildrand halbiert. Es folgt (von links nach rechts) ein Bildhauerbock, auf dem eine in Arbeit befindliche Figur, vermutlich aus Ton, steht. Auf ein weiteres Stativ wurde eine gerahmte Aktzeichnung gestellt. Am Boden davor lehnen zwei Porträts, das vordere ist mit Eckenschonern versehen, also evtl. für den Transport zu einer Ausstellung vorbereitet. Über der Aktzeichnung hängt ein großes farbiges Bild, auf dem drei weibliche Akte in freier Natur zu sehen sind. Rechts neben dem Wandschirm, der in Bildmitte vor der hinteren Wand steht, folgt ein wohl lebensgroßer Gipsabguss einer antiken Statue mit Stand- und Spielbein. Da das Standbein von einem Baumstumpf gestützt wird, handelt es sich wohl ursprünglich um die Marmorkopie einer griechischen Bronzefigur.

Ein kleiner, über Eck stehender Arbeitstisch schließt sich an. Zwei weitere Aktbilder, hier im Hochformat, lehnen ganz rechts an der Wand. Eine braune, unbenutzte Palette und eine weitere Bodenvase vervollständigen die „Ausstellung" an der hinteren Atelierwand.

Die seitlichen Flügel des im Bildzentrum stehenden Paravents sind mintgrün bemalt und mit einigen Rosen verziert, die wie hingestreut aussehen. Die mittlere Fläche ist von einem dunkelblauen Tuch bedeckt, das mit seinem gelben Blumenmuster zum Blickfang des Bildes wird. Vor dem Paravent steht ein kleiner Schemel, auf den Matisse eine grüne Vase gestellt hat. Man könnte sich vorstellen, dass hier kurz zuvor noch ein Modell saß, das sich nun hinter dem Wandschirm umzieht oder den Raum verlassen hat. Auch der Maler ist nicht zu sehen, aber er breitet sein Atelier gleichsam vor uns aus und zeigt uns, was er zu bieten hat, so, als ob er Besucher erwartet hätte.

Analyse
Die Kante zwischen Bretterwand und Boden teilt das Bild in zwei etwa gleich große Flächen. Nachdem die Bretterwand bildparallel angelegt ist und alle Requisiten entlang dieser Wand aufgereiht sind, überwiegt der Eindruck, das Bild sei v. a. durch waagerechte Linien geordnet. Man kann sich vorstellen, dass sich der Raum nach rechts und links fortsetzt.

Im oberen Teil der **Bildfläche** sorgen aber auch senkrechte Linien (Holzbretter u. a.) für eine Stabilisierung. Dennoch möchte man nicht von einem strengen Raster sprechen, denn die locker mit dem Pinsel gezeichneten Linien wirken nicht starr, sondern skizzenhaft-lebendig.

Das Fenster, der Paravent und der kleine Hocker liegen etwa auf der senkrechten Mittelachse. So entsteht ein annähernd symmetrischer Bildaufbau. Der Wandschirm mit seinen beiden Flügeln, ganz zentral positioniert, wiederholt den dreiteiligen Bildaufbau. Der klar überschaubaren Anordnung der Bildgegenstände stehen verschiedene Asymmetrien gegenüber. So entsprechen die beiden bauchigen Bodenvasen einander, sind jedoch unterschiedlich gefärbt und mehr oder weniger vom Bildrand überschnitten. Das auffällige Ofenrohr bildet nicht genau die senkrechte Mittelachse und der Paravent ist ein wenig aus der Mitte nach rechts gerutscht. Am auffälligsten wirkt sich in dieser Hinsicht der gelbe Teppich aus. Als einzige deutliche Diagonale führt er den Blick nach links. Von dort wird er durch die Anordnung der Bildgegenstände nach rechts am Wandschirm entlang zum rechten Bildrand geleitet, von wo er wieder nach vorne schwenkt und auf den Paravent fällt.

Die klar geordnete Komposition vermittelt nicht den Eindruck von streng Gebautem, sondern man meint noch sehen zu können, wie Matisse dies alles mit scheinbar leichter Hand „hinwirft".

Um eine illusionistische **Raumwirkung** war es ihm nicht zu tun. Matisse bediente sich hier weder einer mathematischen Perspektive noch arbeitete er mit Licht und Schatten. Die überwiegend warmen Farben drängen „nach vorne", wenn auch das helle Violett des Hintergrundes etwas kühler wirkt und optisch zurückweicht. Der diagonal verlaufende Teppich und das über Eck stehende Tischchen – beide sehen perspektivisch „falsch" aus – tragen ebenfalls zu einer reduzierten Raumwirkung bei.

Am auffälligsten ist die ungewohnte Farbigkeit des Bildes. Das „rosafarbene Atelier" ist in hellen und warmen **Farben** gehalten, meist mit Weiß gemischt. Aus dem hellrötlichen Grund leuchten v. a. das Gelb des Teppichs und des Blumenmusters (Paravent) heraus. Ungewöhnlich erscheint auch das helle Mintgrün der Seitenflügel des Wandschirms. Als dunkle Partien fallen nur der dunkelblaue, gelb gemusterte Stoff, die schwarze Figur (links) und das Ofenrohr auf.

Es überwiegt eine **koloristische Farbkonzeption**, wobei den Farben **Eigenwert** zukommt. Teilweise übernahm Matisse die tatsächlich sichtbare Farbigkeit (Himmel, Holzhocker u. a.), zum großen Teil „erfand" er die Farben. Es ist kaum anzunehmen, dass das Atelier tatsächlich in diesen Farben gehalten war.

Rot, Blau und Gelb, die drei Primärfarben, bestimmen die Farbkonzeption. An Farbkontrasten fällt daher besonders der **Farbe-an-sich-Kontrast** auf. Aber auch der Komplementär- und der Warm-Kalt-Kontrast tragen zur intensiven Farbigkeit bei. Die reinen Farben erinnern an gotische Glasmalerei. Matisse entwarf später Glasfenster für eine Kapelle in Vence.

Der Eindruck von Helligkeit ist auch auf den Umstand zurückzuführen, dass Matisse mit stark verdünnten Farben malte und die weiße Grundierung der Leinwand fast überall durchscheint. Ebenso ist hier und dort die Vorzeichnung zu sehen. Er bemühte sich nicht, den Entstehungsprozess des Bildes, den man gut beobachten kann, mit altmeisterlicher Präzision zu kaschieren. Deutlich ist seine Pinselschrift zu erkennen. Man sieht, wie Matisse die Farbe in Flecken oder Streifen aufgetragen und mit dünnem Pinsel grafische Elemente eingefügt hat. Der Umgang mit der Farbe ist charakteristisch für den **Expressionismus**. In Frankreich spricht man vom **Fauvismus**. Man warf den

„Wilden" (frz. *Les Fauves*) vor, sie würden mit Farbpatronen auf die Leinwand schießen. Ähnliche Vorbehalte hatte man, als 40 Jahre zuvor der Impressionismus entstand.

Interpretation
Matisse empfängt uns hier in seinem hellen, freundlichen Atelier und breitet all seine Schätze so vor uns aus, dass wir sie in Ruhe betrachten und bequem in seinem Atelier herumgehen können. Er selbst ist nicht anwesend, auch kein Modell. Stattdessen steht vor dem Wandschirm eine kleine grüne Vase auf einem Hocker, ein fast witziges Detail.

Unser Blick schweift hinaus in den sonnenbeschienenen Garten – in einer schöneren Umgebung kann man nicht arbeiten! Die Mühe des täglichen Arbeitspensums bleibt ausgespart. Keine Farbkleckse am Boden, keine ausgedrückten Farbtuben oder gebrauchten Paletten künden von der handwerklichen, mühsamen Tätigkeit des Malens.

Mit diesem Bild sagt Matisse sehr viel über sich selbst aus. Im Atelier herrscht Ruhe. Der Künstler betrachtet, was er geschaffen hat, und genießt das helle, sonnige, heitere Umfeld. Hier entstehen Bilder, welche, wie er selbst sagte, dazu da sind, die Menschen zu erfreuen, wenn sie abends von der Arbeit heimkehren. Nach der Hektik des Tages soll den Bildbetrachter wohltuende Harmonie empfangen. Diese entsteht durch eine ausgeklügelte Komposition, die jedoch durch das Skizzenhafte der Malweise nicht starr, sondern vielmehr unbekümmert-locker und lebendig wirkt.

Im Zentrum des künstlerischen Schaffens stand für Matisse der Mensch. Die Gipsfigur deutet an, wo seine Wurzeln zu finden sind. Sie reichen weit zurück bis in die Antike, die sich auch im mediterranen Raum entfaltete.

Man weiß aus Selbstzeugnissen, dass Matisse das scheinbar Lockere hart erarbeitet hatte. Dennoch liebte er die Malerei. In seinem Atelierbild feiert er sie geradezu, indem er eine „Hommage" an seine Kunst entwarf, die er nicht als etwas Kopflastiges verstand, sondern als mit Form und Farbe erschaffene optische Genüsse.

5 Landschaftsmalerei

5.1 Claude Lorrain: „Seehafen bei aufgehender Sonne"

Kurzbiografie

Von CLAUDE LORRAIN (1600–1682) sind nur wenige biografische Daten gesichert. Claude Gellée, so sein Geburtsname, erhielt seinen Beinamen „Le Lorrain", weil er in Lothringen geboren wurde. Mit 13 Jahren ging er bereits nach Italien. Dort hielt er sich von 1618 bis 1620 in Neapel auf. Ab 1621 arbeitete er in Rom im Atelier des Landschaftsmalers AGOSTINO TASSI (um 1580–1644). Einmal noch kehrte er aus familiären Gründen nach Lothringen zurück. 1627 war er wieder in Rom und als Freskenmaler in verschiedenen Palästen tätig. 1634 wurde er Mitglied der Accademia di San Luca. Hier freundete er sich mit dem deutschen Maler JOACHIM VON SANDRART (1606–1688) an. Obwohl er unverheiratet blieb, adoptierte er 1659 ein Mädchen, das wohl seine Tochter war. Ein Testament verfasste er 1663, als es ihm gesundheitlich schlecht ging, er lebte jedoch noch fast 20 Jahre und starb dann 82-jährig in Rom.

Erst seit dem 19. Jahrhundert behauptet sich die Landschaftsmalerei gleichberechtigt neben den übrigen Sujets der Malerei. Ihre bis dahin untergeordnete Bedeutung ist darauf zurückzuführen, dass der Mensch als vornehmstes Thema für den Künstler galt. Als Landschaftsmaler gehörte Lorrain dennoch zu den teuersten Malern seiner Zeit. Er schuf seine Werke nur im Auftrag und stellte die Geduld seiner Käufer oft auf die Probe, weil er sehr langsam arbeitete: Pro Jahr stellte er nur zwei bis drei Bilder fertig.

Französische Museen beherbergen heute nur wenige Gemälde von Lorrain. Während man in Mitteleuropa eher auf das Naturgefühl ansprach, das in Lorrains Bildern zum Ausdruck kommt, gaben im Frankreich des 17. Jahrhunderts die Klassizisten den Ton an, die mythologische Motive bzw. Porträts zum Thema hatten. Erst CAMILLE COROT (1796–1875) und CLAUDE MONET (1840–1926) bekannten sich im 19. Jahrhundert zu Lorrain und bewunderten seine Meisterschaft in der Wiedergabe des Lichtes durch Farbe.

Beschreibung

In Lorrains Gemälde wird unser Auge von der aufgehenden Sonne angezogen, in die man direkt blicken kann, ohne dass sie blendet. Ein Sonnenstrahl, ausgehend von der im Wasser gespiegelten Sonne, ergießt sich als feine, helle Linie bis ganz in den Vordergrund, hin zu den Holzbohlen am Ufer, wo man als Betrachter stehen könnte. Auf einem der Balken hat Lorrain seine Signatur angebracht. Hier am Ufer ist es noch schattig, man spürt die feucht-kühle Seeluft und glaubt, das Plätschern der Wellen an der niedrigen Kaimauer zu hören. Einige kleine Figuren beleben den Vordergrund. Vorne rechts sind es Reisende, die auf die Ankunft eines Schiffes warten, ihr Gepäck steht bereit. Etwa in der Mitte heben Hafenarbeiter schwere Planken, die am Boden liegen, andere verladen verschnürte Warenballen auf das Frachtboot, das am linken Bildrand vor Anker liegt. Die Art und Weise, wie die kleinen Figuren gemalt sind, stimmt nicht ganz mit der künstlerischen Meisterschaft des späten Lorrain überein. Ob er, der ausgesprochene Landschaftsmaler, sich jemals bezüglich der Staffage (Figuren im Bild) hat helfen lassen, ist nicht bekannt. Hier scheint es unwahrscheinlich, denn die Lichtführung bezieht die Personen mit ein. Einen fremden Eingriff müsste er zumindest überarbeitet haben. Die kleinen Personen sieht man im Gegenlicht vor sich, von einer feinen, hellen Linie begrenzt, die von den Strahlen der aufgehenden Sonne herrührt. Für die gesamte Bildwirkung sind die Figuren von eher untergeordneter Bedeutung.

Claude Lorrain: „Seehafen bei aufgehender Sonne" (1674), Öl auf Leinwand, 79 × 97,5 cm, Alte Pinakothek, München

Das Segel des links im Hafen liegenden Frachtbootes ist gerefft, am Mast und an der Takelage flattern kleine Fähnchen im Morgenwind. Das flache Schiff liegt nahe am Ufer, das aber vorne links am unteren Bildrand nicht mehr zu sehen ist. Hier stößt das Meer bis an den Bildrahmen.

Die Bildoberfläche scheint lichtdurchtränkt zu sein, wenn auch der feste Boden des Vordergrunds und die seitlichen Kulissen noch nicht direkt von der Sonne erfasst werden und zur Schattenzone gehören. Sonnenstrahlen streifen die Kannelüren der römischen Ruine auf der rechten Seite, mit welcher Lorrain den Titusbogen in Rom zitiert. Die Inschrift lautet: „SPQR DIVO TITO DIVI VESPANIANI F. VESPASIANO. AUGUSTO." Die Menschen, die im Durchgang des Bogens stehen, sind winzig klein. Oben auf der Ruine wachsen Büsche. In seinen früheren Bildern verwendete Lorrain ähnliche Architekturmotive, doch meist sind dort die Bauten völlig intakt und weisen keine Spuren von Verfall auf.

Im Ausgang der Hafenbucht sind im fernen Dunst alte Befestigungsanlagen zu erkennen. Die ruinenhaften, mächtigen, runden Türme wirken wie durchscheinend im starken Gegenlicht. Einige Segelschiffe liegen im offenen Meer vor Anker, schon angestrahlt von der gerade über den Horizont gestiegenen Sonne.

Analyse

Die Komposition erinnert an Bühnenprospekte des Barock. Der Blick des Betrachters wird wie durch ein Passepartout (rahmende Vordergrundkulisse) geführt. Bis in die Zeit CASPAR DAVID FRIEDRICHS (1774–1840), der mit dieser Tradition brach, wirkte diese Art des Bildaufbaus für die Landschaftsmaler vorbildhaft.

In die Tiefe führende, schräge und senkrechte Linien bestimmen das **lineare Bildgerüst**. Die einzige Horizontale bildet der Horizont. Auffällig ist die Vermeidung von Symmetrie: Der Horizont liegt unterhalb der Mittelwaagerechten, die Sonne links von der Bildmitte, die Kulissen sind ungleichgewichtig verteilt (kleines Segelboot – kompakte Ruine). Besonderen Wert legte Lorrain auf die **innere Rahmung:** Rechts und links rahmen „Kulissen" das Bild (Frachtboot, Ruine) ein, vorn schließt es das Ufer ab, nach hinten ist es offen. Der Horizont liegt in scheinbar unendlicher Ferne, man sieht die aufgehende Sonne. Bei der Untersuchung des **Bildraums** ist eine Gliederung in Vorder-, Mittel- und Hintergrund deutlich erkennbar (Ufer – Frachtboot/Ruine – Befestigungsanlagen/Meer). Als Anhebungsmotiv dienen die Balken links unten, die in den Bildraum hineinweisen. Ebenso führt der Uferbereich, der links unten beginnt, schräg nach rechts in den Bildraum hinein.

In verschiedener Hinsicht bedient sich Lorrain der Perspektive: Der Blick fällt zuerst auf die aufgehende Sonne, dem am weitesten entfernten Punkt im Bild, auf den die schräg in die Bildtiefe führenden Linien **(Linearperspektive)** zulaufen. Der Fluchtpunkt liegt auf dem Horizont, senkrecht unterhalb der aufgehenden Sonne.

Eine Fluchtlinie (hellster Lichtstrahl) verläuft direkt vom Fluchtpunkt aus bis nach vorne zum Boot, das gerade beladen wird, und führt unser Auge wiederum unmittelbar zur Sonne. Der Blick wird auch durch die nach rechts ansteigende Diagonale des Ufers geleitet und trifft so auf die Ruine des Triumphbogens, die wiederum zum Fluchtpunkt hin ausgerichtet steht und den Blick umlenkt.

Die meisten Boote sind so angeordnet, dass durch die Länge des Rumpfes gezogene Symmetrieachsen Fluchtlinien entsprechen. Die Deckplane des Frachtbootes erinnert an ein Satteldach, dessen First ebenfalls eine Fluchtlinie darstellt.

Deutlich wird auch die Anwendung der **Luft- und Farbperspektive:** Die Bildgegenstände im Vordergrund werden präzise geschildert. Man erkennt klar umrissene Formen und eine kräftige Farbigkeit, die dingliche Qualität vermittelt.

Nach hinten sieht man eine deutliche Aufhellung, vorn liegt die Schattenzone. Die Farben werden lichter, die Wasseroberfläche scheint nicht mehr greifbar zu sein. Der Dunst nimmt nach hinten zu, die Dinge verschwimmen aber nicht im Licht, sie scheinen zunehmend davon durchdrungen und fast durchsichtig zu werden, ohne ihre Kontur dabei zu verlieren. So sind die Hafenbefestigungstürme z. B. nicht nach Hell-Dunkel modelliert und wirken daher wie von innen beleuchtet. Ihre Farbe entsteht durch eine Mischung aus warmen und kalten Farben, was ein Grau ergibt, das als etwas Immaterielles wahrgenommen wird. Warme Brauntöne dominieren im Vordergrund, kühle blaue und graue Töne im Hintergrund.

5.2 Claude Monet: „Die Seinebrücke von Argenteuil"

Kurzbiografie

CLAUDE MONET, der Sohn eines Kolonialwarenhändlers, wurde 1840 in Paris geboren. Seine Kindheit verbrachte er in der Normandie. Schon als Jugendlicher malte er im Freien, dabei orientierte er sich zunächst an EUGÈNE BOUDIN (1824–1898). Den obligatorischen Militärdienst musste er in Algier ableisten, konnte sich aber wegen einer Typhus-Erkrankung vorzeitig freikaufen. Ab 1862 studierte er in Paris bei CHARLES GLEYRE, wo er RENOIR, BAZILLE und SISLEY traf, mit denen er Freundschaft schloss. Nach seiner Heirat mit Camille wurde er immer wieder von seinem Freund EDOUARD MANET (1832–1883) finanziell unterstützt, da er kaum etwas verkaufen konnte. 1874 nahm er an der ersten Ausstellung der Impressionisten bei NADAR (Fotograf) teil. Sein Bild vom Hafen von Le Havre mit dem Titel „Impression – soleil levant" wurde von einem Kritiker auch wegen des Titels verspottet. Bald darauf sprach man in Paris von den „Impressionisten".

Eine weitere Station in Monets Leben war Vétheuil. Hier starb 1878 seine Frau Camille und hinterließ ihm zwei Söhne. Nach einer ersten Einzelausstellung stellte sich bescheidener Wohlstand ein. Alice Hoschedé, die Frau eines Bankiers, zog zu ihm und brachte ihre sechs Kinder mit. 1892 heirateten die beiden. In Giverny, wo Monet sich ein größeres Anwesen kaufte, legte er den heute weltberühmten Garten an, in dem er bis zu seinem Tod 1926 vorzugsweise arbeitete. Zahlreiche Ausstellungen in Europa und Übersee machten ihn bekannt und wohlhabend. Reisen führten das Ehepaar nach London und Venedig. 1911 starb Alice. Danach verschlechterte sich der Gesundheitszustand Monets zusehends. Trotz einer schweren Augenerkrankung verbrachte er die meiste Zeit in seinem Garten oder dem neu errichteten großen Atelier, wo die späten Seerosenbilder entstanden, die er nach dem Ersten Weltkrieg dem französischen Staat schenkte. 2006 wurde die Orangerie (Paris) nach gründlicher Restaurierung neu eröffnet. Hier sind seine großen Formate an den Wänden ovaler Räume angebracht. Als Besucher hat man den Eindruck, mitten in einem Seerosenteich zu stehen, umgeben von Wasser, blühenden Seerosen und Weiden. Die Fertigstellung der Ausstellungsräume hat der Künstler nicht mehr miterlebt.

Claude Monet gilt als der Impressionist *par excellence*. Mit RENOIR, SISLEY, PISSARRO und anderen entwickelte er den neuen Stil, der als letzte Phase des Naturalismus gilt und zugleich den Boden für die Entwicklung der modernen Malerei des 20. Jahrhunderts bereitete. Monet malte fast ausschließlich im Freien **(Pleinairmalerei)**, um den unmittelbaren optischen Eindruck („Impression") wiedergeben zu können. Auch Lorrain war schon zum Zeichnen hinaus in die Natur gegangen, oft in Begleitung von Poussin und Sandrart. Seine Gemälde schuf er jedoch im Atelier und setzte sie aus verschiedenen Motiven zusammen, die er zum Teil vor Ort studiert, zum Teil erfunden hatte. Diese Art der gedanklichen Konstruktion seiner Bilder erinnert an den deutschen Romantiker CASPAR DAVID FRIEDRICH (1774–1840).

Das Bild „Die Seinebrücke bei Argenteuil", das in der Neuen Pinakothek in München hängt, entstand 1874, also in dem Jahr, in dem die Impressionisten zum ersten Mal eine gemeinsame Ausstellung organisiert hatten. Im gleichen Jahr hatte sich Monet ein Boot gekauft, das ihm als bewegliches Freiluftatelier diente. Sein Freund EDOUARD MANET malte ihn im gleichen Jahr auf diesem Boot („Die Barke", 1874, siehe S. 11). Beide Gemälde hängen heute in der Neuen Pinakothek in München.

Claude Monet: „Die Seinebrücke bei Argenteuil" (1874), Öl auf Leinwand, 60 × 81,3 cm, Neue Pinakothek, München

Beschreibung

In Monets Bild ist die Sonne nicht direkt zu sehen, aber in jedem Farbpartikel ist sie spürbar. Einige Flecken blauen Himmels zwischen den hellen, streifigen Wolken reichen aus, um die Seine als blauen Spiegel des Himmels abzubilden. Eine warme, sommerliche Atmosphäre liegt über der Landschaft. Es ist anzunehmen, dass Monet diese Ansicht von seinem Atelierboot aus gemalt hat, das er sich kurz zuvor eingerichtet hatte. Vielleicht lag es vorn im Schilf. Man kann sich vorstellen, mit den Augen des Malers vom leicht schwankenden Boot auf die Seine zu blicken.

In der Nähe von Argenteuil lebte Monet mit seiner Familie seit 1871. Argenteuil war damals eine kleine Stadt, 27 km von Paris entfernt. An Sonn- und Feiertagen zog es die Großstadtbevölkerung zum Segeln hierher.

Einige Boote liegen vertäut in Ufernähe. Leise scheinen sie im leicht bewegten Wasser hin- und herzuschwanken. Nicht nur die spiegelnde Wasseroberfläche, sondern auch die langen Masten, die nicht alle senkrecht aufragen, sondern sich zum Teil etwas zur Seite neigen, deuten diese sanfte Bewegung des Wassers an. Nur von Weitem dringen Geräusche ans Ohr des Malers. Sie rühren von der Eisenbahnbrücke her, auf die man direkt blickt und die von zahlreichen Menschen und einer Pferdekutsche wohl auf einem seitlichen Gehweg frequentiert wird. Diese Bildgegenstände sind allerdings mehr zu erahnen als zu erkennen. Unterhalb des mächtigen, flachen Bogens, der sich etwa in der Bildmitte von Pfeiler zu Pfeiler spannt, sieht man zum gegenüberliegenden Ufer hinüber. Ein begrünter Hügel passt gerade unter diesen Brückenbogen. Kleine weiße Farbflecke deuten Häuser an, großzügige weiße Pinselstriche weisen unter dem vom rechten Bildrand abgeschnittenen Brückenbogen auf eine weitere Brücke hin.

Weil Monet (vermutlich) vom Wasser aus malt, kann es keine betretbare Vordergrundszenerie wie bei Lorrain geben, bei der man am vorderen Bildrand noch „festen Boden unter den Füßen" hat. Keine Bildelemente, auch nicht die ganz vorn liegenden, werden von Monet materiell greifbar dargestellt. Es entsteht daher auch kein Kontrast zwischen Nähe und Ferne. Das Bild ist von locker über- und nebeneinandergesetzten Farbflecken und -tupfen überzogen, die Stoffliches nicht vorspiegeln, sondern selbst als Farbmaterie deutlich wahrnehmbar sind. Erst beim Zurücktreten von der Leinwand, deren Struktur unter der Farbschicht durchscheint, schließen sich die Farbflecken in unserem Auge zu Gegenständen zusammen. Sie vermitteln den Eindruck, den Monet bei der Betrachtung der Szene hatte.

Analyse

Ein **Raster aus Senkrechten und Waagerechten** verleiht der Komposition Festigkeit, trotz der scheinbar vibrierenden Farboberfläche, die den flüchtigen Eindruck ausmacht: Brücke, Boote und gegenüberliegendes Ufer fungieren als waagerechte Linien, Brückenpfeiler und Segelbootmasten als senkrechte. In der Stützkonstruktion der Brückenbögen sind die Eisenträger rasterartig verbunden und wiederholen im Kleinen das das Bild bestimmende Gerüst. Der Eindruck strenger Konstruktion wird v. a. durch die Brücke erweckt, die Boote scheinen dagegen locker hingestreut.

Die beiden höchsten Masten markieren in etwa die senkrechte Bildmitte, der gegenüberliegende Ufersaum ungefähr die waagerechte Bildmitte. Man hat den Eindruck, dass die Brücke in der Waagerechten ins Bild gespannt ist und die Bootsmasten das Gegengewicht dazu bilden.

Im Unterschied zu Lorrains Bild existiert kein Abschluss zu den Seiten hin. Die Brücke erstreckt sich offensichtlich über den von Monet gemalten **Ausschnitt**. Am vorderen Bildrand ist Schilf angedeutet, das aber ebenfalls nicht als Abschluss wirkt. Dagegen gibt es eine Begrenzung nach hinten: Die Brücke kommt einer Schranke gleich, der Hügel am gegenüberliegenden Ufer versperrt den Blick in die Ferne. Lorrain öffnet dagegen sein Bild in die Tiefe.

Das Bild erstreckt sich eher von unten nach oben als von vorn nach hinten, was v. a. durch die im Vergleich mit Lorrain grobe Pinselschrift bewirkt wird. Die gleichmäßige Unschärfe in allen Bildzonen, bedingt durch relativ dicke Pinselstriche und -tupfen, vermittelt den flüchtigen, lebendigen, frischen und unmittelbaren Eindruck, um den es den Impressionisten zu tun war. Kein Bildgegenstand wird besonders hervorgehoben, vielmehr wachsen Dinge und Landschaft durch das flirrende Licht, das über der gesamten Bildfläche liegt, zusammen. Der Eindruck des Spontanen, den der Betrachter gewinnt, steht in seltsamem Widerspruch zu Monets Arbeitstempo. Es wird berichtet, dass er einmal im Frühjahr eine Eiche entlauben ließ, die gerade ausschlug, um ein Winterbild fertigmalen zu können. Die Farbperspektive findet keine Anwendung, die strenge Komposition aus Waagerechten und Senkrechten bindet Bildelemente des **Bildraums** an die Bildfläche. Der Umriss des grünlichen Hügels des gegenüberliegenden Ufers wiederholt sich im mittleren Brückenbogen und im vorne am Bildrand angedeuteten Schilf, sodass auch hier scheinbar in der Tiefe liegende Bildgegenstände an die Fläche gebunden werden. Tiefenräumlichkeit wird durch Verkleinerung (große Boote vorne, winzige Häuser hinten) und Überschneidungen (Masten vor Brücke, Brückenpfeiler vor hinterem Ufer usw.) hergestellt. Auch eine perspektivische Anlage (Brückenkonstruktion rational nachvollziehbar, Fluchtpunkt rechts außerhalb des Bildes anzunehmen) ist zu beobachten. Die Diagonalen der Boote (in Stromrichtung, schräg nach rechts oben) erzielen zudem räumliche Wirkung.

Interpretation zu Lorrain und Monet: Das Licht als Bildthema
Das **Licht** als eigentliches, zentrales Bildthema verbindet beide Gemälde. Sowohl Lorrain als auch Monet ging es um die Atmosphäre, die durch Licht im freien Raum entsteht.

Monet übersetzte seinen **optischen Eindruck** in Farbmaterie. Landschaft war für ihn rein optische Realität. Nicht die plastische Form steht hier im Vordergrund, sondern die farbige, spiegelnde Oberfläche, die Reflexion des Lichtes. Die Bildoberfläche entsteht aus Lichtreflexen, die sich auf der Netzhaut des Malers spiegeln und als Farbflecken auf der Leinwand wiedergegeben werden. Der Eindruck verfestigt sich nicht während des Malprozesses. Man meint, Monet hätte die Szene tatsächlich in einem Augenblick eingefangen und nicht über Tage hinweg in mühevoller Arbeit aus Farbe zusammengefügt.

Lorrain begriff das Licht als *„alles durchdringende, den Bildraum erfüllende und alle Phänomene miteinander verschmelzende Qualität. Darauf beruht der ideale Charakter seiner Landschaften."*[27] Die Lichtquelle ist zugleich der am weitesten entfernte Punkt. Entscheidend für die Bildwirkung ist der Kontrast zwischen der Zone der Greifbarkeit, des irdischen Bereichs (Ufer), und der Zone des Unkörperlichen (Ferne, Licht, Raum). Auf welche Weise verbindet Lorrain kosmische Dimension (Sonne, Himmel, scheinbar unendliche Meeresfläche) und tastbare Realität? „Botengänge" zwischen Nähe und Ferne übernehmen zum einen die Schiffe. Der Vordergrund (Hafenszene) drängt sich nicht vor, das Tun der kleinen Personen ist relativ belanglos, winzig nehmen sie sich gegen den unendlich scheinenden Raum aus, fügen sich ins Ganze ein. Das Meer, also die Ferne, reicht unten links bis an den Bildrand, d. h. was sich bis zum unendlich weit liegenden Horizont erstreckt, liegt zugleich ganz nah beim Betrachter.

Das alles zusammenfassende Hauptelement stellt das Licht dar, welches die Bildfläche nicht nur überzieht, sondern auch zu durchdringen scheint und sich auf den Betrachter als etwas Sanftes und Beruhigendes überträgt. Man empfindet die Stimmung in Lorrains Bildern als paradiesisch und ahnt bei ihrem Anblick, was man seit dem 17. Jh. unter dem Begriff **„Arkadien"** verstanden hat. Ursprünglich war damit eine an sich unwirtliche Gegend auf der Peloponnes-Halbinsel gemeint. Der römische Dichter VERGIL übertrug den Namen auf eine idyllische, von Hirten bewohnte Landschaft. Im 17. Jh. stellte man sich diese antike Ideallandschaft in der Gegend südlich von Rom vor. Bis ins letzte Jahrhundert mag es dort ähnlich ausgesehen haben wie in manchen

Bildern Lorrains, heute ist die Landschaft der Campagna leider in weiten Bereichen durch Zersiedelung und Industrieanlagen zerstört. Wenn Lorrain auch ab und zu in der malerischen, italienischen Landschaft skizzierte, arbeitete er in seinen Gemälden jedoch nie ausschließlich nach der Natur, sondern kombinierte Gesehenes und Erträumtes.

Das Licht wurde im 17. Jh. als Bindeglied zwischen Welt und Himmel verstanden. Man fühlt sich an die **Lichtmetaphysik** der Gotik erinnert, die in Gott den Ursprung allen Lichts sah und Ursache für die Bemühungen war, göttliches Licht im irdischen Raum greifbar zu machen, z. B. durch farbige Glasfenster. Auch Lorrain stellte den direkten Bezug zwischen Christus und der Sonne her. Die Sonne ist Quelle des Lichts, damit zugleich Quelle des Lebens, dessen Schöpfer letztlich Gott ist. Die dingliche Welt, das irdische Geschehen, wird also durch das Sonnenlicht vom himmlischen Licht erfasst.

Nicht zufällig wählte Lorrain als Motiv den Hafen, im Barock Sinnbild für den Beginn der Lebensfahrt. Dabei ist das Ziel klar zu sehen, es ist die Sonne bzw. das Licht, im übertragenen Sinne das Licht der Ewigkeit. Die Fahrt beginnt im Dunkeln (Schattenzone, Ufer) und endet im Licht, in Christus, der von sich sagt: „Ich bin das Licht der Welt." Das weltliche, physikalisch bestimmbare Licht (Sonne) verwandelte Lorrain in ein überweltliches.

Während das Licht auf die Ewigkeit weist, erinnern verschiedene **Vanitasmotive** an die Vergänglichkeit alles Irdischen. Ein besonders beliebtes Sinnbild dafür war im Barock die Ruine, hier als Triumphbogen wiedergegeben, der längst nicht mehr den Ruhm des Titus kündet, sondern allmählich zerfällt. Winzig, unbedeutend, eben vergänglich nimmt sich der Mensch gegen die Tiefe des Raumes aus. Das Meer als unendliche, spiegelnde Fläche bildet den Weg zum Jenseits, zum Tod, der jedoch in Christus (Sonne) mündet. Zur Fahrt über das Meer stehen Schiffe bereit, die ebenfalls als *Memento mori* (lat.: „Bedenke, dass du sterblich bist.") galten: Sie befördern den Menschen zum jenseitigen Ufer, das in der Ewigkeit liegt.

Kein bedeutsamer Inhalt, keine tiefgehende Symbolik belasten hingegen das Gemälde von Monet: *„Ich habe weiter nichts getan, als das anzusehen, was die Welt mir gezeigt hat, um mit meinem Pinsel davon Zeugnis abzulegen. Sicher, das ist etwas"*[14], äußerte der 80-jährige Maler 1920. Ausgangspunkt für Monet war einzig die Natur, das für das menschliche Auge Sichtbare. So objektiv wie möglich legte er Zeugnis ab, gab er den unmittelbaren Seheindruck auf der Leinwand wieder. *„Monet ist nur Auge, aber was für eines"*[27], sagte bewundernd CÉZANNE über Monet. Was man sieht, ist, physikalisch ausgedrückt, durch Lichtreflexion verursacht. Zwar setzte Monet nicht mehr die Sonne als Quelle des Lichtes mit Christus gleich, doch empfand er sie als Urheberin aller optischen Genüsse, die er festhielt, um sie zu bewahren.

Das Thema konnte dabei ganz unscheinbar sein, es war nur ein Vorwand, um Lichtreflexe zu malen. Sobald Monet Farbeindrücke in Farbsubstanz umsetzte, verwandelte sich das Gesehene in ein harmonisches Gefüge aus subtil aufeinander abgestimmten Farbpartikelchen. Das heißt, er mischte sich ein, er komponierte im Hinblick auf ein in sich geschlossenes Bild. Sein einziges Bildmittel ist dabei die Farbe. In seinen Bildern gibt es keinen wirklichen Schatten mehr, Licht und Schatten setzte Monet in Farbe um. Es bleibt also allein das farbige Licht, das aber „*die Wirklichkeit zu einem schwebenden, veränderlichen Lichtereignis*" werden lässt:

> *Gleichzeitig jedoch überwindet es die materielle, gegenstandsbezeichnende Funktion des Lichtes: die Wirklichkeit wird vollkommen durchsichtig. Jeder Farbfleck hat nun die Bedeutung einer Lichtquelle.* [27]

Licht ist nicht mehr Beleuchtungslicht, das die plastische Form der Dinge erkennbar werden lässt und Nähe und Ferne unterscheidbar macht, sondern gewinnt sozusagen seinen Eigenwert zurück, ist nicht mehr Mittel zum Zweck:

> *Die rein und unvermischt aufgetragene Farbpaste, die im Bild als Pinselhandschrift sichtbar erhalten bleibt, wird zum Lichtträger, das Licht zu einer Funktion der Farbe.* [27]

Der Blick des impressionistischen Malers ruht zwar einerseits auf dem Objekt, das er vor sich hat, und möglichst objektiv wiedergeben möchte, andererseits „*in sich zurückgewendet auf den Empfindungen, insbesondere den optischen, die durch die Erscheinungen der Außenwelt im eigenen Inneren ausgelöst werden*"[13]. Die Malerei Monets ist also zugleich von höchster Subjektivität.

> *In seiner reinsten Ausprägung sagt der Impressionismus nichts mehr über die Welt aus, sondern nur noch über das vergänglichste und fragwürdigste Stück Realität, das es gibt, eben die einmalige und persönliche Sinnesempfindung.* [27]

Das Sehen war für Monet der entscheidende menschliche Sinn. Dieses Sehen richtet sich ganz auf das Sichtbare und will nicht sichtbar machen, was unserem Auge verborgen ist. Träume und Ideallandschaften waren nicht Monets Thema. Sein Gegenstand war die Erscheinung der Dinge im Licht, nicht die unter der Oberfläche verborgene Form oder ihr symbolischer Gehalt. Hierin vollendet sich der

> *[...] seit der Renaissance ablaufende Säkularisierungsprozess, der Verweltlichungsprozess der europäischen geistigen Entwicklung, in dem sich der Mensch aus der Gebundenheit an ein transzendentes Jenseits löst, um sich ganz in die Phänomene des Diesseits einzubinden.* [13]

Exkurs
Das Licht in der Malerei

In der Natur kann sich Licht auf verschiedene Arten auswirken: So kann es einerseits die gegenständliche Welt für das Auge deutlich machen, Licht und Schatten lassen die Plastizität der Dinge erkennen. Andererseits kann es Dinge „verunklären", z. B. hebt starkes Gegenlicht die optische Plastizität auf.

In der Malerei kann Licht zum Bildinhalt werden („Eigenlicht") oder die Funktion erfüllen, einen Gegenstand deutlich erscheinen zu lassen („Beleuchtungslicht"). Wenn es nicht Aufgabe der Malerei ist, die sichtbare Wirklichkeit wiederzugeben, wie z. B. im Mittelalter, überwiegt das **Eigenlicht**. Die Farben scheinen aus sich heraus zu leuchten. Als Folge davon sehen die abgebildeten Gegenstände unnatürlich flach aus, es wird kein Raumeindruck erzeugt. Das **Beleuchtungslicht** überwiegt seit dem 14./15. Jahrhundert. Der Maler nimmt eine Lichtquelle an, deren Strahlen auf die abgebildeten Gegenstände fallen, Licht und Schatten und damit plastische Wirkung hervorrufen. In einer Zeit, in der sichtbare Wirklichkeit im Bild nachgeahmt wird, dient auch das Licht dazu, illusionistische Effekte zu erzeugen.

- **Spätrömische Malerei** (2.–4. Jh.): Illusionismus, flüchtiges Erscheinungsbild → Beleuchtungslicht (z. B. Wandmalereien in Pompeji)
- **Frühchristliche Kunst bis Romanische Malerei** (4.–ca. 11. Jh.): Wegfall der atmosphärischen Raumwirkung, Reduktion von Raum und Körper, Entstehung des Goldgrundes → Eigenlicht (z. B. Mosaiken in Ravenna)
- **Gotik** (12.–15. Jh.): Höhepunkt des mittelalterlichen Eigenlichtes in der Glasmalerei. Lichtquelle (Sonne) lässt Dargestelltes leuchten, ohne selbst im Bild zu sein. Glasflächen verlieren materielle Wirkung, d. h. sind als Substanz nicht mehr spürbar und werden nur noch als farbiges Licht empfunden. In der Vorstellung dieser Zeit war Sonnenlicht „Offenbarungslicht". Die „Lichtmetaphysik" der Gotik lehrte, dass Licht göttlichen Ursprungs ist. Um 1300 gab es einen Wendepunkt mit GIOTTO DI BONDONE (1266–1337). Er ging über zum sogenannten Beleuchtungslicht. Giotto modellierte Körper nach Hell-Dunkel, nahm also eine natürliche Lichtquelle an, und schuf eine Raumbühne für die dargestellten Dinge, die von irdischer Schwere sind.
Ein Schüler Giottos (TADDEO GADDI, gest. 1366), der die Baroncelli-Kapelle in Santa Croce (Florenz) mit Fresken versah, bezog bereits eine reale Lichtquelle (Kapellenfenster) in die Komposition mit ein, d. h. er berücksichtigte bei der Lichtführung innerhalb seiner Wandmalerei den tatsächlichen Lichteinfall im Kirchenraum.

- **Spätgotik, Frührenaissance** (15. Jh.): Übergangsphase vom Eigenlicht zum Beleuchtungslicht bedeutete zunehmende Säkularisierung in der Kunst. Rückgang des Goldgrundes, dafür Erschließung des imaginären Bildraumes.
  Neu waren nächtliche Szenen (z. B. „Der Traum des Konstantin", Fresko von Piero della Francesca, 1410/20–1492), in denen das Licht gezielt auf bestimmte Bildbereiche gelenkt wird, andere dagegen im Schatten liegen. Vor allem diente das Licht der Formverdeutlichung. Ziel war die realistische Wiedergabe des Sichtbaren.
- **Neuzeitliche Malerei seit dem 16. Jh.:** Natürliches und künstliches Licht sind im Gegensatz zum Sakrallicht erklärbar. Einzelne Meister versuchten, natürliches Licht wie etwas Überirdisch-Schönes erscheinen zu lassen (z. B. Lorrain). Andere setzten rational nicht erklärbares Licht zur Steigerung der dramatischen Wirkung ein (z. B. Caravaggio, 1573–1610, „Die Bekehrung des Paulus", oder nächtliche Szenen von Georges de la Tour, 1593–1652, z. B. „Die Auffindung des hl. Sebastian").

Die religiöse Malerei verschwand im 18. Jahrhundert weitgehend und damit auch das sakrale Licht. Im 19. Jahrhundert setzten sich v. a. die Landschaftsmaler mit dem Phänomen „Licht" auseinander. Höhepunkt war der **Impressionismus:** Künstler gehen mit Farbe so um, dass die Bildfläche farbig leuchtet. Licht und Schatten bestehen aus Farben, d. h. Schattenpartien sind nicht mehr mit der Nichtfarbe Schwarz gemischt, sondern wirken meist komplementär zur beleuchteten Partie. Plastische und räumliche Wirkung nehmen ab. Eingefangen wird ein Lichtmoment, einer vergänglichen Lichtsituation wird Dauer verliehen. Die Farbflecken, aus denen sich die Bildoberfläche zusammensetzt, beziehen sich noch auf etwas Gegenständliches, sind aber zugleich „Lichtquellen", leuchten aus sich heraus. Damit wurde letztlich das Beleuchtungslicht überwunden und das Licht gewann wieder an „Eigenwert".

Die reine Kraft von Farbe und Licht kommt besonders deutlich in ungegenständlichen Bildern des 20. Jahrhunderts zum Ausdruck, z. B. in den Kompositionen von Wassily Kandinsky (1866–1944). Sie wirkte sich aber auch in der gegenständlichen Malerei des Expressionismus aus, etwa bei Matisse („Das rosafarbene Atelier", siehe S. 84). Eine besondere Qualität kam dem Licht bei Dan Flavin (1933–1996) zu, der mit fluoreszierenden Leuchtstoffröhren weißen Räumen eine magische Wirkung verlieh.

Der erweiterte Kunstbegriff des 20. Jahrhunderts umfasst auch Fotografie und Film, Medien, deren wichtigstes Ausdrucksmittel das Licht ist.

6 Stilllebenmalerei

Der Begriff „Stillleben" wird vom holländischen Wort „still-leven" abgeleitet und ist seit dem 17. Jahrhundert gebräuchlich. Damit ist eine Komposition aus leblosen, unbeweglichen Dingen gemeint, die unter rein ästhetischen Gesichtspunkten angeordnet werden. Stilllebenartige Details (Gebrauchsgegenstände, Pflanzen, seltene Tiere) traten seit dem Spätmittelalter innerhalb religiöser Themen auf. Das Jagdstillleben des JACOPO DE BARBARI (1504, Alte Pinakothek, München) ist das erste erhaltene autonome Stillleben. Es entstand ohne religiösen Kontext. Ihre Blütezeit erlebte die Stilllebenmalerei im 17. Jahrhundert in Holland.

6.1 Harmen Steenwijck: „Vanitas-Stillleben"

Harmen Steenwijck: „Vanitas-Stillleben" (um 1640), Öl auf Eichenholz, 39,2 × 50,7 cm, National Gallery, London

Kurzbiografie

Über das Leben des holländischen Malers HARMEN STEENWIJCK (Signatur „HvS") ist nur wenig bekannt. Nicht einmal die Lebensdaten stehen fest. Vermutlich wurde er 1612 in Delft geboren und starb wohl 1656 in Leiden. Das „Vanitas-Stillleben" (lat. „vanitas": Vergänglichkeit) entstand um 1640.

Zwischen 1625 und 1633 war Steenwijck in Leiden als Maler registriert. Die Leidener „Feinmalerschule" erlebte im 17. Jahrhundert ihr „Goldenes Zeitalter". Neben Steenwijck gehörten ihr GERRIT DOU, GABRIEL METSU u. a. an. Die Feinmaler waren damals hochbegehrt und wurden teuer bezahlt.

Seit dem 19. Jahrhundert verachtete man weitgehend die hyperrealistische Malweise, die heute wegen ihrer Nähe zum Fotorealismus wieder mehr Interesse findet.

Beschreibung

Auf den ersten Blick wirken die illusionistisch geschilderten Gegenstände unglaublich echt. Man könnte meinen, eine Farbfotografie vor sich zu haben. Nichts Unscharfes oder Verwischtes erinnert an Pinsel und Ölfarbe.

Die Brillanz der Oberflächen und die absolut präzise Darstellung im Detail (bis hin zu den feinen Härchen, die sich von der um den Krug geschlungenen Schnur lösen), erzeugt eine gewisse Kühle.

Zugleich fällt das Künstliche der Zusammenstellung verschiedenster Dinge auf, die im alltäglichen Leben nichts miteinander zu tun haben. Von einem schräg von links oben einfallenden Lichtstrahl getroffen, leuchten sie hell auf und werfen unnatürlich dunkle Schlagschatten, als ob sie von einem Scheinwerfer bestrahlt würden. Alle Requisiten sind um den Schädel herum gruppiert, der den Blickfang bildet. Die dunklen Augenhöhlen sind auf uns gerichtet. Von uns aus gesehen links neben ihm ragt eine Flöte hervor, rechts wird er von einem leicht geöffneten Buch abgestützt. Unter dem Schädel hängen zwei blaue Stoffstreifen von der Tischkante herab.

Hinter dem Buch sieht man den vorderen Teil einer Fanfare, die wiederum einen Teil eines alten Buches mit zerknitterten Seiten verdeckt. Auf der Spanschachtel rechts des Buches hat der Maler seinen Namenszug hinterlassen. Sie dient einem wuchtigen Tonkrug als Unterbau, der dadurch alles andere überragt. Eine ähnlich bauchige Form hat der Klangkörper der Laute, die hinter dem Krug liegt.

Direkt hinter dem Schädel ragt ein Messinggefäß hervor, vermutlich ein kostbarer Samowar (eine orientalische Teekanne), dessen Ausgießer eine feine Qualmsäule entsteigt. Ein japanisch anmutendes Schwert liegt schräg auf dem Tisch, gebettet in ein rotseidenes Tuch.

Am linken Tischrand findet sich ein Schneckengehäuse, das Seefahrer aus dem Pazifischen Ozean mitgebracht haben könnten. Eine aufgeklappte Taschenuhr zwischen Schnecke und Schädel vervollkommnet die Ansammlung wertvoller Dinge. Der perfekt gereinigte, sehr glatt gemalte Totenschädel inmitten der formschönen Utensilien verliert in dieser noblen Nachbarschaft etwas von seiner schauerlichen Wirkung.

Analyse
Die hölzerne Tischplatte, gestützt von einem im Schatten liegenden Unterbau, fungiert als stabile Basis für das kunstvolle Arrangement.

Halbiert man die **Bildfläche** in der Senkrechten, fällt auf, dass das Schwergewicht eindeutig auf der rechten Hälfte liegt. Zahlreiche Dinge liegen hier eng gedrängt, sind neben- und übereinandergestapelt und steigen wie ein Gebirge nach rechts oben an. Die „Stufen" bilden das vorn rechts liegende Buch und die Holzschachtel.

Die linke Hälfte wirkt luftiger und leichter. Nur ein Schneckenhaus liegt exponiert auf der weit in die linke Bildhälfte hineinragenden Platte. Man hat dennoch nicht das Gefühl, dass das Stillleben das Übergewicht bekommen und rechts absinken müsste. Beide Bildhälften, getrennt durch Schädel und Teekännchen, sind verbunden durch das leicht gebogene Schwert, das so hingelegt wurde, dass es nach rechts oben ansteigt, bis es hinter dem Tonkrug verschwindet.

Tischplatte und Arrangement kann man einem rechtwinkligen Dreieck einbeschreiben, dessen untere waagerechte Linie die Tischkante bildet. Eine Gegenbewegung zur nach rechts ansteigenden Linie bildet der diagonal einfallende Lichtstrahl von links oben, der auf den Schädel gerichtet ist.

Innerhalb der einzelnen Objekte auf der Tischplatte lassen sich Achsen feststellen, die in verschiedenen Richtungen verlaufen. Schwer, stabil und gerade steht der Krug, der die Komposition rechts abschließt. Senkrecht stehen ebenfalls das Kännchen und der Fuß der Tischplatte als Gegenpart zur horizontalen Basis. Schräge Linien, die raumschaffend wirken, bringen Flöte und Bücher ins Spiel.

Die auffallendsten Dinge sind von kugeliger, glatter Form (Schnecke, Schädel, Laute, Krug). Im Kontrast dazu stehen kleinere Detailformen, deren Darstellung dem Maler höchste Virtuosität abverlangt, wie etwa das gebauschte Tuch, dessen Oberfläche einem echten Seidentuch täuschend ähnlich sieht.

Der Raum, in dem der Tisch steht, wird nicht thematisiert. Man sieht im Hintergrund nur eine vom Hellen ins Dunkle wechselnde Fläche in Brauntönen, diagonal geteilt durch den Lichtstrahl, dessen Ursprung nicht gezeigt wird, sodass der **Bildraum** unbestimmt bleibt. Nichts lenkt ab von den Dingen auf dem Tisch, die uns in frappierender Plastizität vor Augen geführt werden. Die Gegenstände drängen förmlich aus der Bildfläche heraus und man kann sich gut vorstellen, sie zu betasten und die Kühle des Kruges oder das Weiche des Tuches zu spüren.

Die starke Plastizität entsteht durch genaueste Naturbeobachtung und die Modellierung vom Hellen ins Dunkle. Dabei werden Körper- und Schlagschatten exakt wiedergegeben, ebenso die spezifischen Oberflächenqualitäten.

Die Wahl besonders plastischer Dinge, die Bevorzugung kugeliger Formen, betont die räumliche Wirkung ebenso wie verschiedene Überschneidungen.

Der Maler blickt schräg von oben auf die Gegenstände. Die Öffnung des Tonkruges, die zu einem schmalen Oval verengt ist, ist noch sichtbar. Etwas weiter oben, noch innerhalb des Bildes, muss also der Horizont liegen, d. h. die Augenhöhe des Betrachters. Die perspektivische Konstruktion ist weitgehend nachvollziehbar. Die untere Tischkante verläuft bildparallel, die linke Kante fungiert als Fluchtlinie, die rechte ist nicht mehr sichtbar. Mit einer einzigen Fluchtlinie lässt sich der Fluchtpunkt nicht exakt ermitteln, er dürfte etwa oberhalb des Schädels am oberen Bildrand auf dem Horizont liegen.

Obwohl warme Farbtöne überwiegen, entsteht der Eindruck einer gewissen Kühle, der durch die außerordentliche Perfektion in der Darstellung und die Wahl der Gegenstände hervorgerufen wird. Der Tonkrug z. B. würde sich kühl anfühlen, dürften wir ihn betasten, ebenso der Schädel. Der Maler gibt die **Farben** so wieder, wie er sie vor sich sieht. Sie besitzen demnach darstellenden Wert. Von Ocker, Braun und Gelb, den dominierenden Farben, hat Steenwijck die verschiedensten Nuancen ausgemischt (valeuristische Farbkonzeption). Reine Farben wie etwa Grün oder Rot verwendete er nicht.

Auch eine Schwarz-Weiß-Aufnahme des Bildes wäre noch reizvoll, da das Hell-Dunkel vor den Farben dominiert. Außer dem deutlichen Hell-Dunkel-Kontrast lassen sich weitere Farbkontraste finden, die allerdings von untergeordneter Bedeutung für die Bildwirkung sind. Das rötliche und das dunkelgrüne Tuch stehen in einem schwachen Komplementärkontrast zueinander. Die geringe Menge von Rot (Seidentuch) hebt sich von den dominierenden Brauntönen ab, hier könnte man einen Quantitätskontrast feststellen.

Mit äußerster Raffinesse hat Steenwijck die Oberflächen gemalt. Poliertes Holz oder glänzendes Messing lassen auf eine ausgefeilte Maltechnik schließen. Zahlreiche dünne Farbschichten liegen übereinander und erzeugen die illusionistische Wirkung. Nur ganz aus der Nähe sind Spuren des Pinsels sichtbar.

Interpretation

Steenwijck malte ein Vanitas-Stillleben *par excellence*. Totenschädel, Taschenuhr, schon lange nicht mehr benutzte Instrumente und Bücher sind beliebte Requisiten dieses Stilllebentypus. Die leeren Augenhöhlen des Schädels starren uns entgegen und lassen uns für einen Moment erschauern. Die Mahnung „Bedenke, dass du sterblich bist" wird uns eindringlich, fast schon mit erhobenem Zeigefinger zugeraunt. Der wie aus dem Nichts einströmende Lichtstrahl macht den Bildsinn auf dramatische Weise überdeutlich. Das Licht ergießt sich auf den Totenschädel, der den Blickfang bildet.

Dieses grauenvolle *Memento mori* hat Steenwijck jedoch in eine luxuriöse Hülle verpackt. Die „Feinmaler" aus Leiden waren auf das Thema „Vanitas" spezialisiert wie andere Stilllebenmaler auf Lebensmittel oder Blumen. Zerfledderte Bücher in allen Variationen, eingestaubte Instrumente und abgebrannte Kerzen gehörten u. a. zu ihrem Repertoire. Die Staubschicht, die man auf manchen Stillleben am liebsten wegblasen möchte, fehlt hier. Alles ist blank geputzt, geradezu poliert. Um den Totenschädel herum liegen luxuriöse Gegenstände. Gerade weil uns beim Anblick des Schädels unsere Vergänglichkeit bewusst wird, bereitet uns der Anblick schöner Dinge, die uns nur für kurze Zeit begleiten, schmerzliche Lust. Auch wenn wir um deren Flüchtigkeit wissen, bleibt uns der Genuss. Das sündhaft teure japanische Schwert behält seine makellose Schönheit, auch wenn sein Besitzer nicht mehr lebt. Bücher, in denen nicht mehr gelesen wird und deren Seiten zerknittert sind, haben einen besonderen optischen Reiz. Das Schneckenhaus, ein teures Sammlerstück, liegt wie verloren da und bezaubert dennoch durch seine vollendete Form und die täuschend echt wirkende Oberfläche. Es ist ein Symbol für Wohlstand, Geburt und Fruchtbarkeit. Der Tonkrug, der Wasser oder Öl enthielt, bedeutet Leben und bildet so einen harten Kontrast zum Totenschädel.

Ein solches Stillleben wurde selbst zum Vanitasobjekt, das in den Wohnstuben der Reichen einen Ehrenplatz erhielt.

Die Spezialisten für das Thema „Vanitas" trafen den Nerv ihrer Zeit. Das Barockzeitalter war vom Kontrast zwischen Sinneslust und tiefer Frömmigkeit geprägt. Während draußen der Krieg tobte, Hungersnöte grassierten oder die Pest wütete, versuchte man dennoch, sich das Leben so angenehm wie möglich zu gestalten. Seine kurze Dauer wurde einem täglich vor Augen geführt. In dem Gedicht „Es ist alles Eitel" von ANDREAS GRYPHIUS (1637) wird das Lebensgefühl jener Zeit eingefangen:

Du siehst, wohin du siehst, nur Eitelkeit auf Erden,
Was dieser heute baut, reißt jener morgen ein:
Wo itzund Städte stehn, wird eine Wiese sein,
Auf der ein Schäferskind wird spielen mit den Herden ...
Der hohen Taten Ruhm muss wie ein Traum vergehn.
Soll denn das Spiel der Zeit der leichte Mensch bestehn?
Ach! Was ist alles dies, was wir für köstlich achten
Als schlechte Nichtigkeit, als Schatten, Staub und Wind ...[30]

6.2 Giorgio Morandi: „Natura Morta"

Kurzbiografie

GIORGIO MORANDI (1890–1964) verbrachte sein Leben fast ausschließlich in Bologna. Vor einigen Jahren hat man dort das Museo Morandi eröffnet, in dem auch sein Atelier rekonstruiert wurde. Als 17-Jähriger begann er seine künstlerische Ausbildung an der Akademie zu Bologna, die er nach sechs Jahren abschloss. Seinen Unterhalt verdiente er zunächst als Zeichenlehrer an Volksschulen. Nach dem frühen Tod des Vaters zog er mit seiner Mutter und den drei Schwestern in eine Wohnung in der Via Fondazza (Bologna), die sein Wohnsitz bis zu seinem Tod wurde. Leider wurde das Haus abgerissen. Die Sommermonate verbrachte er in Grizzana, einem Dorf in den Bergen des Apennin. Die Gemeinde hat das Dorf in „Grizzana-Morandi" umbenannt. Sein Atelierhaus ist dort zu besichtigen. 1928 war er erstmals mit Radierungen auf der Biennale in Venedig vertreten. Zwei Jahre später erhielt er eine Professur für Radiertechnik an der Kunstakademie. Seine Ausstellungstätigkeit wurde immer umfangreicher, seit 1950 war er auch im Ausland vertreten. Obwohl er abseits aktueller Tendenzen arbeitete (die abstrakt-gestische Malerei war damals auf dem Vormarsch), wurde ihm allgemeine Anerkennung zuteil.

1956 unternahm er die einzige Auslandsreise seines Lebens, die ihn anlässlich seiner Ausstellung nach Winterthur führte. Zu den Auszeichnungen, die er im Verlauf seines Lebens erhielt, gehörten der Große Preis der Biennale von Sao Paolo und der renommierte Rubens-Preis der Stadt Siegen. Nach langer Krankheit starb Morandi 1964 in seinem Atelier in der Via Fondazza.

Obwohl die besondere Wertschätzung Giorgio Morandis in den letzten Jahrzehnten stetig zunahm, ist er doch einem breiteren Publikum auch heute nahezu unbekannt.

Giorgio Morandi: „Natura Morta" (1954), Öl auf Leinwand, 147 × 98 cm, Rovereto, Mart, collezione Giovanardi, Museo di Arte Moderna e Contemporanea di Trento e Rovereto

Beschreibung

Ein für Morandi charakteristisches Bild ist dieses Stillleben aus dem Jahr 1954. Das ungewöhnliche Querformat des Gemäldes, das auch im Werk von Morandi nur selten auftritt, fällt sofort auf. Den ersten Eindruck bestimmen auch die zurückhaltenden Grautöne, die kaum noch als „Farben" zu bezeichnen sind.

Sie überziehen die Oberfläche von bescheidenen Gefäßen, die, karg wie das Inventar eines klösterlichen Refektoriums (Speisesaal der Mönche), in strenger Ordnung aufgereiht dastehen.

Der Betrachter steht einer zunächst fremden, ganz in sich abgeschlossenen **Welt der Dinge** gegenüber, die kaum noch in Verbindung mit Erfahrungswerten zu bringen ist. Der gegenständlich definierte Bereich ist klar überschaubar und besteht aus sieben dicht zusammengerückten Gefäßen. Der obere Bildstreifen ist nur Hintergrund und als solcher mit einer hellgrauen Farbschicht bedeckt. Als Gegenstände erkennbar sind zwei bauchige Tassen (Schüsseln?), die von zwei Vasen (Flaschen?) mit langem Hals und (links) einer gestreiften Schachtel (Dose?) eingeschlossen werden. Zwei Farbflächen oberhalb der Tassen sind nicht identifizierbar, evtl. sind Schachteln gemeint. Die rechte, ins Rötliche tendierende Form oberhalb der Tasse ist als Gegenstand kaum zu erkennen. In einem bis in die Details sehr ähnlichen Stillleben von 1953 hat Morandi diese Form deutlich umrissen. Hier nimmt man sie als Farbfläche und nicht als Gegenstand wahr.

Morandi hat immer wieder Serien von ein und demselben Motiv gemalt, wobei sich die einzelnen Varianten oft nur minimal unterscheiden. Die Fassung von 1953 weicht nur durch das fast quadratische Format von der vorliegenden ab.

Im Übrigen wird einem bei längerer Betrachtung die dingliche Zuordnung der Farbflächen immer unwichtiger. Die linke, rechteckige Farbfläche lässt zwei Deutungen zu: Entweder handelt es sich um eine Dose in strenger Frontalansicht oder um einen nach kubistischem Prinzip in die Fläche geklappten Quader, dessen Vorder-, Unter- und Oberseite zugleich sichtbar sind.

Die „Modelle" für Morandis Stillleben waren Flaschen (zum Teil mit Farbe überstrichen, um ihnen den Glanz zu nehmen), Dosen, Vasen etc., die er auf Flohmärkten erstanden hatte. Morandi brauchte oft Wochen, um sie so aufzustellen, dass er mit der Anordnung zufrieden war. Jede Position markierte er, um nach Veränderungen den ursprünglichen Status wiederherstellen zu können. Der Malakt nahm dann nur wenige Stunden in Anspruch.

Ein Freund des Malers, der Schriftsteller GIUSEPPE RAIMONDI, hat die „Modelle" Morandis wie folgt beschrieben:

Da steht sie, die friedliche Schar der Flaschen: solche, die einstmals gewöhnlichen Tafelwein, andere, die edle Spirituosen enthalten hatten. Unter den Porzellantassen finden sich neben gewöhnlichen Milchschalen einige mit verspieltem Dekor und geschwungenen Profilen. Die Zuckerdose ist züchtig wie eine Nonne. Die Milchkanne hat sich schon oft mit unterschiedlichen Farben verkleidet. Die Kaffeekanne mit dem Schnabel eines gerupften, alten Vogels. Und letztlich in allen nur erdenkbaren Formen der Trupp der Vasen, glückliche Komparsen, die einmal auserwählt waren, Blumen zu tragen.[25]

Analyse

Die schmale, querformatige Bildfläche wird durch die horizontal verlaufende Linie, welche die Bodenfläche vom Hintergrund trennt, in zwei ungleiche Hälften aufgeteilt. Der Hintergrund, die gegenstandsfreie Zone, nimmt ein Viertel der Bildfläche ein. Dreimal so viel Platz bleibt für den Vordergrund (die Tischplatte?), auf dem Morandi seine Dinge nebeneinander angeordnet hat. Die gedachten senkrechten Achsen der Gefäße bilden kaum ein Gegengewicht zur horizontalen Erstreckung der gesamten Komposition. „Vorn" und „hinten" sind für den Bildaufbau nicht so wirksam wie „oben" und „unten".

Das Bild besteht offensichtlich aus verschiedenen Farbflächen und wirkt nur in geringem Maße plastisch-räumlich. Im mittleren Bildbereich sind verschiedene Gefäße in der Horizontalen aneinandergereiht. Sie bilden eine zusammenhängende, kompakte Gruppe, die rechts und links von Farbflächen umgeben ist, die sich bis zum Bildrand erstrecken.

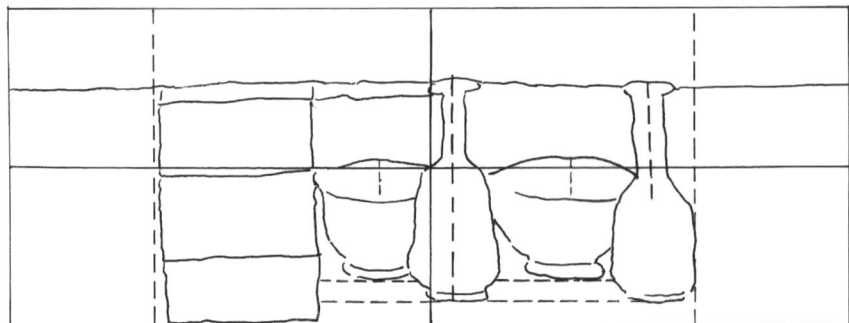

Kompositionsschema 1 zu Morandi, „Natura Morta"

Innerhalb dieser Gruppe wechseln bauchige mit eckigen und in die Senkrechte gespannten, schlankeren Formen ab. Die mittlere, eingekeilte Flasche nimmt nicht genau die senkrechte Mitte des Bildes ein. Die Analyse zeigt, dass ein Gerüst von Senkrechten und Waagerechten dem Bildaufbau zugrunde liegt. Die Zone der Gegenstände wird oben durch die waagerechte Linie begrenzt, die man als Tischkante deuten könnte. Die untere Begrenzung fällt mit dem Bildrand zusammen, an den die linke Dose fast stößt (siehe Kompositionsschema 1).

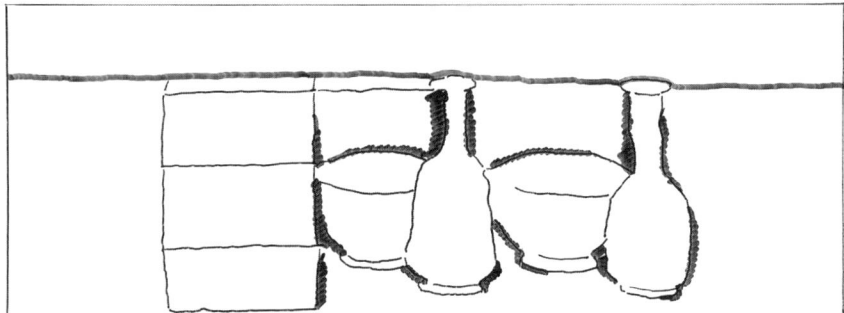

Kompositionsschema 2 zu Morandi, „Natura Morta"

Die das Bild durchziehende Waagerechte verläuft jedoch nicht ganz gerade. Bei genauerem Betrachten sieht man, dass sie leicht gewellt ist. Zwei kleine Ausbuchtungen bilden sich dadurch, dass die beiden Flaschenhälse an die obere Kante stoßen und diese dabei etwas hinaufschieben bzw. ausbuchten. Die Horizontlinie wird also nirgends überschnitten (siehe Kompositionsschema 2). Das Eingespanntsein der Dinge zwischen Horizontlinie und unterem Bildrand wird besonders bei der linken, viereckigen Form deutlich, deren untere Kante mit dem Bildrand fast zusammenfällt. Ein geringer Abstand zur durchgehenden Horizontalen wird durch zwei kaum merkliche Stege überbrückt, mit denen diese Figur gleichsam an die Oberkante „gehängt" wird. Auch die rechts anschließende, eckige Form „hinter" der Tasse trennt ein geringer Zwischenraum von der Oberkante.

Verfolgt man die obere Horizontale unterhalb der Tischoberkante von links nach rechts, so fällt einem ein leichtes Absinken auf, das durch den etwas nach links geneigten Hals der ganz rechts am Rand stehenden Flasche aufgefangen wird. Danach verläuft die Linie exakt horizontal weiter. Der Hals der in der Mitte befindlichen Flasche erstreckt sich nahezu senkrecht nach oben und gliedert so die Bildfläche vertikal in zwei Hälften.

Der Künstler betont den Zusammenhang unter den Dingen, nicht irgendeinen bestimmten Gegenstand. Nichts bricht aus oder drängt sich vor. Alle Figurationen sind untereinander verzahnt, nichts ließe sich herauslösen bzw. isoliert betrachten. So gleicht sich der gebogene Umriss der linken Tasse in dem Moment, in dem er an die senkrechte Kante des linken Kubus stößt, auch der Senkrechten an. An der rechten Seite schmiegt sich der Tassenumriss der benachbarten Flaschenkontur an, sodass beide verbogen erscheinen und ihren symmetrischen Charakter verlieren.

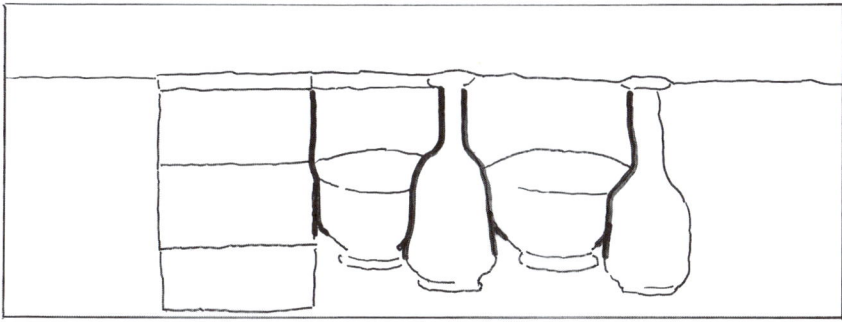

Kompositionsschema 3 zu Morandi, „Natura Morta"

Auch die rechte, etwas breitere Tasse verschmilzt mit den rechts und links anschließenden Flaschen (siehe Kompositionsschema 3). Die das Bild in der Waagerechten durchziehende Linie deutet über den senkrechten Bildrand hinaus. Die Komposition erhält dadurch jedoch keinen ausschnittartigen Charakter, sondern wirkt als in sich **geschlossenes Ganzes**.

Der klaren, beim ersten Augenschein so einfachen Ordnung liegt ein äußerst differenziert gegliedertes Gerüst zugrunde. Rhythmische Reihung der Dinge und leichte Abweichungen von Senkrechter und Waagerechter lassen das Formgefüge als etwas Lebendiges, Atmendes erscheinen. Allerdings muss man seinen Augen Zeit lassen, sich in den Formenreichtum Morandis einzusehen.

Wie erwähnt wirkt das Bild eher als Fläche denn als illusionistischer **Bildraum**. Die Bildgegenstände sind jedoch von der Seite zu sehen, d. h. sie stehen auf der Tischfläche und wirken wie ein Flachrelief. Einzelne Formen wölben sich vor, werden aber sogleich wieder von den durchgehenden Umrisslinien bzw. Trennstegen aufgefangen und an die Fläche gebunden. Der Grund scheint hinter den Gegenständen senkrecht anzusteigen.

Die bauchige Wirkung der Tassen geht v. a. auf die Schlagschatten zurück, die starken, dunklen Konturen ähneln (vgl. Kompositionsschema 2). Auch die beiden kleinen Lichter, als kurze, senkrechte, weiße Farbelemente auf der inneren Wölbung der Tassen angebracht, tragen zur **plastischen Wirkung** bei und deuten darauf hin, dass ein Lichteinfall direkt von vorn anzunehmen ist.

Das Beleuchtungslicht ist dabei von untergeordneter Bedeutung. Kontinuierliche Abstufungen vom Hellen ins Dunkle sind nicht zu beobachten. Die Bildoberfläche ist in allen Bereichen von derselben diffusen Helligkeit überzogen. Dieser Eindruck ist auf die durchgehende Weiß-Beimischung und das Durchscheinen der weißen Leinwand zurückzuführen, die eine in sich geschlossene Farb- und Lichterscheinung bewirkt.[11] Da die Farbflächen aus sich heraus leuchten, benötigen sie keine reale Lichtquelle, die außerhalb des Bildes anzunehmen wäre. Der Eigenlichtcharakter überwiegt daher.

Den **farbigen Gesamteindruck** bestimmen feine, helle Grautöne, die zart bunt getönt sind. Sowohl das Sanfte der Farbigkeit als auch die deutlich erkennbar strukturierte und stumpf wirkende Oberfläche erinnern an Wandmalerei. Die Bildgegenstände scheinen nicht aus einem bestimmten Material zu bestehen, wie etwa Porzellan oder Glas. In keinem Bereich dient Farbe dazu, eine besondere Oberfläche nachzuahmen. Auch die beiden Glanzlichter werden vorwiegend als helle und matte Farbflecken wahrgenommen, denen innerhalb der Komposition eine bestimmte Funktion zukommt.

Alle Farbflächen, ob Figur oder Grund, bestehen offensichtlich aus derselben Substanz, nämlich aus Ölfarbe. Die Aufmerksamkeit des Betrachters wird daher nicht durch täuschend nachgeahmte Oberflächenreize von der eigentlichen farbigen Struktur abgelenkt.

Ansätze zu dieser rein malerischen Auffassung finden sich schon bei JEAN SIMÉON CHARDIN (1699–1779), den Morandi für den größten aller Stilllebenmaler hielt. Wenn auch die Dinge in den Stillleben des Rokoko-Malers noch realistisch wiedergegeben sind, wird doch in Nahsicht die Farbmaterie als solche deutlich wahrgenommen und damit der Blick auf die Malerei selbst gelenkt, also auf das für sich existierende Bild, unabhängig von seinem nachahmenden Charakter. Dabei beginnt sich die Funktion der Farbe grundsätzlich zu wandeln. Sie steht nicht mehr nur im Dienst der Naturabbildung, sondern erlangt Eigenwert. Die Modernität Chardins beruht auch auf einer vergleichbaren Auffassung der Dinge, die er nicht mehr vorrangig als Symbolträger ansah, wie es zuvor im Barock üblich war, sondern als Formelemente bzw. Bausteine für ein autonomes Bildgebäude.

Klarheit und Strenge im Bildaufbau stehen bei Morandi in gewissem Kontrast zum lebendig-bewegten **Farbauftrag**. Die Farbflächen zeigen deutliche Pinselspuren, die der Bildoberfläche einen eigenen Ausdruckswert verleihen. Man möchte vermuten, dass der Farbauftrag sehr dick ist und in mehreren Schichten erfolgte, denn man sieht ein deutlich strukturierendes Pinselrelief. Meist handelt es sich jedoch nur um eine Schicht, die sogar die weiße Leinwand nicht vollständig abdeckt, sondern durch die Farbschicht scheinen lässt und auf diese Weise das „Aus-sich-heraus-Leuchten" bewirkt.

Feinheiten der Farbgebung, v. a. den unterschiedlichen Wärmegrad der einzelnen Partien (Warm-Kalt-Kontrast), empfindet man erst nach längerem Hinschauen. Die Requisiten sind in ein unterschiedliches graues Umfeld eingebettet, das farblich noch zurückhaltender ist als die gemalten Dinge. Diese ruhen gleichsam in diesen Farbflächen und treten nicht hervor. Der Hintergrund ist von einem sehr hellen Grau überzogen, das als kühler Farbton Bildtiefe andeutet. Die Tischfläche scheint nahezu neutral zwischen warm und kalt zu liegen. Wärmere Farbtöne treten in den Gegenständen auf, denen die Buntwerte vorbehalten sind.

Einen deutlichen Akzent setzt das dunkle Braunviolett der Dose links. Die reinsten Farben treten als rechteckige Flächen hinter den mattweißen Tassen auf: zartes Blaugrün und Rotbraun, die in gedämpft-komplementärem Kontrast zueinander stehen. Die übrigen Gegenstände sind weiß, wobei dieses Weiß keineswegs strahlt, sondern wie alle anderen Farbflächen von einem milchigen Schleier überzogen zu sein scheint. Die subtil aufeinander abgestimmten Farbwerte erzeugen einen homogenen Farbcharakter und entsprechen einer **valeuristischen Auffassung**.

Interpretation
Bei der Auseinandersetzung mit dem Stillleben von Morandi ist klar geworden, dass sich Feinheiten der Form- und Farbgestaltung erst bei nahezu meditativer Betrachtungsweise erschließen.

Dem Bild, das **Stille** geradezu ausströmt, muss man auch in Stille begegnen. Selten trifft die Bezeichnung „Stillleben" so zu wie auf ein Bild von Morandi. Das Wort „Stillleben", ursprünglich in Holland entstanden, wird von „stillem Leben" abgeleitet. Die Dinge ruhen im Bild, sind jedoch nicht erstarrt, sondern stehen in lebendiger Beziehung zueinander, zum farbigen Umfeld und Grund. Ihre Umrisse scheinen zu vibrieren, so, als ob die toten Dinge atmen würden. Die darunterliegende Leinwand wird durch Farbe nicht hermetisch verschlossen, sondern wirkt durch die Farbschicht hindurch, tritt in Beziehung zur Oberfläche.

Die Objekte im Bild entstammen nicht der alltäglichen Umgebung. Man erkennt nichts Bekanntes wieder, wenn auch die „Modelle" gewöhnliche, für den Gebrauch bestimmte Gegenstände waren. Als farbige Formen entziehen sie sich gänzlich dem Zugriff des Betrachters. Hinter einem weißlich-grauen, milchigen Schleier liegend zeigen ihre Oberflächen keine zufälligen Details, die sie an die sichtbare Realität binden würden, sondern sie bestehen aus homogenen Farbflächen. Die Dinge sind ganz für sich, führen als Farbgebilde ihr **eigenes, von der sichtbaren Realität unabhängiges Leben**. Trotz des scheinbar pastosen Farbauftrags wirkt der weiße Grund durch. Die Objekte sind durchscheinend, leuchten aus sich heraus. Zwei Komponenten wirken zusammen: die **Dinge** (Materie, Farbsubstanz) und das **Licht** (als Farbe sichtbar, im Grunde immateriell, ungreifbar).

Werner Haftmann schreibt in der Einführung zum Katalog der Morandi-Ausstellung von 1989 in Tübingen, dem Künstler ginge es um ein *„schauendes Eindringen in die rätselhafte Gegenwelt der Dinge, die für ihn Natur und Welt repräsentieren"*, und er sei der Auffassung, dass durch Malerei die der Natur innewohnende Harmonie sichtbar gemacht werden könne. Voraussetzung dazu sei eine Versenkung in das Sichtbare, ein schauendes Durchdringen der Oberfläche.[8]

Um 1918 kam Morandi in Berührung mit Werken der Pittura Metafisica. Zahlreiche Stillleben, die er in dieser Zeit malte, kann man dieser Stilrichtung zuordnen. Giorgio de Chirico (1888–1978), der bekannteste Vertreter dieser Richtung in der neuen italienischen Malerei, versuchte, dem Rätsel der Dinge malend auf die Spur zu kommen bzw. die Metaphysik (jenseits der Physik Liegendes) der Gegenstandswelt durch Malerei sichtbar zu machen, zumindest ahnen zu lassen. Die Dinge sind dabei nicht mehr Symbolträger, wie etwa im Barockstillleben, als jedes Detail mit einer ganz bestimmten Bedeutung besetzt war, sondern werden selbst als etwas Beunruhigendes erfahren. Im Nachspüren der geheimen Beziehungen zwischen den Dingen und dem Unbewussten bereiten die metaphysischen Maler den Boden für den Surrealismus. Morandi schlug zwar bald einen eigenen, ganz individuellen Weg ein, doch die Faszination durch die scheinbar toten Dinge bleibt für sein Werk bestimmend.

Morandi baute sein Stillleben als ein in sich geschlossenes Gefüge, errichtete eine **geordnete Welt im Kleinen**, welche die Harmonie widerspiegelt, die seiner Auffassung nach der Welt innewohnt, doch nicht unmittelbar erkennbar ist, weil sie von der verwirrenden Vielfalt der Erscheinungen überdeckt wird.

Bei Morandi herrscht Klarheit, Ruhe und Ordnung, doch nicht Erstarrung, ebenso wenig wie bei seinen großen Vorbildern CHARDIN und CÉZANNE. Morandis besondere Vorliebe galt den Zeichnungen von GEORGES SEURAT (1859–1891), die an der Grenze zur Abstraktion stehen. Auf all diese Maler trifft zu, dass sie sich mit einfachen, unscheinbaren Dingen auseinandersetzten und, indem sie sie abstrahierten, in etwas Harmonisches, Immergültiges verwandelten. Das Sichtbare ist für Morandi die „Brücke zum Unsichtbaren", so hat es MAX BECKMANN einmal ausgedrückt. So formulierte Morandi die Verbindung von sichtbarer Realität und abstrakten Prinzipien: *„Nulla è piu astratto del mondo visibile"* (ital.: Nichts ist abstrakter als die sichtbare Welt.)

6.3 Henri Matisse: „Die roten Fische"

Beschreibung und Analyse

Beim Vergleich der Stillleben von Morandi und Matisse fällt bei Matisse sogleich das **leuchtende Kolorit** auf. Man denkt an einen warmen Sonnentag, an üppige Vegetation, empfindet etwas von der Lebensfreude, von der der Maler bei der Arbeit an diesem Bild erfüllt gewesen sein muss, was sich auf Formen und Farben übertragen hat und bis heute weiterwirkt. Wenn Matisse auch schwungvoll, großzügig und stark vereinfachend mit breitem Pinsel seine Objekte malt, so sind sie doch im Einzelnen identifizierbar: Man blickt von oben auf einen runden Gartentisch mit heller, rötlich-violetter Tischplatte und schmalem, hellgrünem Fuß, auf dem ein zylindrischer, gläserner Wasserbehälter mit vier darin schwimmenden Goldfischen steht. Auf der gelben Wasseroberfläche des Glases spiegeln sich die Fische als rote Flecken. Außer dem Wasserglas stehen zwei kleine Blumentöpfe mit Blattpflanzen auf dem Tisch.

Vom linken Bildrand aus führt ein geschwungenes Geländer zur unteren Bildmitte hinunter. Die übrigen Randbereiche sind fast ganz vom Grün der Pflanzen bedeckt. Nur um den Tisch herum hat Matisse eine ruhige, schwarzblaue Zone geschaffen.

Untersucht man die Komposition des Bildes, so fällt auf, dass Matisse nicht streng konstruiert, sondern sein Stillleben ganz aus der **(Mal-)Bewegung** heraus entwickelt. Gebogene, geschwungene, weiche Linien bestimmen den Formcharakter. Das Hochformat wird durch die Komposition noch betont: Tischfuß, in die Bildfläche geklappte Tischplatte und großes Wasserglas werden übereinandergetürmt. Der mittlere Bildbereich (Zentrum: Wasserglas mit Fischen) wird von links durch das Geländer und von den übrigen Seiten her durch Pflanzen gerahmt. Rechts hat Matisse einige Blätter nur skizziert. Es sieht so aus, als ob er sie in den dunklen Grund geritzt hätte. Die runde Tischplatte ist von einer dunklen Farbfläche umgeben, die Schatten am Boden darstellen könnte.

Von besonderer Intensität ist das Schwarzblau links unter und rechts über dem Tisch. Diese hiermit angedeutete Diagonalrichtung wird durch den Kontrast zum hellen Türkis des Geländers unterstützt, das im Wasserglas und im Blattgrün der Blumen oben rechts wieder anklingt. Außerdem weisen die gebogenen Stäbe des Geländers schräg nach rechts oben.

Als Gegenbewegung wirkt eine Diagonale von links oben nach rechts unten: kleine, grüne, locker hingestreute, rundliche Blätter entsprechen einander in Form und Größe.

Kreis und Diagonale dominieren im Bildaufbau, Waagerechte und Senkrechte treten als solche nicht auf. Das Wasserglas wirkt jedoch als Senkrechte, findet im Tischfuß, dessen Querschnitt als Kreis angegeben ist, ein Pendant und verleiht der Komposition Halt.

Henri Matisse: „Die roten Fische"
(1911), Öl auf Leinwand, 147 × 98 cm,
Staatliches Puschkin-Museum,
Moskau

Reine, leuchtende Farben, ungetrübt von Schwarz oder der Komplementärfarbe, sind kennzeichnend für das malerische Werk von Matisse, v. a. seit er in Nizza ansässig war.

> *Nizza gab ihm ein anderes Licht als Paris – ein heller, konstanter Glanz mit wenig Grau darin, der breit über Meer, Stadt und Hügel flutete und leuchtende Schatten und klare Tonstrukturen hervorrief.*[9]

In seinem Stillleben „Die roten Fische" von 1911 deutete sich diese Besonderheit seines Werkes bereits an, das in den späten Scherenschnitten kulminieren würde.

Gezielt setzte Matisse Farbkontraste ein, um die Leuchtkraft der Farbe zu steigern. Der stärkste der sieben bekannten Farbkontraste, nämlich der **Komplementärkontrast**, bestimmt die Farbkomposition seines Bildes: Die roten Fische verhalten sich komplementär zum grünen Blattwerk. In gemilderter, aufgehellter Form wiederholt sich dieser Kontrast zwischen dem hellen Türkis des Geländers und dem zarten Rosé des Tisches und der Blüten.

Rot und Grün liegen sich im 12-teiligen Farbkreis gegenüber und steigern sich zu höchster Leuchtkraft. Zusammengemischt ergeben sie ein neutrales Grau, heben sich also in ihrer Leuchtkraft auf. Der Ausdruck „komplementär" (lat. „complere": ergänzen) stammt aus der Physik. Bei der additiven Farbmischung ergänzen sich zwei komplementäre Farben zu Weiß und somit zur Totalität der Farben.

Ein weiterer Kontrast trägt zur Farbintensität bei: Der dunkle Grund, auf dem das Rund des Tisches steht, lässt hellere Farben aufleuchten. Der hier zur Anwendung kommende **Hell-Dunkel-Kontrast** bezieht sich auf die Farbwahl und nicht auf die Darstellung von Tonwerten (Hell-Dunkel-Modellierung) bei der Wiedergabe plastischer Formen. Von untergeordneter Bedeutung ist der **Warm-Kalt-Kontrast**. Zwar ist das Rot der Fische wärmer als das Rotviolett des Tisches und der Blumen, dem etwas Blau (kalt) beigemischt ist, doch eine ausgesprochen kalte Farbfläche existiert hier nicht. Rotorange (Fische) gilt als die wärmste, Blaugrün als die kälteste Farbe. Ob eine Farbe als warm oder kalt empfunden wird, hängt von der danebenliegenden Farbe ab.

Von Bedeutung ist ebenso der **Farbe-an-sich-Kontrast**. Rot, Blau und Gelb, die Primärfarben, ergeben den stärksten Ausdruck dieses Kontrastes. Wenn auch das reine Blau hier fehlt, so erzeugen doch drei andere reinbunte Farben (Rot, Grün, Gelb) diesen Kontrast.

Der Eindruck „bunt" resultiert aus dieser Zusammenstellung. Auch der **Quantitätskontrast**, der sich auf das Größenverhältnis von zwei oder mehreren Farbflecken zur übrigen Farbigkeit des Bildes bezieht, findet Anwendung. Nur die Fische sind in dem reinen Rotorange gemalt, sonst taucht diese Farbe nirgends auf.

Die Konzentration auf Farbkontraste, welche die Leuchtkraft der Farben steigern, weist Matisse als **Koloristen** aus. In stärkstem Kontrast dazu steht Morandi, der als **Valeurist** zu bezeichnen ist.

Interpretationsansatz

Henri Matisse äußerte einmal, er male, um dem Menschen, der am Abend müde von der Arbeit heimkehre, mit seinen Bildern eine Freude zu machen (siehe auch S. 88). Auch wenn sich heute kaum jemand einen echten Matisse ins Wohnzimmer hängen kann, ist der Wunsch des Meisters aus Nizza nachvollziehbar.

„La joie de vivre", der Titel eines frühen Bildes von Matisse, könnte nahezu über all seinen Gemälden stehen. Die heitere, gelöste Stimmung, die von dem Stillleben ausgeht, überträgt sich unmittelbar auf den Betrachter. Wer sich Zeit vor dem Bild nimmt, wird jedoch nicht nur die entspannende Wirkung erfahren, sondern auch bemerken, mit welch traumwandlerischer Sicherheit der Künstler Formen und Farben in der Fläche ausbreitet, sodass der Eindruck reiner Harmonie entsteht. Matisse liebte das Schöne in der Welt, seine Bilder legen davon Zeugnis ab, fügen dem Schönen Neues hinzu und machen auch unser Leben schöner, wenn wir uns seiner Kunst öffnen.

Exkurs
Vom Stillleben zur Objektkunst

Seit der Erfindung der **Collage** haben Dinge des alltäglichen Gebrauchs Einzug in die Kunst gehalten. Während zuvor im Allgemeinen „edle" Materialien zur Erzeugung von Kunst verwendet wurden (Marmor, Bronze, Ölfarben usw.), genügten jetzt billige, häufig gebrauchte Materialien. PICASSO und BRAQUE klebten z. B. Wellpappe, Tapetenreste und Zeitungsausschnitte in ihre Collagen. Diese Formelemente stellen nichts dar, sondern sind Teil einer nahezu abstrakten Komposition. KURT SCHWITTERS montierte in seine Assemblagen Holzlatten, verrostete Räder, Schnüre oder Drahtgeflecht. Die Dinge selbst waren von nun an Teil des Kunstwerks, nicht mehr deren Darstellung.

Gemalte Dinge waren schon immer Bestandteil von Stillleben (Blütezeit 17. Jahrhundert). Im Barock wurden Dinge in hohem Maße illusionistisch dargestellt (Sonderform: Trompe-l'œil, Augentäuschungsbild). Allen Dingen kam zugleich eine symbolische Bedeutung zu. Besonders häufig waren Vanitassymbole (vgl. Steenwijck: „Vanitas-Stillleben", S. 102).

Bei den Stillleben von CHARDIN (18. Jahrhundert) entfällt die religiöse Symbolik weitgehend. Die gemalten Dinge stehen für sich selbst, sind Bestandteile einer farbigen Komposition. Alltägliche Gegenstände, Früchte usw. werden jedoch durch malerische Virtuosität und exquisite Farbgebung nobilitiert. Auch ohne die religiöse Symbolik wirken sie durch die künstlerische Gestaltung ungemein kostbar. In der zweiten Hälfte des 19. Jahrhunderts malte COURBET z. B. einen Teller mit Äpfeln. Das Fallobst, übersät mit Druckstellen, liegt auf einem Porzellanteller mit Scharten. Damit gab Courbet nüchtern und objektiv wieder, was er sah. Für ihn war die Aufgabe des Künstlers nicht mehr, etwas Ästhetisches zu erfinden, sondern Realität zu registrieren, die in jeder Erscheinungsform für ihn bildwürdig war.

PAUL CÉZANNE, einer der Wegbereiter der Moderne, sah in den Dingen, die er malte, sowohl das Äußere (Farbe) als auch die innewohnende Form (z. B. Apfel als Kugel). Es ging ihm nicht um Symbolik, sondern um einen von der unmittelbaren Naturwiedergabe abgelösten Gestaltungsprozess.

Die reine Farbe als primäres Gestaltungsmittel setzte MATISSE (franz. Expressionismus) in seinem Stillleben ein (vgl. „Die roten Fische", S. 116).

Der Kubismus knüpfte bei Cézanne an. PICASSO sah in den Dingen Formelemente, mit denen er experimentieren konnte. Ziel war die formal spannende Komposition, nicht mehr das Abbild von sichtbaren Dingen. In der Collage waren es noch flächige Elemente, bald konstruierte er auch aus alltäglichen Materialien plastische Gebilde (vgl. „Klarinette und Mandoline", S. 122).

Eine Revolution bedeutete das Eindringen von Alltagsdingen in die Kunst, die nicht mehr repräsentiert (abgebildet) werden, sondern *per se* im Kunstwerk existieren. Im Kubismus dienten die alltäglichen Materialien noch als Kompositionselemente. Das Ready-made von MARCEL DUCHAMP war eine direkte Übernahme eines bereits existierenden Objektes aus dem Alltag. Vorgefertigte Produkte, die er im Warenhaus erstand oder im Haushalt fand, erklärte er zur Kunst. Zahlreiche Künstler im Umfeld des Dadaismus experimentierten mit realen Dingen (z. B. MERET OPPENHEIM: „Pelztasse"). Die Objektkunst der Nachkriegszeit knüpfte später hier an.

Eine besondere Bedeutung erlangten die gemalten Dinge in der Pittura Metafisica (GIORGIO DE CHIRICO) und im Surrealismus. Hier kommt ihnen eine neue „magische" Bedeutung (**„Dingmagie"**) zu. Realistisch dargestellt stehen sie in einem unerklärlichen Zusammenhang, sind Sinnbilder für das Rätsel unseres Daseins.

MORANDI setzte sich Zeit seines Lebens fast ausschließlich und nahezu obsessiv mit Dingen des täglichen Gebrauchs auseinander. Über Cézanne, den Kubismus und die Pittura Metafisica gelangte er ab 1920 zu einer völlig eigenständigen Ausdrucksform (vgl. „Natura Morta", S. 107).

Der Neue Realismus (Nouveau Réalisme) setzte nach dem Zweiten Weltkrieg die Entwicklung der Objektkunst fort. Zu den Neuen Realisten gehören z. B. JEAN TINGUELY (absurde Maschinen) und ARMAN (Akkumulationen).

Ab den 1960er-Jahren wurden Dinge des Alltags in der Pop-Art (USA) zum zentralen Ausdrucksmittel. ROBERT RAUSCHENBERG z. B. integrierte sie in seine vielteiligen Kunstobjekte (Combine paintings), CLAES OLDENBURG ahmt sie mit anderen Materialien nach (z. B. „Falling Shoestring Potatoes", 1966).

Gegen Ende des 20. Jahrhunderts spielten die „Dinge" im Werk vieler bedeutender Künstler eine dominante Rolle. Arbeiten von EDWARD KIENHOLZ oder DUANE HANSON zeigen in geradezu schockierendem Realismus erschütternde Szenen oder stellen soziale Missstände bloß **(Environment)**.

Andere Künstler entdeckten auf höchst subjektive Weise die symbolische Kraft der Dinge wieder, so etwa LOUISE BOURGEOIS und JOSEPH BEUYS (vgl. „Kreuzigung", S. 128). Bei Beuys spielen einerseits biografische Bezüge eine Rolle, andererseits verweisen seine Dinge auf das Spannungsfeld von Geist und Materie, Natur und Technik, Verstand und Sinne. In Vitrinen oder Räumen konfrontierte er divergente Dinge bzw. Materialien **(Installationen)**.

Die Arbeit mit realen Dingen und unterschiedlichen Materialien aus dem alltäglichen Umfeld ist heute aus der Kunst nicht mehr wegzudenken.

Objektkunst

1 Pablo Picasso: „Mandoline und Klarinette"

Kurzinformation zum Kubismus (ca. 1908–1914)
Als Ursprung des Kubismus gilt das Gemälde „Les Demoiselles d'Avignon" von PICASSO (1907), in dem er menschliche Körper mit neuen, expressiven Mitteln formulierte. Kubistische Stilelemente sind bereits zu erkennen: Zersplitterung der Form, harter Formcharakter, Reduktion der Farbe, Zurücknahme von Plastizität und Raum.

Picasso und BRAQUE entwickelten seit 1908 zusammen den Frühkubismus, der noch Abbildungscharakter besaß. Es folgte der **Analytische Kubismus**, dem es um Formanalyse ging. Um 1912 wurde die **Collage** erfunden (frz. „collager": kleben), bei der zum ersten Mal in der Geschichte der Kunst Material aus dem Alltag zum Einsatz kam: Tapetenreste, Zeitungsausschnitte, Schnüre usw. Gleichzeitig bildet sich der **Synthetische Kubismus** heraus, der oftmals an die Grenze zur Abstraktion stieß. Ausgangspunkt war nun eine abstrakte Form, die während des Arbeitsprozesses mit Elementen angereichert wurde, die den Bezug zur Realität ansatzweise wiederherstellten.

Während die Themen (vor allem Stillleben, aber auch Porträts) traditionell waren, ging man in Form und Farbe völlig neue Wege. Der Künstler arbeitete nicht mehr nach der Natur, sondern aus der **Vorstellung**. Ein Gegenstand wird nicht mehr so dargestellt, wie man ihn von einem Punkt aus sieht, sondern es werden verschiedene Ansichten desselben Gegenstandes auf der Bildfläche gezeigt. Was in Wirklichkeit nur im Nacheinander erlebbar ist (Rückseite, Seitenansicht usw.) wird nun gleichzeitig sichtbar (Simultandarstellung). Auf eine perspektivische Erschließung des Bildraumes wird gänzlich, auf plastische Modellierung weitgehend verzichtet. In der Farbgebung beschränkt man sich auf wenige Farbtöne im Grau-, Braun- und Grünbereich, wodurch eine zurückhaltende, eher kühle Farbharmonie entsteht.

Auch wenn ein kubistisches Bild aus der Vorstellung hervorging, war der Ausgangspunkt für den Künstler ein realer Gegenstand. Flaschen, Musikinstrumente oder Früchte, d. h. herkömmliche Requisiten eines Stilllebens, stehen am Anfang eines gedanklichen Experiments, das auf der Bildfläche Gestalt annimmt.

Ab 1912 fügte Picasso Objekte aus verschiedensten Materialien zusammen. Mit der „Gitarre" (1912) öffnete er die Grenzen der Plastik. Während bisher Stein, Holz, Ton usw. die gebräuchlichsten Materialien des Bildhauers waren, setzte er Blech, Draht usw. ein, wertlose Materialien, die bisher nichts mit Kunst zu tun hatten. Über die Collage hinausgehend begründete er mit seinen in den Raum greifenden Montagen bzw. Assemblagen die Objektkunst des 20. Jahrhunderts (siehe auch „Abitur-Wissen Malerei – Plastik – Architektur", Verlags-Nr.: 949618).

Holzobjekt „Mandoline und Klarinette"

Obwohl das Holzobjekt den Titel „Mandoline und Klarinette" trägt, fällt es zunächst schwer, diese Instrumente zu identifizieren. Wir haben eine annähernd abstrakte Plastik vor uns, deren „Inhalt" man nicht beschreiben kann, weil es im Grunde keinen Inhalt gibt. Das heißt, der Inhalt kann nicht gedanklich von der Form getrennt werden.

Das bisher übliche Vorgehen „Beschreibung – Analyse – Interpretation" soll daher in diesem Fall nicht beibehalten werden. Umso wichtiger erscheint die sehr genaue Beobachtung von Formen und Materialien, die kaum mehr etwas darstellen, sondern für sich stehen. Dinge haben in einem kubistischen Kunstwerk keine symbolische Funktion wie im Barock. Sie existieren für den Künstler als Form, die Anlass zur Reflexion wird. Eine Interpretation, die bisher auf Beschreibung und Analyse folgte, wird hier in die beobachtende Auseinandersetzung einfließen.

Mandoline und Klarinette sind Instrumente, die sich durch eine verfeinerte, elegante Form auszeichnen. Man denkt an das Klarinettenkonzert von Mozart oder an ein Mandolinenkonzert von Vivaldi, populäre musikalische Meisterwerke, die leicht ins Ohr gehen.

Picassos Interpretation von „Mandoline und Klarinette" hat nichts Elegantes, Klingendes an sich. Sie wirkt roh, geradezu ruppig. Musikalische Assoziationen stellen sich nur schwer ein. Allenfalls könnte man sich rhythmische Klänge vorstellen, erzeugt von Instrumenten, die Kinder gebastelt haben.

Das Holzobjekt, das an der Wand aufgehängt ist, wurde auf Vorderansicht konzipiert. Es besteht aus Brettern und Latten, die vermutlich schon anderweitig Verwendung fanden. Einige Stellen hat Picasso schwarz bzw. weiß bemalt. Die einzelnen Holzteile hat er mit Nägeln verbunden, wobei das Ganze keinen handwerklich perfekten Eindruck macht, sondern eher fragil und instabil wirkt.

Der Titel „Mandoline und Klarinette" deutet auf ein Stillleben hin. Im Barock waren Instrumente beliebte Stilllebenrequisiten. Hier haben wir jedoch kein Stillleben im traditionellen Sinn vor uns, der abbildende Charakter fehlt. An eine Mandoline erinnert ganz entfernt die senkrechte Holzlatte, die das Objekt in der Mitte durchzieht, durchscheinend weiß angestrichen. Mit dem Bleistift hat Picasso auf dem imaginären Griffbrett bzw. Hals der Mandoline ein paar Saiten angedeutet. Es sieht so aus, als habe der Bleistift auf dem grundierten Holz nicht gut gehaftet und deshalb sei Picasso ein paarmal hin- und hergefahren, um die Linien – mehr schlecht als recht – zustande zu bringen.

Pablo Picasso: „Mandoline und Klarinette" (1913), Tannenholzstücke mit Farbe und Bleistiftstrichen, 58 × 36 × 23 cm, Musée Picasso, Paris

Genau in der Mitte des Objekts sitzt das Schall-Loch der Mandoline. Es ist aber kein Loch, sondern ein aufgesetztes rundes Holzstück, über dem die gezeichneten Saiten enden. Der Korpus, d. h. der bauchige Boden des Instruments, wird durch ein deckend weiß angestrichenes Brett angedeutet, aus dem ein Kreissegment herausgesägt wurde. Picasso hat es im rechten Winkel zur senkrechten Holzlatte befestigt. Man könnte meinen, der schön gewölbte Mandolinenkörper, mit dem Rücken nach oben, befände sich in dem Hohlraum unter dem ausgesägten Brett. So können wir uns den Körper vorstellen, sehen können wir ihn nicht.

Die Komposition aus Holz hat Picasso auf einem schräg stehenden Holzbrett mit auffälliger Maserung und Astlöchern montiert. Es ragt auf der rechten Seite deutlich über die Komposition hinaus.

Am unteren Ende wird das Objekt mit der quer liegenden „Klarinette" abgeschlossen, die fast waagerecht auf einem kleinen Holzklotz aufliegt, der auf der mittleren Latte montiert wurde. Auf das Allernotwendigste reduziert, besteht das Instrument aus einem Rundholz (hölzerner Korpus), auf das schwarze Punkte (Tonlöcher) gemalt sind, und einem kleinen Mundstück. Ein annähernd rund ausgesägtes Holzstück, bemalt mit Kreisen, deutet das trichterförmige Schallstück an. Die Klarinette erinnert an eine Kinderzeichnung von einem Blasinstrument.

Zwei im rechten Winkel zusammengenagelte Latten verbinden die durchgehende Senkrechte mit der Klarinette am Fuß des Objekts, sodass ein nach rechts offenes, im Lot befindliches Rechteck entsteht, von dem sich das scheinbar nach rechts neigende Brett deutlich abhebt. Ein schwarz bemaltes Brett mit abgerundeter Kante schließt die Komposition links deutlich ab. Zur rechten Seite hin ist sie „offen". Für Stabilität sorgt die dominante senkrechte Mittelachse.

Kantige Formen, dem Holzcharakter entsprechend, bestimmen den Eindruck. Wenige runde Elemente sind scheinbar unbeholfen ausgesägt bzw. aufgemalt worden. An linearen Elementen sind die Bleistiftstriche und die Holzmaserung zu nennen.

Auf dem schief stehenden Brett wurden die Holzteile so montiert, dass ein räumliches Gebilde entstanden ist. Am weitesten in den Raum stößt das mittlere, ausgehöhlte, weiß bemalte Brett vor. Links daneben hat Picasso das die Komposition abschließende Brett und ein gezacktes, schräg eingefügtes Holzbrettchen schwarz bemalt, was ein optisches Zurückweichen bewirkt. Der Eindruck von Plastizität wird durch Schattenpartien verstärkt, die sich durch die Abstände zwischen den Formelementen bilden.

Obwohl Picasso Holzteile aneinanderfügte, arbeitete er im Grunde so, als ob er ein Stillleben malen würde. Ausgehend von zwei Instrumenten, die er sich vorstellt, arbeitete er mit Formkontrasten. Senkrechte, waagerechte, schräge und runde Formen fügte er so zusammen, dass es zu einem Ausgleich der Kräfte kommt und damit eine formal spannungsreiche Komposition entsteht. Das Endprodukt gleicht jedoch keiner ausgefeilten, handwerklich perfekt ausgeführten Arbeit, der nur noch der goldene Rahmen oder das Podest fehlt. Picasso arbeitete zu jener Zeit gleichzeitig an den verschiedensten Objekten und genoss die neuen spielerisch-experimentellen Verfahren. Additiv fügte er zusammen, was er fand. Das „Primitive" der Gestaltung erinnert an afrikanische Kunst, die zu Beginn des 20. Jahrhunderts zunächst in Paris Furore machte.

Sein Vater, der Kunstlehrer war und die Begabung des Jungen erkannte, hatte ihn zum Zeichnen nach der Natur angehalten. Erhaltene Blätter des Elfjährigen zeigen nichts Kindliches, sondern bereits ein erstaunliches zeichnerisches Können. Diese zeichnerische Virtuosität stellte er zu Beginn seiner steilen Karriere, in der sogenannten Blauen Periode, unter Beweis.

Picasso war 26 Jahre alt, als er begann, an den „Demoiselles d'Avignon" zu arbeiten und damit infrage zu stellen, was er sich bisher erarbeitet hatte. Nach seinem fulminanten Start in die Kunstszene warf er nun alle künstlerische Virtuosität ab. Das Elegante der Linienführung wich einem ruppigen, harten Ausdruck. Bei seinen Objekten (seit 1912) kam etwas Kindlich-Naives hinzu. Wenn immer wieder die Bemerkung fällt, ein solches Objekt würde auch ein Kleinkind zustande bringen, zeugt dies von einem gewissen Verständnis für die neue Ausdrucksform Picassos. Es scheint, als habe er noch einmal von vorn begonnen. Man könnte fast den Eindruck haben, er wollte nachholen, was er als Kind versäumt hatte: das kreative Spiel mit allen möglichen Materialien, die die kindliche Fantasie auslösen. Einer kindlichen Bastelarbeit aus einfachen, wertlosen Materialien ist die Freude am Experiment, am Erfinden neuer Formen anzumerken. Picasso spielte in seiner Fantasie mit den Formen der Instrumente. Er zerlegte sie gedanklich und setzte sie aus Fundstücken neu zusammen. Die Phase der Naturnachahmung war überwunden. Die Art und Weise, wie er mit den Formen umging, zeigte jedoch seine Sicherheit in der Gestaltung.

Im Zusammenspiel von Improvisation und Kalkulation entstanden seine kubistischen Objekte, die kaum mehr etwas mit einer herkömmlichen Plastik zu tun haben. Am ehesten ähneln sie noch einem Relief, das auch nur von vorne betrachtet und auf einer Fläche erarbeitet wird. Statt von einer „Collage", die aus flachen Formelementen besteht, spricht man von „Assemblage", die hier zwar auch aus vorwiegend flachen Elementen zusammengesetzt ist, doch sind diese derart miteinander verbunden, dass eine komplexe räumliche Situation entsteht.

Picasso setzte den gemalten Kubismus sozusagen mit anderen Mitteln fort und trieb damit die Entstehung der modernen Kunst voran. Nicht nur in der Malerei, sondern auch in der plastischen Kunst ging es nicht mehr um die Abbildung des äußerlich Sichtbaren.

Rückblick: Vom Relief zur Assemblage
Das Relief nimmt eine Mittelstellung zwischen Plastik und Malerei ein. Die meist figürliche Darstellung auf einem Relief hat im Gegensatz zur frei stehenden Rundplastik einen Hintergrund, der ebenfalls gestaltet werden kann.

In der Antike war das Relief eine gebräuchliche Ausdrucksform. So wurden zum Beispiel der Tympanon des griechischen Tempels oder die römischen Siegessäulen und Sarkophage mit Reliefs geschmückt.

Von der frühchristlichen Zeit bis ins Hohe Mittelalter gab es kaum mehr eine plastische Kunst. Erst im Hohen Mittelalter begann man erneut, Figuren zu modellieren. Frühe Beispiele für die wieder aufkeimende Reliefkunst finden sich vor allem an Kirchentüren, z. B. an der Michaelskirche in Hildesheim (um 1000) oder an der Kirche S. Zeno in Verona (12. Jahrhundert).

In der Spätgotik entstanden in Mitteleuropa prachtvolle Schnitzaltäre, an denen Reliefs angebracht sind. Die berühmtesten Reliefs der Frührenaissance befinden sich am Florentiner Baptisterium und stammen von LORENZO GHIBERTI. In zehnjähriger Arbeit entstand seine zweite Tür, die MICHELANGELO als „Porta del Paradiso" gepriesen haben soll.

Seit der Renaissance bevorzugte man rundplastische Arbeiten, da diese realistischer wirken als ein an die Fläche gebundenes Relief.

Zu Beginn des 20. Jahrhunderts lösten sich die Grenzen zwischen den Kunstgattungen auf. Das klassische Relief in Holz oder Stein gab es kaum noch. Wertlose Materialien wie Blech, Draht, Sperrholz, auch verrostete Teile, die man alltäglichen Gebrauchsgegenständen entnahm, wurden (z. B. von KURT SCHWITTERS) auf Holzplatten montiert und teilweise bemalt. Dafür hat man den Begriff „Assemblage" geprägt.

An ein Relief erinnern auch viele der „Materialbilder" von ANSELM KIEFER (geb. 1945). So z. B. die Arbeit „Liliths Töchter am Roten Meer": Zwei Bleiplatten flankieren eine mittlere, auf der Leinenkleidchen, Frauenhaar und Asche reliefartigen Charakter annehmen (siehe auch „Abitur-Wissen Malerei – Plastik – Architektur", Verlags-Nr.: 949618).

2 Joseph Beuys: „Kreuzigung"

Kurzbiografie

JOSEPH BEUYS wurde 1921 in Krefeld geboren und wuchs in einer gutbürgerlichen Familie auf. Bis 1940 besuchte er das Gymnasium in Kleve und begann danach ein naturwissenschaftliches Studium. Kurz darauf wurde er zur Wehrmacht einberufen und zum Sturzkampfflieger ausgebildet. Einen Absturz auf der Krim überlebte er knapp mit lebensgefährlichen Verletzungen (Kopfwunde, die er zeitlebens unter dem Filzhut verbarg). Nach Entlassung aus der Gefangenschaft studierte er ab 1947 an der Düsseldorfer Kunstakademie. Hier wurde er Meisterschüler des Bildhauers MATARÉ, der ihn mit seiner christlich geprägten Kunst beeinflusste. Zu jener Zeit begann er, sich mit der Lehre der Anthroposophie von RUDOLF STEINER zu beschäftigen. Ab Ende der 50er-Jahre veranstaltete er Aktionen (Fluxus, 1958–1963), die zum Ziel hatten, die menschlichen Sinne durch Sprache, Bild, Musik, Bewegung usw. zu reaktivieren.

1961 bis 1972 hatte er eine Professur für Bildhauerei an der Akademie Düsseldorf inne, die ihm entzogen wurde, weil er Zulassungsbeschränkungen nicht anerkannte. Es folgten politische Aktionen, u. a. die Gründung der „Freien Internationalen Hochschule für Kreativität und interdisziplinäre Forschung". 1964 war er zum ersten Mal auf der documenta vertreten. Das Guggenheim-Museum New York veranstaltete 1979 eine Einzelausstellung, eine Ehrung, die zuvor keinem deutschen Künstler zuteil geworden war.

Kurz nach der Verleihung des Lehmbruck-Preises der Stadt Duisburg starb Beuys 1986 in Düsseldorf.

Künstlerische Intentionen

Die charismatische Persönlichkeit von Beuys ist in gewisser Weise Teil seiner stark subjektiv geprägten Kunst. Filzhut und Fliegerweste waren sein „Markenzeichen". Kindheits- und Kriegserlebnisse verarbeitete er in Objekten und Installationen. Handlungen und Gespräche waren ihm ebenso wichtig wie seine „Manifestationen" in Fett, Filz und anderen „natürlichen" Materialien, die er mit technischen Geräten oder künstlich erzeugten Stoffen konfrontierte. Beuys war der Überzeugung, dass der Mensch erst dann wirklich Mensch ist, wenn er Intuition und Ratio gleichermaßen gebraucht und entfaltet. Hier zeigte sich sein zentrales Anliegen. Es ging ihm nicht um die Produktion unsterblicher Kunstwerke. Häufig war der Verfall seiner Objekte (z. B. aus Schokolade, Honig, Fett) einkalkuliert. Sie unterliegen der Vergänglichkeit, ebenso wie das menschliche Leben. Im Blickfeld hatte er den Menschen, den er durch die Überbetonung des Rationalen (Technik, Wirtschaft, Finanzen) bedroht sah. Wie für die Romantiker war die intensive Auseinandersetzung mit der Natur für ihn ein Weg, sich die ihr innewohnenden Kräfte wieder bewusst zu machen (z. B. das Wärmende von Filz), eine neue Sensibilität dafür zu entwickeln und auf diesem Weg eine Rückbindung an die Natur einzuleiten.

Seine Arbeiten sind nicht mehr mit der traditionellen Vorstellung von Kunst als etwas „Schönem" vereinbar. Beuys selbst sprach von der „Sozialen Plastik", die mit allen Materialien und an jedem Ort möglich sei und zum Wohl der Menschen entstehe. Wenn der Mensch durch die Auseinandersetzung mit seinen „Dingen" Sinne (Gefühl, Intuition, Fantasie) und Verstand (Logik) gleichermaßen gebrauche, könne er kreativ wirken und damit selbst Künstler sein.

Joseph Beuys: „Kreuzigung" (1962/63),
Holz, Flaschen, Elektrokabel, Draht,
Papier, 42,5 × 19 × 19 cm,
Staatsgalerie, Stuttgart

Beschreibung

Beim ersten Blick auf das Objekt von Beuys ist der Bezug zum Thema „Kreuzigung" nur schwer nachvollziehbar. Sollte sich der Künstler über ein christliches Thema lustig gemacht haben? Ein gewisses Unbehagen stellt sich bei der Betrachtung der rohen, mit Farbe beschmierten, rissigen Oberflächen der verschiedenen, grob zusammengefügten Dinge ein, die aus einem verstaubten Kellerregal stammen könnten. Auf einem kleinen Papierfetzen oben an der Spitze des Objektes ist ein aufgemaltes rotes Kreuz zu sehen, doch eine „Kreuzigung", wie sie aus alten Bildern vertraut ist, erkennt man nicht. Einen Museumsbesucher, der zum ersten Mal mit einem Werk von Beuys konfrontiert wird, mag die Diskrepanz zwischen dem Titel „Kreuzigung" und dem optischen Bestand irritieren, evtl. ärgern.

Eine ernsthafte Auseinandersetzung mit der „Kreuzigung" ist nur möglich, wenn man die Dinge, mit denen sich Beuys ausdrückt, bis ins kleinste Detail betrachtet. Besser noch wäre ein Befühlen, was natürlich im Museum untersagt ist. Es bleibt bei einem „verbalen" Abtasten.

Das Objekt ist zwar auf Frontalansicht konzipiert, kann jedoch von allen Seiten und auch von oben betrachtet werden, weil es in einer Glasvitrine aufbewahrt wird. Die Basis des recht kleinen Kunstwerks (ca. 43 cm hoch) ist ein rohes Holzbrett, das sich etwas nach oben wölbt. Die Jahresringe sind auf der Schnittkante erkennbar, ebenso ein Loch, das evtl. ein herausgezogener Dübel hinterlassen hat. Eine frühere, andersartige Nutzung ist denkbar. Spuren von weißer Farbe oder Gips sind in die Poren des Holzes eingedrungen. Auf der Oberfläche des Brettes scheinen sie abgewischt worden zu sein, haben aber einen weißen Film hinterlassen. In der linken vorderen Ecke fällt ein grauer Fleck (Schimmel?) auf. Auf diesem einfachen Brett hat Beuys seine „Kreuzigung" montiert. Ein weiteres, kleineres Brett bildet die Unterlage für zwei an den Ecken abgerundete, ebenfalls farbverschmierte Balkenabschnitte. Schief eingeschlagene, rostige bzw. mit Farbe beschmierte Nägel verbinden die Hölzer notdürftig. Das unsachgemäße Einschlagen der Nägel hat Risse hinterlassen. Auf den Balken stehen zwei verschraubte Flaschen, am Boden festgehalten durch eine glänzende Leimschicht. Der weiße Belag könnte auf die vormalige Verwendung in einem chemischen Labor (Oxidationsprozesse) oder auf eine schadhafte weiße Bemalung hindeuten.

Auf den Flaschen liegen kleine, aus einer Zeitung herausgerissene Papierfetzen, welche die Schraubverschlüsse nur leicht überragen.

Zwischen den Flaschen steht ein senkrecht angebrachter, schmaler Holzstab, der mit Lehm beschmiert ist. Er überragt die beiden Flaschen deutlich. An seinem oberen Ende ist ebenfalls ein Zeitungsfetzen angebracht, der mit einem roten Kreuz bemalt ist. Aus der Holzlatte wurde hier ein Stück Holz herausgeschnitten, sodass das kleine Papier an der hinteren Wand des Stabes aufrecht stehend befestigt werden konnte.

Ganz oben steckt ein Nagel, an dem ein mehrfach verschlungener Draht (Elektrokabel) angebracht ist. An einem Ende des Drahtes ist ein Faden angeknotet, der wiederum einer Nähnadel als Aufhängung dient. Einem Lot gleich hängt sie mit der Spitze nach unten und lenkt den Blick wieder zum Fuß der „Kreuzigung".

Analyse
Betrachtet man das Objekt unter formalen Gesichtspunkten, so fällt zunächst die nahezu symmetrische Anordnung auf. Die senkrechte Mittelachse bildet der Holzstab, rechts und links entsprechen einander Balkenabschnitte, Flaschen und Zeitungsschnipsel. Sie ruhen jeweils auf zwei horizontal lagernden Brettern, die an einen Sockel für eine Plastik erinnern.

Bei genauerem Hinsehen fallen Abweichungen von der strengen Symmetrie auf. So steht z. B. die linke Flasche senkrecht, während sich die andere nach rechts neigt. Der senkrechte Holzstab ist in sich gedreht und steht nicht genau in der Mitte zwischen den Flaschen. Beuys arbeitete mit unterschiedlichen Formkontrasten: Groß- und Kleinformen (z. B. Flasche – Nadel), voluminöse und fragile Elemente (Draht – Balken), runde und eckige Formen (Verschlüsse – Stab) wechseln ab. Ein harter, sperriger Formcharakter prägt das Äußere, Vertikale dominieren.

Von oben betrachtet ergibt sich ein gedachtes Dreieck. Die Spitze bildet der Holzstab, die vorderen Ecken die Flaschen. Das naturbelassene Holz (rissig, spröde, ungehobelt) ist zum Teil von weißer Farbe, Gips oder Lehm bedeckt.

Streng frontal ist am obersten Punkt der nahezu quadratische Papierschnipsel mit einem unübersehbaren roten Kreuz befestigt, sozusagen als Blickfang.

Das rote Kreuz fällt als einzige Farbe auf, wenn das Rot auch viel von seiner Intensität eingebüßt hat. Auch das Zeitungspapier ist alt und vergilbt. Es ähnelt im Farbton dem Holz, aus dem es einst gemacht wurde. Nichts Buntfarbiges „verschönert" die abblätternden bzw. beschmutzten Oberflächen.

Interpretation
Bei aller Irritation ist der Bezug zum christlichen Thema „Kreuzigung" letztlich unübersehbar. Beuys übernimmt ein Grundschema, das auch zum Beispiel MATTHIAS GRÜNEWALD in seinem Isenheimer Altar (1515) als Vorlage dient. Dieser interpretiert es mit ungeheurer Expressivität: Zentral steht das Kreuz mit dem von Wunden grausam entstellten Leib Christi. Am Fuß des

Kreuzes sind die sogenannten Assistenzfiguren zu sehen. Bei Grünewald sind es zur Rechten Jesu die totenbleiche Maria, gestützt von dem Jünger Johannes. Am Boden kniet Maria Magdalena, händeringend und tränenüberströmt. Zur Linken Jesu steht Johannes der Täufer, der streng historisch betrachtet die Kreuzigung des von ihm angekündigten Messias nicht mehr erlebte. Hier weist er dennoch mit einem überlangen Zeigefinger auf Jesus, der sein Erlösungswerk vollbracht hat.

Es mag Überwindung kosten, den Bezug zwischen den Flaschen und den Assistenzfiguren zu sehen. Denkbar wäre auch ein Hinweis auf die beiden Schächer, die nach biblischem Bericht zusammen mit Christus gekreuzigt wurden.

Beuys „malte sich" das Geschehen auf Golgatha nicht „aus", gibt es nicht detailliert und realistisch wieder. Vielmehr arbeitete er mit subtilen Andeutungen, deren Verständnis genaues Hinschauen, Sensibilität und Wissen um die biblische Botschaft voraussetzen.

Nicht nur das traditionelle Grundschema ist erkennbar. Eine Parallele zur Schrifttafel, die Pilatus über dem Haupt Christi mit den Buchstaben INRI anbringen ließ, bildet der Zettel mit dem roten Kreuz. Nadel und Draht verweisen auf die Dornenkrone, zumindest auf Verletzlichkeit und Schmerz. Der Nagel am obersten Punkt vertritt die Nägel, mit denen Christus ans Kreuz geschlagen wurde. So wie der Leib Christi auf dem Isenheimer Altar ist auch der Holzstab in sich gedreht, der Ausdruck von Schmerz wird damit drastisch verstärkt. Die an zwei Stellen um den Holzstab geschlungene Hanfschnur erinnert an die Stützen für Füße und Gesäß des am Kreuz Hängenden. Jedem Interpreten ist es anheimgestellt, ob er diese detaillierten Parallelen zwischen biblischem Bericht und optischem Bestand übernehmen möchte.

1979 äußerte sich Beuys über seine Haltung zum Gekreuzigten:

Die Entwicklung des Christentums ist nur so denkbar, daß sie zunächst einmal in die Einsamkeit führt [...] Denn zunächst muß der Mensch das einmal durchmachen, was Christus durchgemacht hat. Er muß zuerst einmal auf der Erde ankommen, das heißt, er muß sich erst einmal an der wirklichen Materie stoßen.[1]

Die Wirkung der mit Bedacht gewählten Materialien ist für das Verständnis der „Kreuzigung" in jedem Fall von Bedeutung. Holz, Hanf, Gips u. a. sind natürliche Stoffe, sie zeigen Spuren von Verfall, deuten auf Vergänglichkeit hin. Ein Elektrokabel leitet Strom von einem Pol zum anderen; im übertragenen Sinn können geistige Ströme, Ideen, gemeint sein. Ob der nach oben ausschwingende Draht als Hinweis auf die Transzendenz zu deuten ist, mag dahingestellt sein.

„In diesem Konzert der Gegenstände spreche nicht ich, sondern die Dinge haben ihre eigene Sprache. Das zu erfassen kann man niemandem abnehmen"[15], so Beuys in einem Interview 1980. Es ging um das Environment „Zeige deine Wunde", das vom Lenbachhaus neu erworben worden war. Auch in jener Arbeit setzte er sich mit Tod und Vergänglichkeit auseinander.

Von besonderer Bedeutung sind die Textfragmente, die auf den vergilbten Zetteln entziffert werden können. Auf dem linken Flaschenverschluss liegt ein Zettel, auf dem zu lesen ist „Verlobung geben bekannt", auf dem rechten „an seiner eigenen Schuld", „Welt", „soziologisch", und „böse sind". Der Text hinter dem roten Kreuz handelt von Finanzen und Wirtschaft. Die Texte verweisen auf Pole innerhalb des menschlichen Lebens: Liebe, Gefühl, Miteinander – Rationalität, Schuld. Ist das „Rote Kreuz" Hinweis auf eine mögliche Rettung vor Schuld und dem Bösen in der Welt? Die Farbe Rot hat seit dem Mittelalter eine vielschichtige Bedeutung. Sie kann Gott, kaiserliche Macht, Liebe, Leben, Freude, Blut, Krieg u. a. symbolisieren. Beuys bediente sich zahlreicher Symbole, die in der christlich-europäischen Tradition stehen, entwickelte aber ebenso eine „individuelle Mythologie".

Dabei legte er sich nicht fest. Seine Dinge und Materialien setzen Gedanken und Assoziationen in Gang, die beim Betrachter zu individuellen Schlussfolgerungen führen können. Interpretation bedeutet hier ein behutsames Herantasten an Bedeutungsschichten, die spürbar sind, aber nicht eindeutig entschlüsselt werden können. Zur Bedeutung von „Zeige deine Wunde" sagte er:

Ich könnte allenfalls über Erlebnisse, biographische Einzelheiten und zeitkritische Impulse berichten, die eingeflossen sind. Aber das sind letztlich unkünstlerische Kommentare, da im Imaginativen mit rationalen Mitteln nichts zugänglich gemacht werden kann. Sprechen in logischen Kategorien geht zu Lasten der inspirierenden geistigen Zusammenhänge.[15]

Die Kunst von Joseph Beuys hat nichts Farbenfrohes, „Herzerfrischendes". Sie evoziert vielmehr Todesnähe, Vergänglichkeit und Endzeitstimmung (vgl. „Das Ende des 20. Jahrhunderts", Pinakothek der Moderne, München). Über die Realität des Todes täuscht er nicht hinweg, sieht aber dennoch im menschlichen Leben einen tiefen Sinn, der auf eine geistig-religiöse Dimension verweist, aus der er Hoffnung schöpft:

Ich nehme eine klare antipositivistische und antimaterialistische Haltung ein. Die Leute meinen, meine Sachen wären unklar und verwischt [...] Was wir aus dem Inneren schöpfen, ist Orientierung für das, was sein müsste.[15]

Handzeichnung

1 Grundlagen

1.1 Überlegungen zum Wesen der Handzeichnung

Die Handzeichnung gehört zusammen mit der Druckgrafik zum Bereich der Grafik. Doch im Unterschied zur Druckgrafik, welche die Möglichkeit der Vervielfältigung bietet, existiert von einer Handzeichnung jeweils nur ein Exemplar, eben mit der Hand gezeichnet, nicht auf mechanischem Wege mit der Druckpresse hergestellt. Sie ist, was das Material betrifft, das zu ihrer Entstehung notwendig ist, ein äußerst bescheidenes Kunstwerk; meist genügen dem Künstler Stift und Papier. Mit einem Stift oder einer Feder erzeugt seine Hand auf der Zeichenfläche Linien, die grafischen Hauptelemente. Diese Linien können etwas Gesehenes (Zeichnen nach der Natur) oder Gedachtes (Zeichnen aus der Vorstellung) meinen.

Linien treten als solche in der sichtbaren Realität nicht auf. Für den Zeichner sind sie notwendiges Ausdrucksmittel, mit dem er einerseits den Gegenstand begrenzt **(Umriss** bzw. **Kontur)**, andererseits seine besondere Oberfläche, etwa Glätte oder Strukturierung des Materials, und die plastischen Werte (Hell-Dunkel) angibt **(Binnenzeichnung)**. In dem Wort „Umriss" steckt noch das alte Wort für „zeichnen": ALBRECHT DÜRER sprach von „reißen" statt „zeichnen". Der Begriff „Binnenzeichnung" enthält das altertümliche Adverb „binnen", was „innerhalb" meint. Da die Linie, wie oben erwähnt, in der Natur nicht tatsächlich existiert, setzt das Zeichnen einen hohen Grad an Abstraktionsvermögen voraus, ob bei freier Erfindung oder bei einer um Objektivität in der Wiedergabe des Sichtbaren bemühten Naturstudie. Räumlich-plastische Realität wird mittels Linien, die durch Überlagerung und Dichte **Schraffuren** ergeben und somit **Flächen** bilden können, in die Bildebene umgesetzt. Die Linie als ideelle Begrenzung der sichtbaren Raumform abstrahiert vom Sehbild, übersetzt es in eine lineare Formensprache. Zeichnen heißt **Abstraktion von der Wirklichkeit**.

„Abstrakt" wird von dem lateinischen Verb „abstrahere" hergeleitet, das mit „wegziehen" übersetzt wird. Der Zeichner reduziert Gesehenes oder Gedachtes auf die Linie, „zieht" also bestimmte Formcharakteristika „weg", z. B. die farbige Oberfläche. Insofern vereinfacht die Zeichnung noch stärker als die Malerei, die immerhin die Farbwerte wiedergibt. Zeichner wie Maler beschränken sich auf die Fläche (Papier, Leinwand usw.). Handzeichnungen entstehen meist in einem einzigen Arbeitsvorgang. Ihre bildnerischen Elemente, die Linien und deren kleinster Bestandteil, der Punkt, werden nicht, wie es z. B. bei einem Ölgemälde der Fall wäre, von weiteren Farbschichten überdeckt. Jede einzelne Linie bleibt sichtbar, ist deutlich erkennbar, d. h. der gedankliche Prozess liegt als „Spur" der Hand nachvollziehbar offen. In einer seiner Vorlesungen über Ästhetik beschrieb der Philosoph G. W. F. HEGEL (1770–1831) dieses Phänomen wie folgt:

Handzeichnungen haben dadurch höchstes Interesse, indem man das Wunder sieht, dass der ganze Geist unmittelbar in die Fertigkeit der Hand übergeht, die nun mit der größten Leichtigkeit, ohne Versuch, in augenblicklicher Produktion alles, was im Geiste des Künstlers liegt, hinstellt [...].[11]

Dass sich mit nur ein paar Linien der „Geist" des Künstlers auszudrücken vermag, hat auch ALBRECHT DÜRER (1471–1528) verwundert festgestellt:

Aber dabei ist zu vermelden, daß ein verständiger, geübter Künstner in grober bäurischer Gestalt sein großen Gwalt und Kunst mehr erzeigen kann etwa in geringen Dingen dann Manicher in seim großen Werk. Diese seltsame Red werden allein die gewaltsamen Künstner mögen vernehmen, daß ich wahr red. Daraus kummt, daß Manicher etwas mit der Federn in eim Tag auf ein halben Bogen Papiers reißt [...], das würd künstlicher und besser dann eins Andern großes Werk, daran derselb ein Jahr mit höchstem Fleiß macht. Und diese Gab ist wunderlich.[6]

Dürer formulierte hier im Grunde eine moderne Kunstauffassung. Nicht mehr perfektes Handwerk und kostbares Material zählen bei der Bewertung von Kunst, sondern die Ausdruckskraft der persönlichen Handschrift. Die flüchtige Ideenskizze übt unter Umständen größere Faszination aus als das solide hergestellte Gemälde. Die charakteristische Handschrift (**„Duktus"**) verleiht der Zeichnung eine direkte Wirkung als persönliches, intimes Zeugnis des Künstlers, der dem Betrachter in der Handzeichnung besonders nahekommt.

1.2 Geschichte der Handzeichnung

Ein frühes erhaltenes Zeugnis für die mittelalterliche Zeichenkunst ist das Musterbuch des VILLARD D'HONNECOURT aus dem 13. Jahrhundert, in dem der Bauhüttenmeister mit Feder auf Pergament eine Formensammlung für die verschiedenen Arbeiten in der Bauhütte anlegte. Die Zeichnungen von Grundrissen, Tieren und Menschen dienten Bauleuten, Steinmetzen und Bildhauern als Vorlagen. D'HONNECOURT beschränkte sich bei seinen Entwürfen auf klare Umrisszeichnungen, die nicht auf Naturstudien zurückgingen.

Seit dem 14. Jahrhundert werden Kunsttheorien aufgestellt, die immer wieder die fundamentale Rolle der Zeichnung herausstellen. So vermerkte bereits der Maler und Kunsttheoretiker CENNINI (eigentlich Cennio di Drea, um 1370 bis nach 1398) am Ende des 14. Jahrhunderts in seinem berühmten Traktat „Il Libro dell' Arte" (1390): *„Grundlage der Kunst und Anfang ist Zeichnen und Malen, [...] wie bemerkt wurde, musst du mit dem Zeichnen den Anfang machen."*[4]

Auf die Kunstauffassung der Renaissance weist bereits folgende Überlegung Cenninis hin:

> *Bemerke, dass die vollkommenste Führerin, welche man haben kann, die Triumphpforte des Zeichnens, das Studium der Natur ist, [...] ausdauernd ermangle keinen Tag, irgendein Ding zu zeichnen, welches nie zu gering sein wird, um zu genügen, und herrlichen Nutzen wird es dir bringen.*[4]

Cennini hob hier die Bedeutung des Naturstudiums hervor, das zu seiner Zeit für den Künstler längst noch nicht selbstverständlich war. Nur wenige Zeichnungen sind aus dem 14. Jahrhundert erhalten, fast keine aus der Zeit davor. Da die Zeichnung stets Mittel zum Zweck war, wurde sie auch meistens nicht aufbewahrt. So wurden z. B. Freskenvorzeichnungen auf der Wand von der letzten Putzschicht überdeckt. Durch die Abnahme von gefährdeten Fresken kamen immer wieder einige Vorzeichnungen („Sinopien") ans Licht, die oftmals eine freie, individuelle Handschrift des Künstlers zeigen, während die farbigen Fresken unter Mitarbeit von Gehilfen entstanden und eher auf technische Perfektion angelegt waren. Eigenhändigkeit als Qualitätsmerkmal interessiert erst seit Ende des 15. Jahrhunderts.

Als bedeutendster Zeichner zu Beginn des 15. Jahrhunderts gilt PISANELLO, eigentlich Antonio di Puccio Pisano (1395–1455), der in Norditalien lebte. Er fertigte die **ersten Naturstudien** der Kunstgeschichte an. Sie sind bis heute erhalten.

Pisanello: „Gepard" (o. J.) aus dem
Codex Vallardi, Louvre, Paris

Während bis dahin die meist biblischen Motive nach bestimmten, traditionellen Bildschemata entworfen wurden und der individuellen Entfaltung der Künstlerpersönlichkeit nur wenig Raum ließen, ging Pisanello weitgehend von der eigenen Anschauung aus. Dem im Verlauf der Gotik erwachten Interesse an der sichtbaren Realität entsprachen seine getreuen Studien nach der Natur, die er noch ganz mittelalterlich in einem **Musterbuch** anlegte, um sie immer wieder für verschiedene Themen verwenden zu können. Erhalten haben sich u. a. die Vorstudien zu seiner Darstellung der Georgslegende in der Cappella Pellegrini in der Kirche Sant' Anastasia, Verona (um 1435). Selbst die Gehängten im Hintergrund des Freskos „Abschied des hl. Georg" schildert er so wahrhaftig wie möglich. Man muss annehmen, dass er sich mit seinem Musterbuch unter einen Galgen gesetzt hat, um die grausigen Details wirklichkeitsgetreu wiedergeben zu können.

Ab der Frührenaissance waren Künstler nicht nur darum bemüht, sichtbare Realität so genau wie möglich im Bild nachzuahmen, sondern begannen auch, die Natur und ihre Gesetze mit wissenschaftlicher Akribie zu erforschen. Auf dem Gebiet der Mathematik und Geometrie forschten Künstler wie FILIPPO BRUNELLESCHI (1377–1446) oder LEON BATTISTA ALBERTI (1404–1472). Letzterer wies in seinem Traktat „Della Pittura" der Zeichnung eine völlig neue Funktion zu, nämlich die, anschauliche Konstruktion des Ungreifbaren zu sein: die Zeichnung als Mittel, mit dem man die Wirklichkeit zu durchdringen vermag, bis man zur Wahrheit gelangt, die unterhalb des Sichtbaren liegt. Hier klingt die für die Renaissance grundlegende, aus der Antike übernommene Idee von den allgemeingültigen Formen an, die dem Aufbau des Mikro- und Makrokosmos zugrunde liegen.

Bei LEONARDO DA VINCI (1456–1519) schließlich war die Zeichnung nicht mehr nur Schulungsbehelf und Anschauungsmittel, sondern selbst Mittel der Erkenntnis und damit „göttliche Wissenschaft". In seinen Augen war Zeichnen eine rein gedankliche Arbeit. Zeichnerisch klärte Leonardo den Aufbau des menschlichen Körpers, setzte sich mit dem Vogelflug auseinander u. v. m. Seine durch die Zeichnung gewonnenen Erkenntnisse schrieb er spiegelverkehrt an den Rand seiner Zeichenblätter. Die eigentlichen Erkenntnisprozesse vollzogen sich jedoch zuvor beim Zeichnen und werden am besten durch die Zeichnung erklärt und nicht erst begrifflich. Zeichnungen stellen komplexe Vorgänge oder Naturerscheinungen anschaulich dar, die verbal gar nicht oder nur sehr schwer formulierbar sind.

Leonardo da Vinci: „Bewegungsstudien" (zwischen 1504 und 1506)

Auch die italienischen Meister der **Hochrenaissance** schufen bedeutende Zeichnungen, v. a. mit Rötel, Kohle, Kreide und Feder. Sie dienten ihnen fast ausschließlich zur Vorbereitung für Fresken und Ölgemälde, wurden aber schon bald von ihren Verehrern gesammelt. Man suchte nun die **persönliche Handschrift des Genies** und bewahrte sie einer Reliquie ähnlich auf.

Die Kunsttheorie des **Manierismus** erhob die Zeichnung über alle anderen Kunstgattungen. Die autonome Zeichnung als Endzweck und zum Verkauf bestimmt ist seitdem üblich und hoch geschätzt unter Sammlern. Kunsttheoretiker jener Zeit vertraten die Auffassung, dass in der Handzeichnung die

Ideen des Künstlers als göttliche Eingebungen am reinsten zum Ausdruck kommen, d. h. die Ideen werden in ihrem Urzustand sichtbar, wodurch man dem Denken des gottbegnadeten Künstlers zu folgen vermag. MICHELANGELO wurde schon zu Lebzeiten als „Il Divino" (ital.: der Göttliche) bezeichnet.

Die Wertschätzung der Handzeichnung hat sich seit der Zeit der Renaissance kaum geändert. Ideen, Originalität und Wahrhaftigkeit des Ausdrucks zählen seitdem bei der Bewertung von Kunstwerken mehr als der Materialwert und die handwerkliche Perfektion.

Seit dem 19. Jahrhundert sind die Möglichkeiten der Zeichnung, d. h. der handschriftlichen Mitteilung, noch bedeutend erweitert worden. Der bei vielen Künstlern zu beobachtende zunehmend lockere, individuell geprägte Pinselstrich kommt allmählich dem Zeichnen nahe. So lehnte es VINCENT VAN GOGH (1853–1890) ab, eine Grenze zwischen Malen und Zeichnen zu ziehen. Bei JACKSON POLLOCK (1912–1956) kann man von einem Malen im herkömmlichen Sinn nicht mehr sprechen. Als Spuren psychischer Regungen ließ er Farbe auf die Leinwand tropfen („Dripping") und erzeugte damit eine grafische Wirkung. Das „Ich" der Künstlerpersönlichkeit spiegelt sich in der unverwechselbaren Handschrift wider, egal, ob als Ausdrucksmittel Stift oder Pinsel verwendet werden.

1.3 Gestaltungsmittel

Man kann auf fast jedem Material zeichnen. In der Antike verwendete man vor allem **Papyrus** (aus der Papyrusstaude gewonnen), ab dem 1. Jahrhundert n. Chr. **Pergament** (gegerbte Tierhaut). **Papier** (abgeleitet von „Papyrus") wurde bei uns ab dem 14. Jahrhundert immer gebräuchlicher. Es wurde bereits im 2. Jahrhundert von den Chinesen erfunden und später von den Arabern nach Europa vermittelt.

Als Zeichenmittel werden **Stifte** oder **Federn** bzw. **Pinsel** verwendet.

Stifte

Als **harte Stifte** gelten z. B. der **Silberstift** (siehe auch Technik der Silberzeichnung, S. 141) und der **Bleistift**. Die Bezeichnung „Bleistift" für den von CONTÉ gegen Ende des 18. Jahrhunderts erfundenen Stift ist eigentlich falsch. Seine Mine besteht aus einer Mischung von Graphitpulver und geschlämmtem Ton, deren Mengenverhältnis den Härtegrad des Stiftes bestimmt. Ein besonderer Vorteil der Bleistiftzeichnung ist, dass der Strich mit einem Radiergummi entfernt werden kann.

Weiche Stifte sind z. B. Kohle, Kreide, Rötel und Pastellkreide. **Kohle** (Stäbchen aus verkohltem Holz, später in Holz gefasst) war schon in der Steinzeit (Höhlenmalereien) und in der Antike gebräuchlich. Im Mittelalter fand sie vor allem für Vorzeichnungen auf der Wand oder auf der Holztafel Verwendung. Kohlezeichnungen auf Papier können seit der Renaissance fixiert werden, was die Voraussetzung für ihre Haltbarkeit darstellt.

Bei den **Kreiden** unterscheidet man Natur-, Kunst-, Fett- und Wachskreiden. Die schwarze Naturkreide wird aus Tonschiefer hergestellt. Sie ermöglicht eine geschmeidige, weiche Art des Zeichnens.

Werden weiße und schwarze Kreiden auf farbigem Tonpapier aufgetragen, spricht man von einer weißgehöhten Zeichnung, d. h. die Schattenzonen werden schwarz „getieft", die beleuchteten Zonen weiß „gehöht". Der Papierton bildet den dazwischenliegenden, mittleren Wert. Ziel ist die Wiedergabe einer scheinbar plastischen Oberfläche. Vor allem bei Gewandfalten kam diese Technik zur Anwendung.

Wie die Kohle gehört auch der **Rötel** (rote Erde) zu den frühesten Ausdrucksmitteln des Menschen. Durch die rötliche Farbe ist Rötel ideal für Menschendarstellungen. Sie eignet sich sowohl zur Erzeugung plastischer Effekte (flächiges Wischen) als auch zu einer präzisen Linienführung. Im Rokoko kombinierte man Rötel gerne mit schwarzer, manchmal auch mit weißer Kreide.

Pastellkreiden bestehen aus einer gepressten Masse von staubförmigen Farbpigmenten. Eine rauhe Papieroberfläche bringt die Technik erst ganz zur Wirkung. Virtuose Pastellzeichnungen des Rokoko sind kaum von Ölgemälden zu unterscheiden.

Federn

Häufigstes Zeichenmittel in allen Stilepochen der europäischen Kunstgeschichte ist die **Feder**. Sie wird übertragend verwendet, d. h. sie überträgt Tusche bzw. Tinte auf das Papier.

Prinzipiell besteht sie aus einem angespitzten, im Querschnitt runden Flüssigkeitsträger, der die Tusche aufnimmt und sie aufgrund der Kapillarwirkung der gespaltenen Spitze je nach Stärke des Druckes mehr oder weniger gleichmäßig abgibt. In Kombination mit dem Pinsel **(lavierte Federzeichnung)** können auch malerische Wirkungen erzeugt werden.

In der Antike schnitt man Schreib- und Zeichenfedern aus Schilfrohr, das einen kräftigen, harten Strich erzeugt. Im Mittelalter ging man zur Kielfeder über, die weicher und geschmeidiger zu handhaben ist. Am besten geeignet dazu sind die Schwingenfedern der Gänse. Seit der Mitte des 18. Jahrhunderts sind fast nur noch Stahlfedern in Gebrauch, die zwar viel haltbarer sind als ihre „natürlichen" Vorgänger, deren Strich jedoch nicht so lebendig ist. Die Schreibtinte wurde bis ins 19. Jahrhundert noch aus Galläpfeln und Eisenvitriol hergestellt, danach auf chemischer Basis. Schwarze Tuschen gewann man aus dem Ruß verbrannten Hartholzes oder aus Lampenruß. Für Lavierungen bevorzugte man **Bister**, einen aus fettem Rußbelag von Kaminwänden gewonnenen rötlich-braunen, leichtflüssigen Farbstoff. Im 18. Jahrhundert wurde dieser durch die dunklere **Sepia** abgelöst, die man aus den braunschwarzen Pigmenten des Tintenfisches herstellte.

1.4 Technik der Silberstiftzeichnung

Die Silberstiftzeichnung, eine sehr reizvolle, aber heute kaum mehr gebräuchliche Technik, war zwischen 1500 und 1520 in Deutschland besonders verbreitet und wurde hauptsächlich für Porträtstudien verwendet.

Typisch für die Silberstiftzeichnung ist der **zarte, weich anmutende Strich** und die **reine Linearität** der Zeichnung. Ein „Schummern", d. h. ein flächiges Ausfüllen z. B. von Schattenpartien, ist technisch nicht möglich. Der Zeichner kann nur mit klaren Linien wie Konturen bzw. Schraffuren arbeiten. Der Silberstift bestand seit dem späten Mittelalter aus einem Metallgriffel, der eine feine Spitze aus Silber hatte und daher als vornehmes Zeichengerät besonders hoch geschätzt wurde. Auf dem Gemälde „Der hl. Lukas zeichnet die Madonna" (1440, Alte Pinakothek, München) des ROGIER VAN DER WEYDEN (1399/1400–1464) hält der Maler einen kunstvoll geformten Silbergriffel in der Hand.

Beschreibt man mit einem solchen Stift Linien auf entsprechend grundiertem Papier, so haftet das Silber auf der Zeichenfläche und hinterlässt zartgraue Spuren, die unter Lichteinwirkung im Laufe der Zeit oxidieren, d. h. bräunlich werden. Einfaches Zeichenpapier nimmt allerdings das Silber nicht an. Die Zeichenfläche muss eigens präpariert sein. Um die haftende Wirkung zu erzielen, kann man als einfachste Möglichkeit ein Blatt Papier mit Deckweiß bestreichen. Im 15. Jh. war eine komplizierte Grundierungsmethode gebräuchlich, die für die Haltbarkeit der Zeichnungen ausschlaggebend war. Man verwendete Knochenpulver, das, mit Leimwasser vermischt, als dünnflüssiger Brei mit dem Borstenpinsel aufgetragen wurde. Noch im 16. Jh. sprach man vom „verbeinten Papier". Nach Auftrag des Knochenbreis wurden die gröberen Körnchen mit einem Messer entfernt, und um das Blatt noch mehr zu glätten, legte man einen weiteren Bogen Papier über das grundierte Blatt und rieb mit einem Eberzahn darauf herum. Man weiß, dass auch Dürers Skizzenbuch auf diese Weise behandelt war.

Diese aufwendige Art des Grundierens verfiel im 16. Jahrhundert und man ging dazu über, Bleiweiß oder Kreide in flüssigem Zustand aufzustreichen. Auch die Technik der Silberstiftzeichnung selbst kam während der Renaissance aus der Mode. Während sie in Italien bereits gegen Ende des 15. Jahrhunderts unüblich war und die Künstler stattdessen Rötel, Kreide und Kohle bevorzugten, erlebte sie in Deutschland und den Niederlanden zu Beginn des 16. Jahrhunderts ihren Höhepunkt. Doch auch hier fand sie keine allgemeine Verbreitung und wurde bald von geschmeidigeren Zeichenmitteln verdrängt.

Es mag als Nachteil empfunden worden sein, dass Korrekturen bei dieser Technik grundsätzlich nicht möglich sind, sie erfordert eine behutsame, überlegte Art des Zeichnens. Der Stift fährt leicht gravierend über das grundierte Papier und darf die Grundierung nicht vollends abtragen. Der Druck der Hand muss also stets gleichmäßig sein. Einmal gezogene Linien stellen leichte „Verletzungen" des Grundes dar und können daher nicht mehr weggewischt werden. Auf einem frühen Selbstbildnis ALBRECHT DÜRERS, das er als 14-Jähriger mit dem Silberstift schuf, ist an manchen Stellen die Grundierung zerkratzt. Diese absolute zeichnerische Sicherheit voraussetzende Technik hat dem jungen Künstler offensichtlich noch etwas Schwierigkeiten bereitet.

2 Werkerschließungen

2.1 Albrecht Dürer: „Bildnis des Lucas van Leyden"

Kurzbiografie
Der wohl bekannteste deutsche Künstler der Vergangenheit wurde 1471 in Nürnberg geboren. Mit 14 Jahren begann seine Ausbildung in der Werkstatt des Vaters, wo er die Grundlagen des Goldschmiedehandwerks, aber auch das Zeichnen mit dem Silberstift erlernte. Wenig später wechselte er zum Maler Michael Wohlgemut, wo er bis 1490 in die Lehre ging. Wie es üblich war, ging er danach für drei Jahre auf Wanderschaft. 1494 heiratete er Agnes Frey aus Nürnberg. Im gleichen Jahr trat er seine erste Italienreise an. Unterwegs entstanden zahlreiche Landschaftsaquarelle. Höchstwahrscheinlich hielt er sich in Venedig auf. 1505 reiste Dürer zum zweiten Mal nach Italien und genoss es, von der venezianischen Künstlerschaft gefeiert zu werden. Ab 1512 arbeitete

er im Dienst von Kaiser Maximilian und bezog ab 1515 ein jährliches Gehalt von 100 Gulden. Um 1514 entstanden die sogenannten Meisterstiche, z. B. „Der hl. Hieronymus im Gehäus". Während einer Reise in die Niederlande (1520/21), die er zusammen mit seiner Frau unternahm, porträtierte er unter anderem den damaligen „Fürsten" der Gelehrten, Erasmus von Rotterdam. Eine dieser Zeichnungen hat sich erhalten. Sie wurde fünf Jahre später zur Vorlage des im Kapitel „Druckgrafik" behandelten Kupferstichs. Auch das Bildnis des Lucas van Leyden entstand während dieser Reise.
1528 starb Dürer 57-jährig in Nürnberg.

Beschreibung
Albrecht Dürer legte die Studie als ein Brustbild an. Das Schema Kopf – Oberkörper – Hände (die Dürer hier wegließ) übernahm er von den Niederländern. Das Blatt zeigt einen jungen, eher zart anmutenden Mann mit einer eigenartigen Kopfbedeckung. Sein etwas scheuer Blick trifft nicht den Betrachter, sondern geht schräg nach links an ihm vorbei. Das Gesicht ist im **Dreiviertelprofil** zu sehen, das seit der ersten Hälfte des 15. Jahrhunderts in den Niederlanden üblich war und von dort aus nach Italien gelangte. Hier verdrängte es bald die im Süden verbreitete Profilansicht, die der psychologisierenden Darstellung und der realistischen Wiedergabe plastischer Qualitäten enge Grenzen setzte.

Die Haltung des jungen Mannes ist ganz aufrecht. Ob er sitzt oder steht, wird nicht klar. Den Kopf hält er ein klein wenig nach unten geneigt, wodurch sich ein leichtes Doppelkinn bildet und man auch etwas von oben auf die Mütze schauen kann. Da der Porträtierte den Kopf nicht dreht, sieht man den Oberkörper ebenfalls leicht schräg, d. h. nicht ganz bildparallel. Die vom Betrachter aus gesehen rechte Schulter liegt etwas weiter vorn als die linke, die auch nur ganz schwach angedeutet ist, während der rechte Arm durch kräftigere Schraffuren als „nah" gekennzeichnet wird. Der rechte Ellenbogen scheint die untere Bildkante zu berühren, liegt also am weitesten vorn. Am weitesten hinten befindet sich der linke Mützenzipfel. Während der Kopf detailliert ausgearbeitet ist, markierte Dürer im Brustbereich mit nur wenigen Konturen und Schraffuren wesentliche Formelemente. Nach unten klingt die Zeichnung skizzenhaft aus.

Man könnte sich vorstellen, dass der junge Mann die Hände, die nicht mehr abgebildet sind, ineinandergelegt hat und auf diese Weise ganz in sich ruht. In was für einer Umgebung Lucas sich befindet, gibt Dürer nicht an. Den Hintergrund bildet nur die weiße Fläche des Papiers.

Albrecht Dürer: „Bildnis des Lucas van Leyden" (1521), Silberstift, 24,4 × 17,1 cm, Musée des Beaux-Arts, Lille

Dürer konzentrierte sich bei der Darstellung auf Gesicht und Kopfbedeckung. Das Gesicht ist von ernstem, etwas schüchternem Ausdruck und zeigt keine in irgendeiner Weise auffallende Mimik. Ein ganz leichter Anflug eines Lächelns liegt über den Lippen. Weich gerundete Lippenränder, eine kräftig ausgebildete Nase und sehr wach blickende Augen kennzeichnen die Physiognomie. Die eher rund als länglich geformten Augen sind nicht von Wimpern umschattet. Vielleicht sind sie so hell, dass sie Dürer nicht eigens gezeichnet hat. Betont werden die Augen von den dunklen, zu den Seiten hin ansteigenden Brauen und den fast bis zu den Augenbrauen herunterhängenden Stirnfransen, die unter dem Mützenrand hervorkommen. Das glatte Haar endet unterhalb der Ohren, die von den Strähnen verdeckt werden. Der etwas gedrungene Eindruck rührt u. a. von den vorstehenden Backenknochen und dem kräftigen Hals her, der in einem flauschigen, hoch stehenden Pelzkragen steckt. Die Mütze, einem Dreispitz ähnlich, scheint aus sehr weichem Material zu bestehen. Während der vordere Zipfel in der Mitte verknotet ist, sehen die beiden seitlichen Enden so aus, als wären sie zurechtgedreht, eigentlich modelliert worden. Auf diese kleinen, komplizierten plastischen Gebilde legte Dürer ebensoviel Wert wie auf die Wiedergabe der Gesichtszüge.

Lucas van Leyden trägt vermutlich Arbeitskleidung. Insgesamt ist sie von eher lässigem Charakter: Die Mütze sieht zerbeult aus, die Jacke und das Wams darunter fallen weich. Das Wams ist über der Brust mit einer Schleife zusammengehalten, die Dürer nur locker skizziert hat. Ein Pelzkragen schmiegt sich an den kräftigen Hals. Vorn in der Mitte klafft er ein wenig auseinander, und der obere Abschluss eines gefältelten Hemdes wird darunter sichtbar. Dürers Monogramm befindet sich am oberen Bildrand in der Mitte. Links davon hat er den Silberstift ausprobiert.

Analyse

Primäres Gestaltungsmittel ist die **Linie**. Die Porträtstudie besteht einzig aus feinen Linien, die zum Teil dicht nebeneinander gesetzt, zum Teil schwungvoll in größerem Abstand voneinander aufgetragen sind. Jede Linie ist für sich erkennbar, d. h. auch innerhalb dichter Kreuzschraffuren (z. B. rechter Mützenzipfel) bleiben Zwischenräume stehen. Der Silberstift würde den präparierten Grund zerkratzen, wenn sich die Linien zu dunklen Flecken verdichteten.

Äußerst differenziert hat Dürer die Linie eingesetzt, deren Charakter durchgehend weich und leicht geschwungen ist. Den Entstehungsprozess kann man rekonstruieren, wenn man der deutlich sichtbaren „Handschrift" des Künstlers folgt: Mit kürzeren, behutsam gezogenen Linien modellierte er die plastischen Werte des Gesichtes aus **feinen Kreuz- und Parallelschraffuren**. Fast ebenso detailliert wird die Mütze geschildert. Einbuchtungen und Auswölbungen des weichen Stoffes erscheinen geradezu **tastbar** für den Betrachter. Je weiter man vom Gesicht nach unten blickt, desto großzügiger geraten die Linienschwünge, die zeichnerische Virtuosität demonstrieren. Ein leichtes Zögern in der Linienführung nimmt man an der rechten Schulter wahr. Hier hat Dürer den Umriss nicht durchgezogen, sondern aus einzelnen, kürzeren Strichen zusammengesetzt. Der Umriss der linken Schulter ist so zart aufgetragen, dass hier Figur in Grund überzugehen scheint. Sonst ist in allen Bereichen der Körper vom Grund, der aus weißem Papier besteht und nicht weiter als Raum definiert ist, abgegrenzt. Die vom Betrachter aus gesehen linke Gesichtshälfte wird durch die über die Wange herabhängenden

Haare vom Hintergrund getrennt. Dabei nimmt man die Haare als dunkle Zone wahr, die optisch zurücktritt und zugleich die Wange plastisch hervortreten lässt. Die stärksten Hell-Dunkel-Kontraste markieren innerhalb des Gesichtes Augen, Mund und Haare. Die größte Schattenzone erstreckt sich an der rechten, hochgebogenen Mützenkrempe.

Die Verteilung von **Hell-Dunkel** lässt darauf schließen, dass Licht von links einfällt. Es gibt jedoch keine so dunklen Schattenpartien, dass irgendein Detail im Dunkeln versinken würde. Vielmehr ist zumindest die Oberfläche von Gesicht und Mütze in allen Bereichen so gezeichnet, dass man sie abtasten könnte. Die Schraffuren folgen der plastischen Form: Die Linie dient dazu, die Form zu klären. Im unteren Teil der Zeichnung deutet die Linie eher etwas an, als dass sie genau beschreibt. Sie liegt zum Teil über der Form (Schraffur im Gürtelbereich) bzw. umspielt die Form, anstatt sie abzugrenzen (Ärmel). Die besondere Meisterschaft im Umgang mit dem Silberstift zeigt sich darin, dass Dürer den stofflichen Charakter der verschiedenen Oberflächen darzustellen vermag. Der weiche Stoff der Mütze oder die glatte Gesichtshaut werden geradezu fühlbar vermittelt.

Interpretation
Wenn man von dem historisch anmutenden Gewand absieht, das Lucas van Leyden trägt, sieht man einen Menschen, der einem heute ebenso begegnen könnte. Der 27-jährige Künstler wirkt introvertiert, vielleicht auch schüchtern, in jedem Fall sympathisch. Dass sich noch heute, nach 500 Jahren, sein lebendiger Ausdruck vermittelt, liegt an der Intensität, mit der Dürer sein Gegenüber erfasst, und an der Virtuosität, mit der er den Silberstift gehandhabt hat. Der skizzenhaft-fragmentarische Charakter der Studie lässt das Blatt geradezu modern wirken.

Die Interpretation einer Zeichnung, die ein äußerst knappes Kunsterzeugnis ist, kann nicht mit derjenigen eines Gemäldes verglichen werden, auf dem z. B. eine Geschichte geschildert wird.

Dürer hat sich auf Kopf und Oberkörper beschränkt, weder eine besondere Haltung noch diverse Attribute können symbolisch gedeutet werden. Er zeichnet nicht den Vertreter eines Standes, sondern einzig den Menschen Lucas van Leyden.

Immerhin ist uns einiges über die Entstehung der Silberstiftzeichnung bekannt. Sie stammt aus einem Skizzenbuch, das Dürer während der Reise in die Niederlande (1520/21) bei sich führte und das präparierte Papiere enthielt, auf denen er mit dem Silberstift zeichnen konnte. Immer wieder nahm er dort Porträtaufträge an, teils, um damit seinen Lebensunterhalt zu verdienen, teils, weil er von der hohen Porträtkunst der Niederländer dazu angeregt wurde, selbst Porträts zu schaffen. Anlass dieser Reise war u. a., dass er sich von dem neuen Kaiser Karl V., dem Nachfolger seines Gönners Kaiser Maximilian, sein Jahresgehalt in Höhe von 100 Gulden bestätigen lassen wollte, was ihm mithilfe einflussreicher Gönner auch gelang.

In Antwerpen traf er auf Lucas van Leyden. In seinem Tagebuch notierte er im Juni 1521: *„Ich hab Meister Lucas van Leyden mit dem stefft conterfet [...], ist ein kleins Männlein und bürtig von Leyden aus Holland."*[23]

Die Reise ist bestens durch Dürers Tagebuch dokumentiert, das in Abschriften aus dem 17. Jh. überliefert ist. Zusammen mit seiner Frau und einer Dienerin reiste er komfortabel und hatte genügend Muße, um künstlerisch tätig zu sein. Zugleich genoss er die begeisterte Aufnahme durch niederländische Kunstfreunde. Dürer erwarb sämtliche Kupferstiche des von ihm bewunderten Lucas van Leyden, der seinerseits den Meister aus Nürnberg verehrte, der in ganz Europa vor allem wegen seiner Druckgrafik berühmt war. In Anlehnung an Dürer hatte er dessen Markenzeichen, das kleine Monogrammtäfelchen, für seine Stiche übernommen. Es begegneten sich zwei Künstler, die sich gegenseitig achteten. Mit der intimen Bildnisstudie des Lucas van Leyden hat uns Dürer das Zeugnis einer Künstlerfreundschaft hinterlassen. Zwölf Jahre später, 1533, starb Lucas van Leyden im Alter von nur 39 Jahren, vermutlich an der Schwindsucht. Er überlebte Dürer lediglich um fünf Jahre.

Bei der Porträtstudie war Dürer sein eigener Auftraggeber. Er hatte auch nicht vor, das Blatt zu verkaufen. Zahlreiche Freunde und Verwandte zeichnete er während seines Lebens und bewahrte deren Aussehen für sich und die Nachwelt. Berühmt ist das eindrucksvolle Porträt seiner Mutter (Kohlezeichnung, 1514, siehe S. 152), das er kurz vor deren Tode schuf. Doch nicht nur Abbilder von Freunden und Verwandten, sondern auch sein eigenes hinterließ er uns, z. B. das „Selbstbildnis im Pelzmantel" aus dem Jahr 1500. Dieses Bedürfnis, sein Abbild der Nachwelt zu hinterlassen, war kennzeichnend für den Menschen seit der Renaissance. Über den Tod hinaus wollte man in der Welt präsent sein, zumindest als lebensnahes Bild. Zentrum des Denkens war fortan der Mensch (Anthropozentrismus) und nicht mehr Gott (Christozentrismus) wie im Mittelalter. Dem Porträt kam daher bis zum Ende des 19. Jh. eine herausragende Rolle zu.

2.2 Vincent van Gogh: „Bildnis Joseph Roulin"

Kurzbiografie

Vincent van Gogh wurde als Sohn eines evangelischen Pfarrers in Groot-Zundern (Holland) geboren. Nach verschiedenen vergeblichen Versuchen, beruflich Fuß zu fassen, begann er mit 27 Jahren, ermutigt durch seinen Bruder Theo (Kunsthändler in Paris), künstlerisch zu arbeiten. Nach einem kurzen Parisaufenthalt ging van Gogh in die Provence (1888) und erlebte dort den Höhepunkt seines Schaffens. Es entstanden Stillleben, Landschaften und Porträts, auch zahlreiche Selbstbildnisse. Sein Bruder unterstützte ihn finanziell, er selbst verkaufte kein einziges Bild. Wegen eines Nervenleidens begab er sich 1889 in eine psychiatrische Klinik. 1890 nahm er sich bei Auvers-sur-Oise das Leben.

Heute ist van Gogh, auch wegen der Tragik seines kurzen Lebens, einer der weltweit bekanntesten Künstler. Mit Paul Cézanne gehört er zu den maßgeblichen Wegbereitern der Moderne.

Beschreibung

Joseph Roulin, ein Postbote aus Arles (Provence), ist ein älterer, vom Leben gezeichneter Mann, dessen Kopf und Oberkörper man direkt von vorn *(en-face)* sieht. Van Gogh hielt sich an das Schema „Brustbild". Ganz gerade sitzt der Kopf auf den Schultern. Der Hals und fast das halbe Gesicht verschwinden hinter dem mächtigen, zweigeteilten, struppigen Vollbart, sodass die Gestalt etwas Gedrungenes hat. Roulin trägt eine Uniformmütze mit der Aufschrift „Postes". Unter dem Schild der Mütze, die einen Schatten auf die Stirn wirft, blicken kleine, wache Augen hervor. Die Augenbrauen sind leicht hochgezogen, sodass der Postbote etwas besorgt wirkt. Sein Blick geht am Betrachter vorbei schräg nach links.

Es fällt auf, dass die Augen unterschiedlich sind. Das von uns aus gesehen linke Auge sitzt zu weit links. Hat sich van Gogh verzeichnet? Oder liegt eine Anomalie vor? Diese Asymmetrie ist auch auf dem 1888 gemalten Porträt aus der Sammlung in Detroit zu sehen, das ebenfalls Roulin zeigt und zur gleichen Zeit entstanden ist. Auf anderen Bildnissen von Roulin fällt sie weniger auf. Jedes Mal trägt er seine blaue Uniform mit goldenen Knöpfen. Die Jacke spannt sich fest um Brust und Schultern und scheint aus derbem Stoff zu bestehen. Unterhalb des großen Kragens ist der oberste Knopf zu sehen, darüber blitzt ein helles Dreieck hervor, vermutlich das weiße Hemd, das er unter der Uniform trägt. Den Hintergrund hat van Gogh mit senkrechten und waagerechten Schraffuren ausgefüllt, ohne in irgendeiner Weise Raum darzustellen.

Vincent van Gogh: „Bildnis Joseph Roulin" (1888), Feder und Tusche, 31,8 × 24,3 cm, Malibu/Los Angeles, J. P. Getty Museum

Van Gogh hatte ein ausgesprochen freundschaftliches Verhältnis zu Roulin. Immer wieder malte er ihn und auch seine Familienangehörigen. Als van Gogh in der Klinik war, kümmerte sich Roulin um ihn und schickte auch Briefe an den Bruder Theo, in denen er über van Goghs Zustand berichtete.

Analyse
Die Bildfläche ist klar, geradezu klassisch-streng geordnet. Durch Kopf und Oberkörper kann man eine senkrechte Mittelachse ziehen. Nase, Mund, Hemd und Knopf liegen auf dieser gedachten Linie. Der zweigeteilte Bart betont die Symmetrie. Etwas oberhalb der waagerechten Bildmitte sitzt die Gesichtspartie. Leichte Abweichungen von der symmetrischen Anlage beleben die Zeichnung. Dazu gehören die asymmetrisch angeordneten Augen, die etwas schiefe Nase und die Aufschrift „Postes", die nach rechts „verrutscht" ist.

Senkrechte und waagerechte Linien strukturieren den Hintergrund. So ist fast die gesamte Bildfläche von Linien überzogen. Mit gebogenen, der plastischen Form folgenden Linien „tastet" van Gogh die plastische Form mit ruckartig aufgetragenen Strichen ab. Der charakteristische Duktus ist unverkennbar. Die etwas hart, fast roh wirkenden Linien sind auch durch die Zeichentechnik bedingt. Mit der Rohrfeder, die van Gogh der Stahlfeder vorzog, lassen sich keine allzu langen Linien ziehen, häufiges Nachfüllen der Feder ist vonnöten. Setzt man die frisch gefüllte Feder auf, ist der Strich meist dicker, geht die Tusche zu Ende, wird er dünner. Eine feinere Linie kann man aber auch durch weniger Druck und das Aufsetzen nur der äußersten Spitze erzeugen. Dunklere Linien entstehen durch mehr Druck und das Arbeiten mit der Breitseite.

Das Zentrum der Zeichnung, das Gesicht des Postboten, wird von zwei plastischen Formen gerahmt. Von oben umschließt es die Mütze, von unten der Jackenkragen. Beide sind dunkel, sodass das Gesicht hell hervorleuchtet.

Die gesamte Bildfläche kann man in eine dunklere und eine hellere Hälfte einteilen. Oben ist die Zeichnung heller, nur die Mütze, mit kräftigen Strichen schraffiert, tritt als dunkle Fläche heraus. Unten dominiert die dunkle Uniformjacke, hier scheinen der dreieckige Jackenausschnitt und der Knopf weiß hervor. Der Bart „verzahnt" sozusagen die beiden Bereiche.

Licht fällt von rechts auf die Gestalt, was sich allerdings nur im Gesicht auswirkt. Die vom Betrachter aus gesehen linke Gesichtshälfte ist außer mit Schraffuren auch mit feinen Pünktchen bedeckt, die sie etwas dunkler als die rechte erscheinen lassen. Die übrigen Bildbereiche bleiben Flächen. Weder Mütze noch Jacke wirken gewölbt, obwohl die Schraffuren, die der Oberfläche folgen, etwas Plastizität andeuten.

Van Gogh kopierte in Arles japanische Holzschnitte und begeisterte sich für die Flächenkunst der Ostasiaten. Besonders in seinen Gemälden jener Zeit ist zu beobachten, dass er auffallend leuchtende Farben im Hintergrund anbrachte, die optisch hervortreten und plastische Bereiche des Vordergrundes zurücktreten lassen. So bleibt die Bildfläche gewahrt und wird nicht mehr mit Mitteln der mathematischen Perspektive scheinbar aufgelöst, um den Blick in einen imaginären Raum freizugeben.

Die breiten Federstriche ähneln Pinselstrichen. *„Zeichnung und Farbe als eins zu betrachten, das tun viele nicht, sie zeichnen mit allem, ausgenommen mit der Farbe. Ich fange an dies so zu handhaben, wie man schreibt, mit derselben Leichtigkeit."*[16]

Das heißt, van Gogh machte keinen Unterschied mehr zwischen Malen und Zeichnen und öffnete damit den Weg zu neuen Ausdrucksformen. Zeichnen war für ihn eine Form des Schreibens. Mit der Feder hielt er sowohl in seiner künstlerischen Arbeit als auch in seinen Briefen fest, was ihn bewegte:

Die Erregung, der Ernst des Naturgefühls sind manchmal so stark; man fühlt gar nicht, dass man arbeitet. Mitunter kommen die Striche Schlag auf Schlag, […] dann spüre ich noch das Leben, wenn ich die Arbeit ganz wild herausstoße.[16]

Interpretation
In einem Brief an seinen Bruder Theo schrieb van Gogh:

Die Zeit, in der wir leben, ist eine wahre und große Wiedergeburt der Kunst. Die faule und offizielle Tradition ist zwar noch obenauf, im Grunde ist sie aber ohnmächtig und nichtig. Die neuen Maler, einsam, arm, werden wie die Irren behandelt.[16]

Obwohl van Gogh zu Lebzeiten absolut erfolglos war und keinerlei Anerkennung erfuhr, ließ er sich nicht beirren. Er arbeitete ganz nach seiner Empfindung, zeichnete und malte, was er sah und fühlte. Seiner Auffassung nach waren die wahren Maler diejenigen, „welche die Dinge nicht so malen, wie sie sind, sondern wie sie sie fühlen". Dabei ging er immer von der Natur, vom Sichtbaren aus: „Ich übertreibe, manchmal verändere ich am Motiv; aber ich erfinde eben nicht das ganze Bild, im Gegenteil, ich finde es fertig vor, aber es muss aus der Natur herausgeschält werden."[16]

Wie bei der Betrachtung von Arbeiten seines Kollegen PAUL CÉZANNE muss sich unser Auge auf die Sichtweise des Künstlers einstellen. Nicht objektiv-distanziert, sondern emotional zeichnete er Roulin, seinen Freund, der ihm auch in schwerer Zeit beiseitestand. Nach seiner Entlassung schrieb er an Theo:

Ich will wieder an die Arbeit gehen. Morgen will ich ein oder zwei Stillleben machen, um mich wieder ans Malen zu gewöhnen. Roulin erwies sich für mich als außerordentlicher Freund; ich glaube, er wird das auch immer bleiben […] Heute aßen wir zusammen zu Mittag.[16]

Ihre Freundschaft drückt sich nicht in einer idealisierenden, sondern in einer wahrhaftigen Darstellung aus.

Das klassizistische Schönheitsideal, das die Antike und auch die Renaissance zum Vorbild hatte und das die offizielle Kunst bis um 1900 bestimmte, war van Gogh fremd. Für ihn war es die „faule Tradition". Seine Art zu zeichnen war ungekonnt, nicht-virtuos. Deutlich sieht man, wie er sich ein Bild erarbeitete, geradezu erkämpfte. Die Härte des Kampfes drückt sich in kurzen Strichen aus, die jede seiner Bewegungen, sowohl innere als auch äußere, wiedergeben. Damit vertrat er den Gegenpol zu einem klassizistischen Künstler wie JEAN-AUGUSTE-DOMINIQUE INGRES (1780–1867), der den Menschen idealisierte und Stift und Pinsel virtuos handhabte.

In ähnlich mitfühlender und ehrlicher Weise zeichnete ALBRECHT DÜRER seine geliebte Mutter kurz vor deren Tod. Die Kohlezeichnung von 1514 ist ebenfalls ein Zeugnis tiefer Zuneigung. Ohne Beschönigung hielt er den greisenhaften, schon vom Tod gezeichneten Schädel fest. Damit stellte er sich gegen das Schönheitsideal der Renaissance, das sich an der Antike orientierte.

Albrecht Dürer: „Porträt der Mutter im Alter von 63 Jahren" (1514), Kohle

Mit seiner Zeichnung hat van Gogh seinem Freund ein ehrendes Gedächtnis bewahrt. Wir sehen heute in dem Blatt vor allem die Handschrift van Goghs, die einer Tagebuchnotiz nahekommt. Mit dem Stift hat er eingefangen, was er sah und was er fühlte. Damit wurde er zum Wegbereiter des Expressionismus.

Druckgrafik

1 Vorstellung der verschiedenen Techniken

Zum Wesen der Druckgrafik gehört, dass sie **vervielfältigt** wird. Verschiedene drucktechnische Verfahren, mit denen man normalerweise auf Papier druckt, sind dabei üblich. Eine Voraussetzung für die Entwicklung der Druckgrafik war die **Herstellung von Papier** seit der Zeit um 1400, die kostengünstiges Drucken in größeren Auflagen ermöglichte.

Alle Druckverfahren haben gemeinsam, dass zwei Arbeitsgänge zu bewältigen sind. Zunächst wird ein Formträger (z. B. Holzstock, Kupferplatte) vorbereitet (z. B. geglättet) und künstlerisch gestaltet (z. B. durch Eingravieren von Linien). In früherer Zeit kam es vor, dass diese Arbeit von Gehilfen nach einem Entwurf des Meisters erledigt wurde. In einem zweiten Schritt wird z. B. die Kupferplatte gedruckt. Diese zweite Phase wird manchmal vergeben, d. h. Kupferstiche werden in (heute selten gewordenen) Tiefdruckwerkstätten gedruckt, wenn der Künstler nicht selbst über eine Tiefdruckpresse verfügt.

Wichtigste Techniken der Druckgrafik

	Hochdruck	**Tiefdruck**	**Flachdruck**
Verfahren	• Holzschnitt (seit Anfang 15. Jh.) • Linolschnitt (seit 20. Jh.)	• Kupferstich (seit um 1430) • Radierung (seit um 1500)	• Lithografie (seit 1798) • Siebdruck (seit 20. Jh.)
Übertragung der Zeichnung auf den Formträger	Herausarbeiten der Teile, die nicht abgedruckt werden sollen, mit Schnitzmesser	Vertiefung der Linien, die abgebildet werden sollen, auf manuelle oder chemische Art in Metallplatte	**Lithografie:** Zeichnung mit fetthaltigem Stift auf Solnhofener Kalkschiefer **Siebdruck:** Schablonentechnik

Druckverfahren	Einfärben des Formträgers mit Walze; Druck auf Papier (Hochdruckpresse bzw. Handabzug)	Ganze Metallplatte wird eingefärbt, Farbe dringt in Furchen, Flächen werden abgewischt, Druck auf Kupferdruckpapier (Tiefdruckpresse)	**Lithografie:** Druckerschwärze wird beim Einfärben des Steins nur von Zeichnung angenommen (Fett stößt Wasser ab), Druck auf Papier mit Lithopresse **Siebdruck:** Papier liegt unter einem mit Sieb bespannten Rahmen, Schablone verdeckt, was keine Farbe annehmen soll, Farbauftrag mit Rakel

Kupferstich

Mit dem Grabstichel wird die Zeichnung in eine polierte Kupferplatte eingegraben bzw. eingefurcht. Mit Daumen und Zeigefinger lenkt der Kupferstecher den Stichel, dessen abgerundeter Griff im Handteller ruht. Der Druck der Hand setzt den Stichel in Bewegung. Beim Eingraben der Linien, das mit stets gleichem Druck erfolgen sollte, entsteht zu beiden Seiten ein Grat, der mit einem speziellen Schaber beseitigt wird. Um die Platte zu drucken, wird mit einem Ledertampon ölhaltige Kupferdruckfarbe auf die Metallplatte gepresst. Überschüssige Farbe, welche die Flächen bedeckt, die später im Druck weiß erscheinen sollen, wird weggewischt, was aufwendig ist und Übung erfordert. Farbe bleibt nur in den Furchen zurück. Auf die Platte wird nun ein feuchtes Kupferdruckpapier gelegt. Der Druckvorgang erfolgt mit der Tiefdruckpresse. Der hohe Druck presst das feuchte Papier auf die Metallplatte und erzeugt den sogenannten Prägerand, der charakteristisch für den Tiefdruck ist.

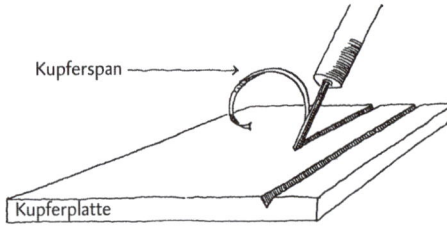

Die Kupferplatte wird mit dem Grabstichel bearbeitet.

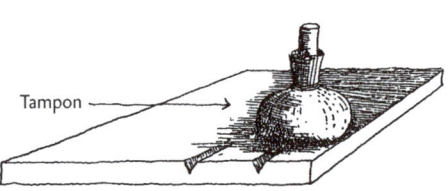

Mit einem Tampon wird Druckerschwärze in die Furchen gepresst.

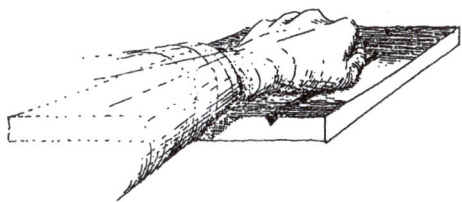
Mit dem Handballen wird die Platte poliert.

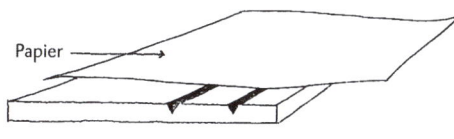
Angefeuchtetes Kupferdruckpapier wird aufgelegt.

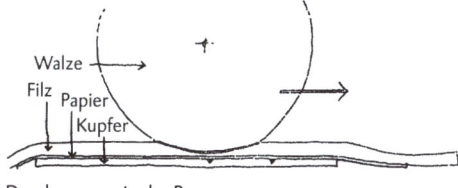
Druckvorgang in der Presse

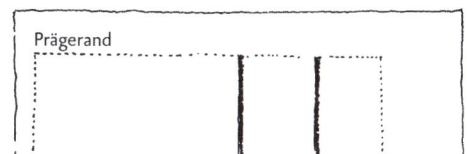
Prägerand beim Kupferstich

DÜRER ist der unbestrittene Meister des Kupferstichs. Ihm gelang es, „[…] *allein mit dem Grabstichel die natürliche Verteilung von Licht und Schatten, die Eigenschaften der Oberfläche der Körper, ihre Rauhigkeit oder Glätte, Weichheit oder Härte und den Ausdruck seelischer Stimmungen sichtbar zu machen.*"[18]

Radierung

Während der Grabstichel vom Körper weggestoßen wird und damit immer nur in einer Richtung geführt werden kann, wird die Nadel bei der Radierung wie ein Zeichenstift gehandhabt. Die Linien können also präzise, spontan, kurvig, schwingend usw. gesetzt werden. Die behutsame und langwierige Bearbeitung einer Kupferplatte mit dem Stichel lag z. B. noch dem Renaissance-Künstler Dürer, aber nicht mehr dem um spontanen Ausdruck bemühten REMBRANDT zur Zeit des Barock.

Man unterscheidet zwischen Kaltnadelradierung und Radierung (Ätzung). Bei der **Kaltnadelradierung** ritzt die Nadel Linien in die Metallplatte, entstehende Grate werden nicht entfernt. Im Druck sehen die Linien daher etwas unscharf aus. Bei der **Radierung** hingegen wird die Metallplatte mit einer Wachsschicht überzogen, die Radiernadel ritzt feine Linien in diese Schicht, legt also an diesen Stellen das Metall frei. In einem Säurebad wird die Kupferplatte nach Fertigstellung der Zeichnung geätzt. Die Säure greift an den freigelegten Stellen an und vertieft diese. Nach dem Ätzverfahren wird die Wachsschicht entfernt. Der Druckvorgang unterscheidet sich nicht vom Kupferstich.

Entspricht das Ergebnis nicht den Vorstellungen des Künstlers, kann der Vorgang (Wachsschicht, Zeichnung, Ätzung, Druck) wiederholt werden. Rembrandt schuf zu vielen seiner Radierungen zahlreiche **Zustandsdrucke**.

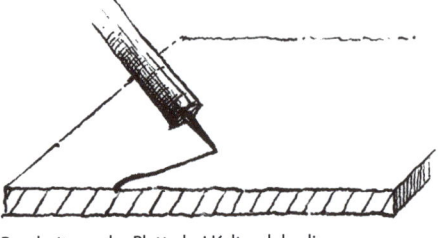

Bearbeitung der Platte bei Kaltnadelradierung

Plattenquerschnitt bei Kaltnadelradierung

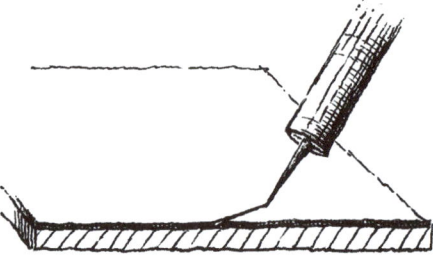

Bearbeitung der Platte bei Ätzung

Plattenquerschnitt nach Säurebad bei Ätzung

2 Werkerschließungen

2.1 Albrecht Dürer: „Erasmus von Rotterdam"

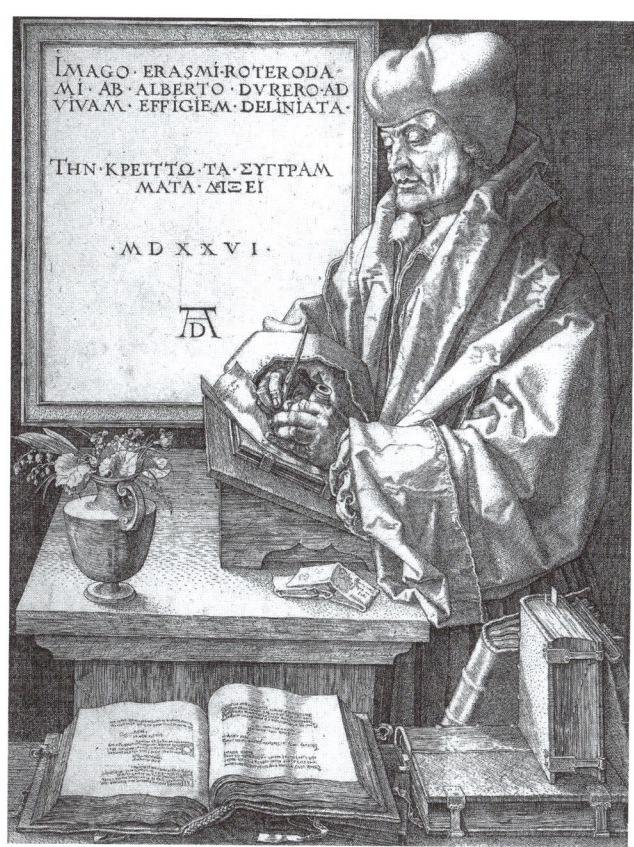

Albrecht Dürer: „Erasmus von Rotterdam" (1526), Kupferstich, 24,7×19,1 cm, Albertina, Wien

Beschreibung

DÜRER beschränkte sich bei seinen Porträts meist auf Gesicht und Brust, doch ERASMUS setzte er geradezu monumental in Szene. Der berühmte Humanist steht im weitärmeligen Talar neben einem Tisch, auf dem ein kleines Schreibpult aufgebaut ist. Seine Gestalt ist bis in Kniehöhe zu sehen, auf seinem Kopf sitzt ein Doktorhut. Erasmus schreibt gerade einen Brief: Die rechte Hand hält die Feder, die Linke, etwas verkrampft, das Tintenfass. Mit leicht gesenktem Kopf, die Augen auf das Schriftstück gerichtet, steht er ruhig und konzentriert da. Ein zusammengefalteter, neben dem Pult abgelegter Brief deutet evtl. auf den Adressaten hin. Ein Zinnkrug mit einem Maiglöckchenstrauß steht in der linken Tischecke. Einige Folianten sind auf einem Bord im Vordergrund geradezu ausgestellt; groß und schwer symbolisieren sie Gelehrsamkeit. Die auf einer gerahmten Tafel im Hintergrund angebrachte Inschrift lautet übersetzt: *„Bild des Erasmus von Rotterdam, von Albrecht Dürer entsprechend einem Bildnis nach dem Leben gezeichnet. Besser zeigen ihn seine Schriften."*[23] Darunter stehen die Jahreszahl 1526 und das berühmte Monogramm.

Mehrmals war Dürer während seines Aufenthaltes in den Niederlanden mit dem von ihm bewunderten Gelehrten zusammengetroffen und hatte ihn zweimal gezeichnet. Erasmus wünschte sich ein gestochenes Porträt, doch Dürer schuf es erst nach wiederholten Mahnungen fünf Jahre später. Warum er so lange zögerte, ist nicht bekannt. Man weiß jedoch, dass Erasmus von dem Kupferstich enttäuscht war, da er meinte, nicht gut getroffen zu sein.

Analyse
Der Kupferstich setzt sich unübersehbar aus Linien und Punkten, den grafischen Grundelementen, zusammen. Mit dem Präzision erfordernden Stichel hat Dürer behutsam die Metallplatte bearbeitet. Die mit ruhiger Hand eingravierten Linien bestimmen den Bildeindruck. Jede Form ist deutlich konturiert und hebt sich von der danebenliegenden zusätzlich durch den Helligkeitswert ab. Graue Flächen in verschiedenen Abstufungen entstehen durch Parallel- oder Kreuzschraffur. Selbst Linien in dichtesten Lagen verschmelzen nicht miteinander, dazwischen befindliche weiße Pünktchen bleiben sichtbar.

Neben ihrer Aufgabe, Grenzen zwischen den Dingen zu ziehen, dient die Linie dazu, verschiedene **Oberflächenqualitäten** anzugeben. So steht etwa der glatte, weich anmutende Stoff der Kopfbedeckung im Kontrast zum faltigen Gesicht. Geschwungene Schraffuren bezeichnen das weiche Material. Exakt gezogene, gerade Linien definieren Mobiliar und Bücher. Der knitterige, weite Mantel des Gelehrten scheint aus einem spröden Stoff zu sein und erinnert ein wenig an Packpapier. Beim Inkarnat (Gesicht und Hände) ist die Sensibilität der Linie auf das Höchste gesteigert. Dürer hat markant das Gesicht modelliert und es damit dem faltigen Mantel formverwandt gestaltet. Die eher rundlichen Hände, evtl. von Gicht gezeichnet, ähneln den gebauschten Hemdsärmeln, die unter den umgeschlagenen Mantelärmeln hervorschauen. Plastische Qualitäten werden wie tastbar dargestellt. Die feinen Schraffuren folgen der Form, also den Erhebungen und Vertiefungen (vgl. Mantelfalten): Dichte Kreuzschraffur gibt die „Talsohle" (Schattenzone) an, auf der ansteigenden Form verliert sich die Strichdichte, bis die Schraffur auf dem „Gipfel" (beleuchtet) in kurzen Strichen und Pünktchen ausklingt und das weiße Papier (höchste Helligkeitsstufe) übrig bleibt.

Durch die sich anschmiegende Kappe wird die plastische Form des Kopfes betont, das Rund des Halses durch den oberen Abschluss des Unterhemdes, das unter dem kräftigen, nach vorn strebenden Kinn sichtbar wird. Der kantige Umriss des weiten, in faltigen Stufen drapierten Kragens umfängt Kopf und Hals.

Den Bildraum konstruierte Dürer streng mathematisch mithilfe der Zentralperspektive, die er in Italien studiert und in seine Heimat importiert hatte. Senkrecht über dem Monogramm „A. D." liegt der Fluchtpunkt, etwa in Augenhöhe des Erasmus. Der Betrachter blickt also von oben (Aufsicht) auf die Bildgegenstände, ebenso wie der Gelehrte von oben seine Augen auf den Brief heftet (siehe Kompositionsschema 1). Die Tischfläche scheint, gemäß des weit oben angebrachten Hori-

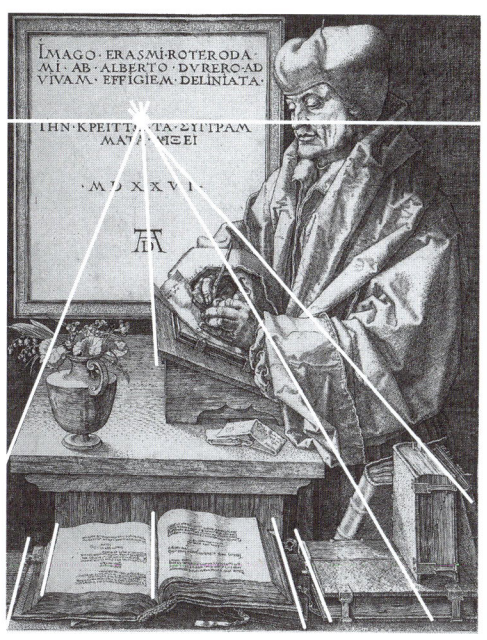

Kompositionsschema 1

zontes, anzusteigen und ist der Bildfläche angenähert. Durch die Aufsicht wird die rechte, schreibende Hand des Gelehrten sichtbar, die für den Betrachter über der linken liegt. Die Tiefenerstreckung des Zimmers ist allerdings nicht angegeben, eine gleichmäßig dunkle Fläche überzieht den Hintergrund. Die auf der Ablage liegenden bzw. stehenden Folianten sind bildparallel angeordnet, ihre seitlichen Begrenzungen sind zugleich Fluchtlinien und führen den Blick des Betrachters in den imaginären Bildraum. Während die dunkle Hintergrundfolie Raumtiefe suggeriert, betont die Schrifttafel, die mehr als ein Viertel der Bildoberfläche einnimmt, durch ihre Helligkeit die Bildfläche. Der Gelehrte steht leicht diagonal im Bildraum, parallel zum Schreibpult. Sein rechter Arm wird jedoch wieder nach vorn geführt, sodass die Art, wie er dasteht, den Eindruck von Raumtiefe kaum verstärkt. Der **Bildraum** entsteht aus bildparallelen, an die Bildfläche gebundenen reliefartigen Schichten: Bücherbord – Stehpult – Erasmus (großer vorderer Ärmel, Oberkörper und Hände, Kopf) – Tafel und dunkler Hintergrund. Durch die Aufsicht wird das Nebeneinander der Dinge stärker betont: Der vorn auf dem Schreibtisch liegende Brief überschneidet an keiner Stelle das dahinterstehende Pult und der umgeschlagene Mantelärmel berührt nur in einem winzigen

Kompositionsschema 2

Kompositionsschema 3

Punkt das vorn rechts angelehnte Buch, sein vollständiger Umriss bleibt erhalten. Es geht darum, möglichst die ganze Form sichtbar zu machen und Überschneidungen weitgehend zu vermeiden (siehe Kompositionsschema 2). Die **Ordnung der Fläche** ist klar und übersichtlich. Der untere Rand der Tafel markiert die horizontale Bildmitte. Das Zentrum (schreibende Hände) liegt im Schnittpunkt des gedachten Fadenkreuzes und wird durch Fluchtlinien, entsprechend gerichtete Mantelfalten und die Blickrichtung des Gelehrten hervorgehoben (siehe Kompositionsschema 3). Der Oberkörper des Erasmus kann einem gleichschenkligen Dreieck einbeschrieben werden. Die Spitze des Dreiecks fällt mit dem Zipfel der Kappe zusammen. Abseits steht nur der Maiglöckchenstrauß.

Abgeschlossen wird die Komposition am unteren Bildrand durch das horizontale Bücherbord, das zugleich als Schranke für den Betrachter fungiert. Der Gelehrte bleibt ganz für sich, ist nahezu eingemauert zwischen Schreibtisch und Bord. Die Gestalt des Erasmus, als Senkrechte gesehen, bildet rechts einen Abschluss des Bildes. Links oben und rechts unten wiederholen Bildgegenstände den rechten Winkel der Bildecken (Tafel, Bücher) und verstärken den Eindruck der Geschlossenheit der Komposition. Ein besonderes Gestaltungsmerkmal Dürers ist die **Klarheit** der einzelnen Bildelemente. Jedes Detail ist mit der gleichen Sorgfalt behandelt worden. Die **gleichmäßige Hell-Dunkel-Modellierung** wirkt im Original wie eine silbrig-graue Zone, die sich absetzt von der weißen bzw. dunkelgrauen Fläche des Hintergrunds. Der zarte Grauton schließt zusammen, stört aber nicht die klare Konstruktion.

Aus den bisher dargelegten Zusammenhängen ergibt sich, dass auch im Detail *„absolute Klarheit"*²⁹ besteht. Das Porträt des Erasmus wirkt glasklar, die Umgebung luftleer. Das Auge des Betrachters tastet sich von Detail zu Detail und wird dabei durch die Komposition in sinnvoller Weise gelenkt. Um jedes Detail zu erfassen, muss man das Bild sehr lange betrachten. DÜRER leuchtet auch in Schattenzonen hinein. So werden z. B. die Gewandfalten unterhalb des Tisches dargestellt, die bei normaler Beleuchtung im Dunkeln liegen würden.

Interpretation

Als Albrecht Dürer 1526 seinen Kupferstich schuf, befand sich die bis dahin bekannte Welt im Umbruch. Erasmus von Rotterdam war einer der bedeutendsten Gelehrten seiner Zeit, ein in Europa berühmter Humanist, der sich mit theologischen und philosophischen Fragen auseinandersetzte und sowohl die Antike als auch die Kirchenväter bewunderte. Zu seiner Zeit war Erasmus ein moderner Denker, den Dürer verehrte. Als er nicht in dem Maße, wie Dürer es erhofft hatte, die Lehre MARTIN LUTHERS unterstützte, war Dürer enttäuscht. Ob hierin die Ursache zu suchen ist, dass er Erasmus fünf Jahre lang auf den versprochenen Stich warten ließ?

Dürer zeigt den Gelehrten in einer engen Stube. Damit nimmt er Bezug auf seinen „Hieronymus im Gehäus". Der hl. Hieronymus, einer der Kirchenväter, wird im Meisterstich von 1514 gezeigt, wie er die Bibel vom Griechischen ins Lateinische übersetzt. Ähnlich wie Erasmus ist er in seine Schreibarbeit vertieft, ein wahres Denkmal für Gelehrsamkeit und Fleiß. Es ist bekannt, dass Erasmus den Hieronymus verehrt hat.

Etwas Anheimelndes, vergleichbar mit verschiedenen Requisiten in der Stube des Hieronymus, hat auch das Maiglöckchensträußchen. Dabei steht es nicht von ungefähr auf dem Schreibtisch. Das Maiglöckchen galt als Zeichen der Jungfrau Maria und Symbol für die Ankunft Christi. Man könnte es also als Hinweis darauf deuten, dass Erasmus dem alten Glauben anhing, mit dem Dürer gebrochen hatte.

Wenn Dürer das Gesicht des Gelehrten ebenso zerknittert wie seinen Mantel zeichnete, mag dies auch dazu beigetragen haben, dass Erasmus von dem Druck, den er schließlich erhielt, nicht begeistert war. Wollte Dürer andeuten, dass seine Gedanken ebenso faltig waren, ein freies, auf eine neue Zeit hin gerichtetes Denken in diesem Kopf keinen Platz haben konnte? Dürers Erasmus ist zur **Statue** erstarrt, ähnelt einer aus Holz geschnitzten Figur, nicht einem lebendigen Menschen. Die Nase überzeichnete Dürer auffällig, die Züge nähern sich der Karikatur. Nach der physiognomischen Lehre des 16. Jahrhunderts galt eine derart geformte Nase als Hinweis auf einen kritischen, zur Spottlust neigenden Verstand.

Indem Dürer eine griechische Inschrift aus einem anderen Bildnis des Humanisten übernahm (*„Seine Schriften zeigen ihn besser"*), kam er damit jeder Kritik zuvor. Schließlich geht es beim Bildnis des Geistesfürsten der Dürerzeit nicht um dessen Antlitz, sondern um das, was hinter der hier vom Doktorhut bedeckten Stirn vor sich geht und sich in unzähligen Schriften niederschlägt. Die Hände, die seine Gedanken festhalten, stehen eindeutig im Mittelpunkt der Komposition, damit ist Dürer gerechtfertigt. Er zeigte Erasmus als bewunderten Gelehrten, Verfasser gewichtiger Bücher, nicht als den individuellen Menschen aus Rotterdam. In seinem Kupferstich verewigte Dürer Erasmus als den asketischen, in geistige Sphären entrückten Wissenschaftler schlechthin.

2.2 Rembrandt van Rijn: „Cornelis Claesz Anslo, Prediger"

Kurzbiografie

REMBRANDT wurde 1606 als Sohn eines wohlhabenden Müllers in Leiden, Holland, geboren. Mit 14 Jahren besuchte er die Lateinschule und dann die Leidener Universität. Ein Jahr später brach er das Studium ab, um Maler zu werden. VAN SWANENBURGH war sein erster Lehrer, danach ging er bei PIETER LASTMANN in die Schule.

Als er 20 Jahre alt war, machte er sich in Leiden als Maler selbstständig. Zusammen mit JAN LIEVENS betrieb er eine Werkstatt. Seit 1631 mehrten sich die Aufträge und sein Wohlstand nahm zu. 1634 heiratete er Saskia van Uylenburg. Sein einziger Sohn Titus wurde 1641 geboren. Ein Jahr später starb Saskia. Im Todesjahr seiner Frau entstanden die wohl populärsten seiner Werke, nämlich die „Nachtwache" und das „Hundertguldenblatt". Hendrickje Stoffels, seine spätere Lebensgefährtin, kam 1648 ins Haus, sechs Jahre später wurde die Tochter Cornelia geboren.

Nach 1656 mehrten sich finanzielle Probleme und es trafen ihn schwere Schicksalsschläge, Hendrickje und Sohn Titus starben, Haus und Hof wurden versteigert. Rembrandt starb vereinsamt 63-jährig in Amsterdam und wurde in der Westerkerk begraben.

Rembrandt van Rijn: „Cornelis Claesz Anslo, Prediger" (1641), Radierung mit Kaltnadel, signiert und datiert, 18,6 × 15,7 cm, Museum Joanneum, Graz

Bildbeschreibung

Der Mennonitenprediger sitzt behäbig auf einem Stuhl am Arbeitstisch. Aus Gestik und Mimik ist zu erraten, dass er zu einem imaginären Diskussionspartner blickt. Ein kleiner weißer Stehkragen und ein breitkrempiger Hut rahmen das vollbärtige, rundliche Gesicht, das im Dreiviertelporträt gegeben ist. Cornelis Claesz Anslo ist in einen weiten Mantel mit Pelzkragen gehüllt, der seine füllige Statur betont. In der rechten Hand, die auf einem aufgestellten Buch ruht, hält er eine Feder. Das dazugehörige Futteral liegt auf dem Tisch. Mit der linken Hand deutet er lebhaft auf eine Stelle in dem vor ihm aufgeschlagenen Buch.

Die Signatur „Rembrandt f. [fecit] 1641" ist auf der Lehne eines weiteren, etwas weiter hinten im Schatten stehenden Stuhles auf der rechten Bildseite schwach zu erkennen. In einigem Abstand dazu sieht man darüber einen Nagel, der in die weiße Wand eingeschlagen worden ist.

Analyse

Wenn der Blick über die Radierung gleitet, nimmt man helle und dunkle Bereiche wahr. Selbstverständlich setzen sich diese aus Linien zusammen. Sie werden jedoch kaum als solche erkannt. Isolierte Linien entdeckt man am oberen Bildrand, wo Rembrandt in freiem und spontanem Duktus Striche und Schraffuren „hinschrieb", die keinen Gegenstand meinen, sondern dazu da sind, die Komposition nach oben hin abzuschließen. Die Linien sind in eine Wachsschicht gezeichnet worden, die der Hand keinen Widerstand entgegensetzt und ein lockeres Arbeiten, vergleichbar dem des Zeichnens mit einem weichen Bleistift, erlaubt.

Einige lineare Spuren (z. B. oben links) könnten als Kratzer bereits vorhanden gewesen sein. Rembrandt schätzte zufällige Strukturen und hat sie evtl. nicht wegpoliert. Andere Linien (oben rechts) sind erst nach dem Ätzvorgang direkt in die Metallplatte geritzt worden. Den Bildeindruck bestimmt das Hell-Dunkel aus Flecken, die durch dichte Schraffuren bzw. differenzierte Nachahmung von Oberflächen (z. B. Pelz) entstanden sind.

Zwischen hellen und dunklen Bereichen werden innerhalb der Gestalt des Predigers sanfte Übergänge erzeugt, sodass der Eindruck von etwas Weichem hervorgerufen wird. Der Kunsthistoriker HEINRICH WÖLFFLIN (1864–1945) prägte für diesen Umstand den Begriff des Malerischen. Damit ist gemeint, dass unser Auge nicht abrupt von einem Bereich zum anderen springt, sondern behutsam weitergeleitet wird und dabei in Bewegung bleibt. Für die Bildaussage wesentliche Partien (Mimik, Gestik) werden durch das lebhafte Hell-Dunkel betont. Licht und Schatten sind primäre Ausdrucksmittel.

Gegenstände wie die Bücher rechts vorn, die den Prediger charakterisieren, gehen in Schattenzonen über, in denen die Form nicht mehr „*tastbar*"[29] wiedergegeben wird. Hier ahmte Rembrandt unmittelbar den optischen Eindruck unter den gegebenen Lichtverhältnissen nach.

Schraffuren überziehen zusammenhängende Bildelemente (z. B. Buchseiten rechts) und tragen damit zur „*Vereinheitlichung*"[29] bei. Plastische Formen (vgl. Ärmel) werden zunächst nach Hell-Dunkel abgestuft, jedoch zuletzt durch übergreifende Schraffuren zusammengefasst. Der massige Körper ist daher als geschlossenes Volumen spürbar.

Untersucht man die Flächen- und Raumgliederung der Radierung, so ist festzuhalten, dass die linke Kante des bildparallel gezeichneten Tisches schräg nach hinten führt.

Weitere Fluchtlinien ergeben sich am aufgestellten Buch. Der **Fluchtpunkt** (vgl. Kompositionsschema 1) liegt also im linken unteren Bildbereich. Den Tisch sieht man folglich in Aufsicht, den Hut in Untersicht. Man hat eine normale, nachvollziehbare Sicht auf den Prediger und kann sich vorstellen, nahe vor dem Schreibtisch ihm gegenüberzusitzen. Der Tisch bildet allerdings eine deutliche Barriere für den Betrachter. Er schließt die Komposition nach vorn ab. Zu den Seiten hin ist die Bildfläche offen. Rechts unten wird das aufgeschlagene Buch zur Hälfte vom Bildrand abgeschnitten, ein Hinweis darauf, dass ein **Ausschnitt aus der Wirklichkeit** gezeigt wird. Die Komposition wirkt locker und wenig konstruiert.

Kompositionsschema 1

Das Bildzentrum (Gesicht des Predigers) ist leicht aus der geometrischen Bildmitte nach links gerückt, die Stuhllehne endet unterhalb der horizontalen Mitte. Der Körper des Predigers wirkt wie ein Berg. Seine Hände leiten über zu den Büchern, die Knopfleiste steigt an zum bärtigen Gesicht, das hell unter dem dunklen Hut hervorleuchtet. Der Schwung der Hutkrempe klingt noch einmal in den Seiten des aufgeschlagenen Buches an, beiden Gegenständen kommt eine rahmende Funktion zu. Bildtiefe entsteht vor allem durch starke Hell-Dunkel-Kontraste, weniger durch die perspektivische Konstruktion. Überschneidungen dienen der Verdeutlichung des Hintereinanders der Dinge. Mit einem

Kompositionsschema 2

gezeichneten Nagel wird der weißen Fläche Materialität verliehen und suggeriert, dass die Wand nicht weit entfernt ist. Es entsteht der Eindruck eines existierenden Innenraums.

Interpretation
Im Jubiläumsjahr 2006, in dem der 400. Geburtstag des Malers gefeiert wurde, veranstaltete man in den kulturellen Metropolen Europas zahlreiche Ausstellungen, die Besucherströme anzogen. Dabei waren es nicht nur die berühmten Gemälde des Künstlers, die faszinierten, sondern ebenso seine Grafiken. Auch an seiner besprochenen Radierung lässt sich erklären, worauf die außerordentliche Wirkung seiner Kunst zurückzuführen ist.

Rembrandt war 34 Jahre alt, als er den Prediger porträtierte. Seine Arbeiten waren gefragt und erzielten höchste Preise. Auch Cornelis Claesz Anslo wird den Meister gut bezahlt haben. Dass er sich den zu der Zeit berühmtesten Künstler Amsterdams leisten konnte, sieht man ihm an. Vor dem Betrachter sitzt ein Wesen aus Fleisch und Blut, leiblichen Genüssen bei aller Gelehrtheit nicht abgeneigt. Er verkörpert das **barocke Lebensgefühl**, zu dem der Genuss leiblicher Freuden ebenso gehörte wie die Auseinandersetzung mit spirituellen Fragen. Rembrandt zeigt ihn lebendig, wach und beim intensiven Studium der Lektüre. Engagiert versucht er gerade, sein Gegenüber von seiner Position zu überzeugen, indem er auf eine Textstelle deutet. Rembrandt fing ein, was nur in einem Augenblick sichtbar war, fixierte es und entriss es damit der Vergänglichkeit. Licht und Schatten gab er so raffiniert wieder, dass man meint, dem Prediger heute zu begegnen. Etwas von seinem lebendigen Wesen hat sich in dem Druck über die Jahrhunderte erhalten. Rembrandt schilderte das Leben, das ihn umgab, meist sehr direkt, ohne zu beschönigen. Auf seinen Bildern kommen dem Betrachter keine unerreichbaren Heroen entgegen, sondern vertraut wirkende Menschen, die auch heute leben könnten.

Gegenüberstellung der Stilmerkmale bei Rembrandt und Dürer
In kurzer Form sollen abschließend die auffälligsten Stilmerkmale bei Rembrandt und Dürer einander gegenübergestellt werden.

Als **linear** ist die Art Dürers, mit dem Stift bzw. dem Stichel umzugehen, zu bezeichnen. Die Linie führt das Auge des Betrachters und dient der Begrenzung der Form (Umriss). Sie erzeugt Plastizität, indem sie reliefartig modelliert, eine tastbare Form erzeugt und unterschiedliche Oberflächenqualitäten nachahmt. Rembrandt dagegen arbeitet **malerisch**. Helle und dunkle Flecken bestimmen den Bildeindruck. Es entsteht eine lebendige Licht- und Schattenwirkung. Die Linie löst sich mitunter vom Gegenstand.

Eine rationale Konstruktion, bei der eher ein Nebeneinander der Dinge als ein Hintereinander erzeugt wird, bestimmt das Bild bei Dürer. Bildparallele Schichten sind so angeordnet, dass bis zu einem gewissen Grad Bildraum entsteht. Dabei werden die einzelnen Elemente scheinbar übereinander und kaum hintereinander angeordnet. WÖLFFLIN bezeichnete diese Art der Komposition als „flächenhaft". „Tiefenhaft" wird dagegen die Auffassung Rembrandts genannt. Eine atmosphärische, räumlich-plastische Wirkung durch deutliche Hell-Dunkel-Kontraste überzieht das Bild. Bewegung (auch im Duktus) und Überschneidungen tragen dazu bei, dass man den Eindruck von Tiefenraum hat.

Während Albrecht Dürer seine Komposition streng ordnet (Tektonik) und ein in sich völlig abgeschlossenes Bildgefüge erreicht (geschlossene Form), geht Rembrandt mit der Komposition, deren Ausschnittcharakter betont ist, lockerer um (offene Form). Die gleichmäßig präzise Ausarbeitung der Bildgegenstände führt bei Dürer dazu, dass jede Form herauslösbar scheint. Wölfflin sprach von der **vielheitlichen Auffassung**.

Da sich Rembrandt auf das Bildzentrum konzentriert und Randzonen in Schatten taucht bzw. skizziert, entsteht bei Rembrandt nach Wölfflin ein **einheitlicher Bildeindruck**. Bei Dürer herrscht auch in Schattenzonen Klarheit der Form. Nicht nur Gesehenes stellt er dar, sondern auch Gewusstes. Rembrandt dagegen erfasst Randzonen nicht tastbar, sondern macht sie nur vage sichtbar. Schraffuren und Licht können auch Form verwischen und damit Lichtverhältnisse, wie sie in der Realität durchaus vorkommen, wiedergeben.

Dürers Ziel war letztlich die immer gültige Form, das ewige So-Sein. Er schuf ein Denkmal für den berühmten Gelehrten.

Rembrandts Ziel war die **Wiedergabe des Sichtbaren in einem bestimmten Augenblick**. Einen vergänglichen Moment im Leben des Predigers hielt er fest und vermittelte damit den Eindruck von Bewegung und Vitalität in irdischer Atmosphäre.

Überblick: Druckgrafik ab dem 19. Jahrhundert

Ihre Blütezeit erlebte die Druckgrafik in der Renaissance (v. a. Kupferstich) und im Barock (v. a. Radierung). Um 1800 war FRANCISCO DE GOYA ein herausragender Meister der Radierung. Er kombinierte die Strichradierung mit dem Aquatinta-Verfahren, um gleichmäßige Grauwerte im Hintergrund erzielen zu können. Auf die Metallplatte wurde dabei säurefester Asphaltstaub (oder Kolophonium) gestäubt und dann durch Erwärmen der Platte angeschmolzen. In den winzigen Zwischenräumen zwischen den Staubkörnchen griff die Säure an. Beim Druck entstand ein einheitlich grauer Ton, der früher durch Schraffuren erzeugt werden musste. In verschiedenen grafischen Serien setzte sich Goya mit den Schwächen seiner Zeitgenossen (z. B. in „Los Caprichos") und den Schrecken des Bürgerkrieges (in „Los Desastres de la Guerra") auseinander.

Während des 19. Jahrhunderts gelangte der japanische Farbholzschnitt nach Europa. Die asiatische Flächenkunst wurde u. a. von den Wegbereitern der Moderne, etwa VINCENT VAN GOGH oder CLAUDE MONET, begeistert aufgenommen. Es entstand sogar ein ausgesprochener Modetrend, der sogenannte Japonismus. Die Lithografie setzte z. B. HENRI DE TOULOUSE-LAUTREC um 1900 für seine Plakate ein. Später übernahm der Offsetdruck diese Aufgabe, ebenso wurde die Reproduktionsgrafik durch die neue Drucktechnik ersetzt.

In verschiedenen druckgrafischen Techniken arbeiteten im 20. Jahrhundert PABLO PICASSO, ALBERTO GIACOMETTI, KÄTHE KOLLWITZ, E. L. KIRCHNER, HORST JANSSEN u. a. Eine besondere Rolle spielte in der Kunst des 20. Jahrhunderts der Siebdruck. Berühmt wurden vor allem die Drucke von ANDY WARHOL, der mit Fotoschablonen arbeitete.

Neue künstlerische Ausdrucksmedien und die fließenden Grenzen zwischen den Kunstgattungen haben dazu geführt, dass die reine Druckgrafik heute eine nur mehr untergeordnete Rolle innerhalb der Kunstproduktion spielt. Eine weitere Ursache mag darin zu suchen sein, dass nach zeitgenössischem Kunstverständnis die Idee und der individuelle Ausdruck des Künstlers an oberster Stelle steht. Zeitaufwendige handwerkliche Präzisionsarbeit, eine Voraussetzung für die Herstellung von druckgrafischen Blättern, wird häufig weniger geachtet. Dies zeigt sich auch auf Kunstmessen, bei denen Druckgrafiken zu weit niedrigeren Preisen als Originalzeichnungen zu haben sind.

Plastik

1 Gestaltungsmethoden

Die Plastik ist diejenige Kunstgattung, die sich nicht nur an den menschlichen Gesichtssinn, sondern auch an den Tastsinn wendet, wenngleich dieser in der Praxis durch den Gesichtssinn weitgehend ersetzt wird. Der Begriff „Plastik" wird heute auf nahezu alle Erscheinungsformen dreidimensionaler Gestaltung angewandt. Ursprünglich unterschied man zwischen **Plastik** und **Skulptur**.

Als „Sculptor" wurde der Bild-„Hauer" bezeichnet, der vom harten, rohen Block ausgeht und seine Formvorstellung durch Wegschlagen realisiert. Seine Materialien sind vor allem Stein und Holz. Die edelste Kalksteinart ist Marmor, der in Italien seit der römischen Kaiserzeit bevorzugt verwendet wird. Im Norden Europas stößt man eher auf Sandstein.

Die Bearbeitungswerkzeuge haben sich seit der Antike kaum geändert, Hammer und Meißel gehören wie eh und je zur Grundausstattung. Für die grobe Arbeit setzt der Bildhauer Schlegel (bzw. Klüpfel: Bezeichnung für Holzhammer) und Spitzeisen, Bohrer und Zahneisen sowie Stockhammer ein, im Endstadium werden Feilen und Raspeln verwendet. Bohrmaschinen erleichtern heute dem Bildhauer die Arbeit, der aber dennoch vor allem bei der Steinbearbeitung erhebliche körperliche Kraftanstrengung aufwenden muss.

Der „Plastiker" bildet seine Formvorstellung dagegen durch Aneinanderfügen weicher Masse aus. Die empfindlichen, vergänglichen Materialien wie Ton, Wachs oder Gips werden vom Plastiker häufig über einem stabilen Gerüst aufgetragen und geformt („modelliert"). Auf diese Weise entsteht meist zuerst ein kleiner Entwurf **(Bozzetto)**, dann das Modell für die Gussform in Originalgröße.

Der Bronzeguss (Bronze: Legierung aus Kupfer und Zinn) wird meist hohl ausgeführt. Zu diesem Zweck muss zwischen einem plastischen Kern und dem Formmantel (z. B. Schamottblock) ein Hohlraum geschaffen werden, in den die Bronze einfließt. Eine übliche Methode ist das **Wachsausschmelzverfahren**. Beim Eingießen des glühenden Metalls schmilzt das Wachs, im Hohlraum verbleibt die Bronze. Nach Erkalten der Bronze wird der Formmantel abgeschlagen und so die Bronzefigur freigelegt. Die Oberflächenbeschaffenheit hängt später davon ab, ob der Künstler fein ziseliert (Ergebnis: glatte, glänzende Oberfläche) oder den rauen Oberflächencharakter belässt, der dann weißliche Schamottspuren aufweist.

Völlig neue Ausdrucksmöglichkeiten wurden seit Beginn des 20. Jahrhunderts auf dem Gebiet der Plastik entwickelt, sodass der Künstler nicht mehr nur zwischen Wegnehmen bzw. Hinzufügen zu wählen hat. Die **Montage** erlaubt z. B. das Schweißen oder Nageln. Als Beispiel sei Picassos „Gitarre" von 1912 genannt, die er aus Draht und Blech zusammenfügte und die als erste „Plastik" des 20. Jahrhunderts gilt. MARCEL DUCHAMP (1887–1968), Erfinder des **Ready-made**, verzichtete weitgehend auf handwerkliche Ausarbeitung einer Formvorstellung und erklärte vorgefertigte Gegenstände aus der Alltagswelt zu Kunstobjekten. DUANE HANSON (1925–1996) kombinierte in seinen **Environments** bereits existierende Gegenstände und aus Kunststoffen hergestellte Figuren von täuschender Menschenähnlichkeit. Die Reihe der Beispiele neuer Ausdrucksformen ließe sich fortsetzen.

2   Figürliche Plastik

Figürliche Plastik hatte ursprünglich rein kultische Funktion. Die Ähnlichkeit einer körperhaft geformten Gestalt mit einem lebenden Menschen ließ sie als besonders gut geeignet erscheinen, überwirklichen Wesen zu wirklichem Dasein zu verhelfen. Frühe figürliche Plastiken stellen meist Gottheiten dar. Voraussetzung für diese **kultische Funktion** der Plastik ist allerdings eine Religion, die die bildhafte Darstellung der Gottheit erlaubt. Im Islam ist z. B. die Menschendarstellung aus religiösen Gründen verboten.

Während des Bilderstreits (Ikonoklasmus) im 8. Jahrhundert diskutierte auch die christliche Kirche, ob Gott und demzufolge der Mensch als Abbild Gottes in Malerei oder Plastik dargestellt werden dürfe. Man entschied sich schließlich für die bildhafte Darstellung, andernfalls hätte die mittelalterliche Kunst eine völlig andere Entwicklung genommen. Neben ihrer religiösen Funktion kam der Plastik die Aufgabe zu, verstorbenen Herrschern oder Helden **Denkmäler** zu setzen, ihr Bild damit der Nachwelt zu bewahren und ihren Ruhm für alle Zeiten zu künden. Eine besondere Bedeutung hatte die Herrscherstatue im alten Ägypten. Die in der Grabkammer aufgestellte Pharaonenfigur aus Stein bildete nach dem Glauben der alten Ägypter die irdische Wohnung für den Ka, die Seele des Toten. Das Weiterleben nach dem Tod war damit auch im Diesseits garantiert.

Dass man einer Statue ihrer Menschenähnlichkeit wegen magische Kräfte zumaß, kommt auch in der sogenannten *damnatio memoriae* (lat.: Verdammung/Tilgung der Erinnerung) zum Ausdruck. Bei entscheidenden religiösen oder politischen Veränderungen, z. B. der Ermordung des Kaisers, wurden im alten Rom auch dessen Statuen zerstört, um die weitere Einflussnahme des Toten auf die Politik auszuschließen. Die Zerstörung heidnischer Statuen (Götzenbilder) in frühchristlicher Zeit oder das Köpfen von Gewändefiguren infolge der Französischen Revolution von 1789 sind weitere Belege für den Glauben an die Beseeltheit einer plastischen Menschendarstellung.

Fast ausschließlich widmeten sich die Bildhauer in vergangener Zeit dem Thema „Mensch". Am häufigsten schufen sie **Statuen:** stehende, von allen Seiten sichtbare Rundfiguren. An der Entwicklung der Statue lässt sich beobachten, wie sich das Verhältnis des Menschen zu sich selbst, insbesondere zu seinem Körper und zur Welt (Umwelt) bzw. zum Jenseits verändert. Innerhalb dieser Entwicklung bildeten sich zwei Pole heraus:

- Der selbstbewusste, damit körperbewusste Mensch zeigt sich in den ideal geformten Statuen der Antike und der Renaissance.
- Stark abstrahierte Figuren weisen im frühen Mittelalter auf Körperfeindlichkeit und Ausrichtung auf das Jenseits hin. Bevorzugt wurde das **Relief** (nur von vorne zu betrachten, Verbindung mit der Wand bleibt gewahrt).

Entwicklung der Statue

In der **Antike** war die frei stehende Rundplastik üblich. Sowohl der bekleidete menschliche Körper als auch der nackte Körper (Aktfigur) wurden thematisiert. Bei der Ausarbeitung orientierten sich die Bildhauer an der Natur. Einen deutlichen Einschnitt in der Entwicklung der Statue bedeutet der Beginn der **christlichen Zeit**. Die von der Kirche geforderte Spiritualisierung in der Kunst erlaubte keine allzu körperhafte Darstellung. Figürliche Rundplastik fiel daher weg, man beschränkte sich in der frühchristlichen Zeit auf das Relief, das wesentlich weniger körperhaft wirkte.

Ab etwa 1000 n. Chr. findet man vereinzelt wieder figürliche Plastiken, meist an Kirchenwänden (Bauplastik). Zunächst handelte es sich um kleine, flächig gehaltene, symbolhafte Darstellungen. Die Entwicklung der **Gewändefigur** vollzog sich ab Einsetzen der Frühgotik. Als Gewändefigur wird eine in Stein gehauene Figur bezeichnet, die vor dem Gewände steht, womit die schräg zum Eingang verlaufende Portalwand der Kirche gemeint ist. Die frühen Steinfiguren sind noch vollständig von ornamental gestalteten Gewandbahnen verdeckt. Ganz schmal, schlank und starr ähneln sie einer Säule. In der Gotik gewann die Gewändefigur an Volumen und erhielt eine Basis (Standfläche). Gesicht, Hände und Füße wurden zunehmend individuell und naturalistisch ausgearbeitet. Ein Beispiel dafür ist das Westportal der Kathedrale von Chartres (um 1150). Hier hat die Gewändefigur bereits eine eigene Körperrundung. Hinter ihr steht die Gewändesäule, an der sie befestigt ist. Ein menschlicher Körper unter den eng anliegenden, stilisierten Kleidern ist vorstellbar.

Die Gewändefiguren des Westportals der Kathedrale von Reims (um 1240) stehen völlig frei auf genügend großen Basen (Singular: Basis) und sind nur noch durch Eisenstangen mit der dahinter befindlichen Säule verbunden. Die Gewänder werfen Falten, die an der **Natur** studiert sind und zum Teil den Körper der biblischen Gestalten hervortreten lassen. Sie stehen im Kontrapost eher locker da, belastet ist das **Standbein**, entlastet das **Spielbein**, ähnlich wie in der Antike. Man geht davon aus, dass sich der Schöpfer der berühmten Visitatio-Gruppe von Reims (Begegnung der schwangeren Maria mit der ebenfalls schwangeren Elisabeth, der Mutter Johannes des Täufers) an antiken Statuen geschult hat. Nahezu rundplastisch ausgeformt, könnten die Figuren frei stehend aufgestellt werden. Aus stilisierten, symbolhaften Darstellungen sind menschliche Figuren geworden. Göttlichen Wesen wird in den Steinfiguren eine menschliche Gestalt verliehen. Diese Vermenschlichung spiegelt ein neues, von Liebe und Vertrauen geprägtes Verhältnis zu Gott, dem man zuvor vor allem mit Ehrfurcht und Angst gegenübertrat. Die Christus-Statue (Beau-Dieu) vom Hauptportal der Kathedrale von Amiens prägt bis heute unsere Vorstellung vom Gottessohn.

Die erste frei stehende Aktfigur nach der Antike entstand um 1430 in Florenz, zur Zeit der **Frührenaissance**. Geschaffen hat sie DONATELLO (1386–1466), von dem auch die Nischenfigur des „hl. Markus" (um 1414) an der Kirche San Michele in Florenz stammt, bei dem Donatello das Kontrapost-Motiv ganz im Sinne der Antike realisiert hat. Die Natur ist wieder das Vorbild, hinzu tritt das antike Formverständnis.

Seit der **Hochrenaissance** ist die auf Plätzen aufgestellte, frei stehende **Statue** wieder üblich. Eine der berühmtesten Statuen ist bis heute der von MICHELANGELO (1475–1564) geschaffene „David" (1501–1504), der zunächst vor dem Palazzo Vecchio (altes Rathaus von Florenz) stand. Heute findet man das Original in der Accademia (ehemalige Kunstakademie, heute Museum, in Florenz). Vor dem Palazzo Vecchio steht eine Kopie.

Rundplastische, lebens- oder überlebensgroße Darstellungen des Menschen zeigen seit der Renaissance ein ausgebildetes Selbstbewusstsein und ein Verhaftetsein im **Diesseits**. Sie versinnbildlichen das neue **anthropozentrische Weltbild**, in dessen Zentrum der Mensch als Maß aller Dinge steht. Im

Barock wurde der ruhig im Kontrapost stehende Mensch durch den heftig bewegt Agierenden ersetzt. Während Michelangelos „David" dem Riesen Goliath gefasst entgegenblickt, modellierte BERNINI (1598–1680), der bedeutendste Bildhauer des Barock, seinen „David" (1623) in dem Moment, als er die Steinschleuder spannt, um in der nächsten Sekunde den Feind zur Strecke zu bringen.

Gian Lorenzo Bernini: „David" (1623), Galleria Borghese, Rom

Eine Parallele zur Entwicklung der griechischen Plastik ist erkennbar: Aus den ebenmäßigen, in sich ruhenden Gestalten der Klassik (4./5. Jahrhundert v. Chr.), der die Renaissance nahekam, entwickelten sich im Hellenismus (3.–1. Jahrhundert v. Chr.), dem Barock vergleichbar, Figuren, die mit dramatischer Mimik und Gestik kämpfen, musizieren, tanzen usw.

Eine Besonderheit des Barock ist, dass man spezifische Oberflächenqualitäten im Stein auf illusionistische Weise nachahmte. Bernini wagte sich selbst an Wolken („Die Verzückung der hl. Theresa", 1645–1652), die er aus Marmor nachbildete.

Das **19. Jahrhundert** war das Jahrhundert der Standbilder (Denkmäler), die im Zuge des Historismus (ab dem 18. Jahrhundert erwachte das Interesse für die Geschichte) massenhaft angefertigt wurden. Ein bedeutender Bildhauer des ausgehenden 19. Jahrhunderts war AUGUSTE RODIN (1840–1917), zu dessen Vorbildern vor allem Michelangelo gehörte. Was bereits beim Meister der Renaissance aufgetreten war, wurde bei Rodin zum häufig angewandten Stilmittel: Nicht immer wurden menschliche Figuren vollständig ausgearbeitet.

Fragmentarisch belassene Statuen wurden im **20. Jahrhundert** in besonderer Weise geschätzt, da sie die Fantasie des Betrachters herausfordern und Rückschlüsse auf die Arbeitsweise des Bildhauers zulassen. Spuren von Hammer und Meißel verleihen den Figuren etwas Unmittelbares. Die figürliche Plastik spielte im 20. Jahrhundert eine untergeordnete Rolle. Die meisten Bildhauer setzten sich mit Formproblemen auseinander, die zu abstrakten Lösungen führten. Auch das Denkmal verlor seine Bedeutung, da man die Heroisierung des Menschen im Allgemeinen ablehnte. Ausnahmen bildeten das Dritte Reich und die Staaten des Ostblocks (Sozialistischer Realismus).

Wenige Bildhauer widmeten sich nahezu ausschließlich der figürlichen Plastik. Zu den wichtigsten zählen ARISTIDE MAILLOL (1861–1944), WILHELM LEHMBRUCK (1881–1919), ALBERTO GIACOMETTI (1901–1966) und HENRY MOORE (1898–1986).

3 Werkerschließungen

3.1 Henry Moore: „Drapierte liegende Frau"

Kurzbiografie

HENRY MOORE wurde als Sohn eines Bergmanns in Castlewood (Yorkshire, England) 1898 geboren und wuchs in bescheidenen Verhältnissen auf. Nach einer Ausbildung als Lehrer begann er 1919 mit einem Kunststudium. Er wurde Lehrer für Bildhauerei und unternahm Reisen durch Frankreich und Italien, die in seinen späteren Arbeiten ihren Niederschlag fanden. 1928 hatte er bereits eine erste Einzelausstellung in London. Ein Jahr später heiratete er und 1946 kam seine einzige Tochter Mary zur Welt. Während er zunehmend Berühmtheit erlangte, lehrte er an der Chelsea School of Art. Als offizieller Kriegskünstler (1940–1942) wurde er von der britischen Regierung beauftragt, Ereignisse des Krieges künstlerisch zu gestalten. In seinen berühmten „Shelter-Drawings" hielt er fest, wie sich in den U-Bahnschächten Londons während der Angriffe deutscher Bomber die Bevölkerung der britischen Metropole versteckt hielt und angsterfüllt die Nächte verbrachte.

Nach dem Krieg erhielt Henry Moore alle wichtigen Kunstpreise, u. a. den Großen Preis der Biennale von Venedig 1948. Seit einer ersten Retrospektive in der Tate Gallery London wird ihm weltweit Anerkennung zuteil. 1986 starb er in hohem Alter.

Beschreibung

Die überlebensgroße, monumentale weibliche Gestalt ruht auf einer Platte, auf der sie sich mit dem rechten Arm abstützt. Wenn auch die Plastik als „Liegende" bezeichnet wird, so hat man doch eher den Eindruck, die Figur würde sich gerade aufrichten. Deutlich spürbar ist die Anspannung des Sich-Erhebens, die den massigen Körper durchzieht. Der rechte, stützende Arm ist noch nicht ganz durchgedrückt, er scheint den nahezu aufrecht gehaltenen Oberkörper nach vorne zu schieben. Das linke Bein ist vom Boden abgehoben und bewegt sich nach vorn über das rechte, lagernde Bein. Moore äußerte sich folgendermaßen zu diesem Motiv:

> Ich habe [...] bei meinen liegenden Figuren oft eine Art bedrohlich wirkendes Bein gestaltet – das obere Bein der Skulptur schiebt sich über das untere; dadurch entsteht der Eindruck von drängender Kraft – wie bei einem starken Ast, der vom Baumstamm nach außen strebt [...].[19]

Auch der linke Arm, der auf dem hochgestellten Oberschenkel liegt, wirkt wie angespannt: Die Hand ist zur Faust geballt und unter der straffen Haut treten deutlich die Knöchel hervor. Man könnte sich vorstellen, dass die Figur gerade im Aufrichten innehält. Ihr Blick schweift dabei in die Ferne, weit über den Betrachter hinweg. Ganz gerade hält sie den sehr kleinen Kopf, der auf dem säulenförmigen, etwas nach vorn gereckten Hals sitzt.

Die Augen sind mit zwei runden Vertiefungen angedeutet. Die Nase wurde als kaum wahrnehmbare senkrechte Erhebung modelliert, auf den Mund ganz verzichtet. Ein Wulst am Hinterkopf deutet das Haar an.

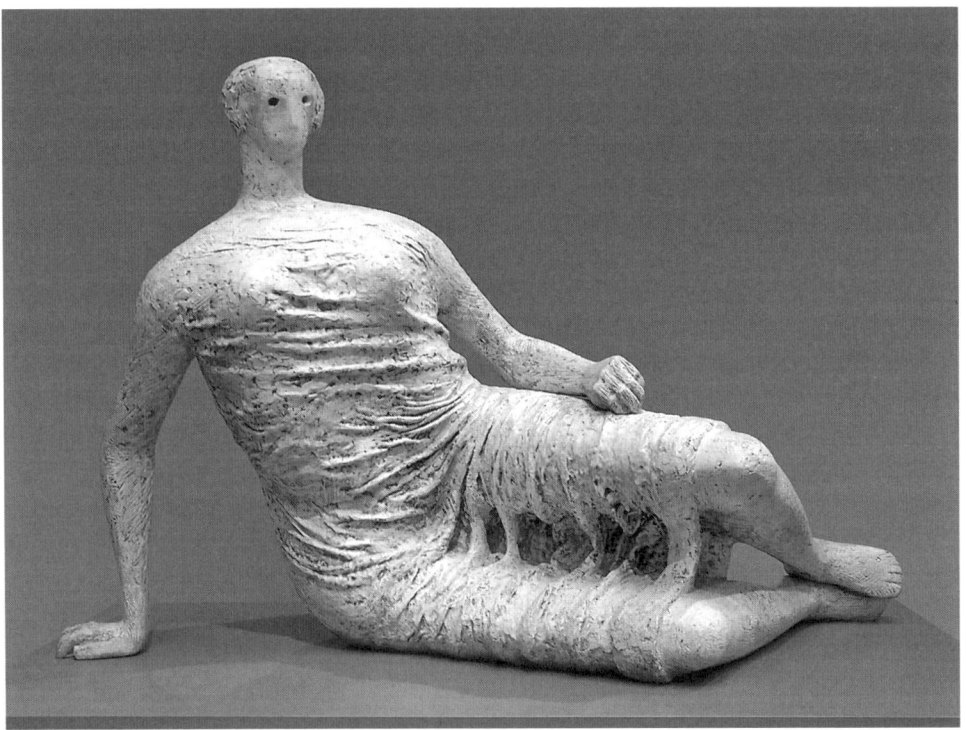

Henry Moore: „Drapierte liegende Frau" (1957/58), Bronze, 6 Güsse, Länge 2,08 m, ein Exemplar z. B. vor der Neuen Pinakothek, München

Analyse
Man kann die Figur von ihrer Hauptansicht her in ein rechtwinkeliges Dreieck einbeschreiben: Die (linke) Kathete des gedachten Dreiecks wird von dem stützenden Arm, dem Hals und dem Kopf gebildet, der kaum breiter als seine zylindrische Stütze ist. Der rechte Oberschenkel bildet die horizontale Kathete, von den Füßen bis zum Arm ließe sich die Hypothenuse ziehen. „Stütze"

(Arm) und „Last" (Körper, Oberschenkel) stehen in spannungsvollem und zugleich ausgewogenem Verhältnis zueinander. Die Energie, die zum Aufrichten benötigt wird, ist spürbar, das Lasten des Körpervolumens in gleicher Weise.

Ein gleichschenkliges Dreieck wird durch die auseinanderstrebenden Knie und die beieinanderliegenden Füße gebildet. Parallel zur horizontalen Basis verlaufen dagegen die Oberschenkel und die Schulterlinie, die durch die horizontal verlaufenden Faltenwülste im Brustbereich betont wird. Lotrecht sitzen Hals und Kopf zwischen den Schultern. Auffallend ist der Kontrast vom sehr kleinen Kopf zur ausladenden Beckenzone. Oberschenkel und Rumpf sind als große, zusammenhängende Masse gebildet.

Moore denkt in **klar erkennbaren Kuben**. Die Oberschenkel bestehen aus zwei gewaltigen Zylindern, auch der Hals ist in erster Linie Zylinder. Die Brüste erinnern an zwei Halbkugeln und sind weit voneinander entfernt fast schon im breit gedehnten Schulterbereich angesetzt.

Liegende Figuren hatte Moore zuvor fast ausschließlich als Akte modelliert. Eine Studienreise nach Griechenland regte ihn dazu an, auch an Gewandfiguren zu arbeiten, zu denen die hier besprochene „Liegende" gehört. Bei der Betrachtung der Gewandfalten wird ein **Bezug zur Antike** erkennbar.

Faltenbahnen überziehen ihren Körper, sie beginnen im Brustbereich und enden oberhalb der Knie; Arme und Beine bleiben nackt. Über der Brust bilden sich ein paar feine Fältchen, dann lösen sich die Spuren des Gewandes auf, als ob es in die Haut überginge. Umgekehrt könnte man sagen, das Gewand wächst gleichsam im Schulterbereich aus der Körperoberfläche, überzieht in deutlichen Wellen Rumpf und Oberschenkel und endet vor den Knien, wo ein deutlicher Saum erkennbar ist.

Die oben beschriebene Anspannung des Sich-Aufrichtens der Gestalt wird durch den anliegenden Stoff betont. Im Oberkörper scheint das Gewand sehr eng zu sein, es spannt sich um Brüste und Rumpf, im Taillenbereich wird es etwas lockerer, die angewinkelte Haltung (Oberkörper richtet sich auf, Unterkörper und Oberschenkel lasten am Boden) erzeugt ein Faltenbündel in der linken, nach oben gezogenen Hüfte.

Von deutlich stärkerer **Plastizität** sind die Faltenbahnen im Bereich der Oberschenkel. Wülste überziehen die zylindrischen Formen und betonen so die gewölbte Oberfläche, ähnlich wie die Parallelschraffuren in den Zeichnungen Henry Moores, die sein Denken in plastischen Formen zeigen. Gleichzeitig erinnern sie an die Kannelüren einer Säule, wenn auch die Säulen (Oberschenkel) horizontal gelagert sind und die Falten im rechten Winkel dazu verlaufen. Sie sollen, ebenso wie die Kannelüren einer antiken Säule, die wuchtige Wirkung des Säulenschaftes (Schenkel) durch lebendiges Spiel von Licht und Schatten mildern. Der Oberkörper wird von Faltenbahnen umspannt, die Oberschenkel eher umflossen.

Einerseits verstärken die Gewandfalten den Eindruck von Plastizität, andererseits führen sie auch das Auge des Betrachters, der auf diese Weise dazu verleitet wird, um die Figur herumzugehen und zu verfolgen, wie sie von Falten umspannt ist. Dabei gewinnt er den Eindruck, Moore hätte ein nasses Gewand modelliert. Feuchte Stoffbahnen schmiegen sich an, verbergen nicht, sondern betonen Körperformen, ebenso wie die Gewänder klassischer antiker Statuen. Es wird berichtet, dass griechische Bildhauer ihren lebenden Modellen nasse Gewänder überhängten.

Die lebendige, handschriftlich anmutende Oberfläche in den Faltenbereichen lässt noch ahnen, dass Moore ursprünglich mit einem weichen Material modelliert hat. Nackte Hautpartien sind dagegen geglättet, mitunter weisen sie Schleifspuren auf. Man möchte meinen, der Körper sei von einer straffen Lederhaut überzogen.

Die überlebensgroße, rundplastisch ausgearbeitete „Liegende" entstand in einem komplizierten, langwierigen Arbeitsprozess. Für große Bronzeplastiken stellte Moore meist ein Gipsmodell in Originalgröße her, für die besprochene Figur verwendete er jedoch ausnahmsweise Ton. Seine Mitarbeiter bauten dazu ein stabiles Holzgerüst, das die Hauptachsen vorgab. An das Grundgerüst wurden viele kleine Holzstäbe montiert, die wesentliche Erhebungen und Vertiefungen der Plastik markierten. Über dieses Gestänge spannte man Tücher, auf die der Ton schichtweise angetragen wurde, bis das maßstabsgetreue Modell dem kleineren, von Moore eigenhändig angefertigten Entwurf entsprach. Moore griff in unterschiedlicher Weise bei der Herstellung des originalgroßen Modells ein. Man kann davon ausgehen, dass die lebendig ausgearbeitete Oberfläche der „Liegenden" auf seine Hand zurückgeht. Von dem Modell goss man Teilformen in Gips ab und leitete sie weiter an die Gießerei. Durch Verschweißen und Schleifen der einzeln gegossenen Teile entstand schließlich die Bronzefigur, deren Nahtstellen kaum sichtbar sind.

Interpretation
Schon bei oberflächlicher Betrachtung wird deutlich, dass Henry Moore nicht an die ideale Darstellung eines weiblichen Wesens nach herkömmlichem Schönheitsbegriff gedacht hat. Die Hässlichkeit der Liegenden hat das Kunstpublikum provoziert. Allerdings ging Moore von der Natur aus, setzte sich damit einem Vergleichsmaßstab aus und wurde wegen seiner „entstellenden" Formulierung des menschlichen Körpers noch in den 60er-Jahren des 20. Jahrhunderts heftig angegriffen.

In Stuttgart musste ein anderer Abguss der „Liegenden" aus den Parkanlagen entfernt werden, weil aufgebrachte Passanten sie beschmiert hatten. Heute steht die Figur vor dem Eingang der Staatsgalerie von James Stirling.

Seit dem Ende des 19. Jahrhunderts benützen und verändern Künstler in zunehmendem Maße Naturformen, um mit ihnen etwas auszusagen. Man muss also fragen, weshalb und mit welchem Ziel Henry Moore den weiblichen Körper so eigenwillig verändert wiedergab.

Die auffälligsten Abweichungen vom gewohnten Erscheinungsbild einer Frau sind der viel zu kleine Kopf und die ausladende Becken- und Gesäßpartie. Moore betont demnach die der Frau von der Natur zugewiesene Urfunktion als Quelle neuen Lebens. Intensives Studium frühgeschichtlicher Kulturen hat ihn in dieser Sichtweise stark beeinflusst. Er äußerte einmal, dass seine Vorbilder bis zurück zum Steinkreis von Stonehenge reichen.

Beim Anblick der „Liegenden" assoziiert man frühzeitliche weibliche Idole, wie man sie auf den Kykladen gefunden hat, oder eine der steinzeitlichen Figürchen, die in den Tempelbezirken auf Malta entdeckt wurden.

Das Motiv der „Liegenden" beschäftigte Moore seit 1952. Seine ersten Figuren waren von der Figur des mexikanischen Sonnengottes inspiriert. Die „Chac-Mool-Figuren" toltekischen Ursprungs waren in der präkolumbianischen Welt weit verbreitet. Sie stellen auf den Hüften liegende Krieger mit schräg aufgerichtetem Oberkörper dar. Aus Stein gehauen, wirken sie monumental und schwer.

In frühen Kulturen war die Bindung des Menschen an die Natur etwas Selbstverständliches. Moore macht mit seinen Figuren diese Affinität wieder bewusst. Es ging ihm nicht um die Wiedergabe des objektiv Sichtbaren, sondern um ein Sich-Hineinversetzen in elementare Wachstumsvorgänge und deren Umsetzung in organisch-plastische Form. Der enge Bezug zur Natur soll durch die Aufstellung in der Natur betont werden. Er modellierte „wie" die Natur, nicht „nach" der Natur.

Mit seinen weiblichen Plastiken formulierte er, wie er selbst sagte, *„eine Metapher für die Beziehung des Menschen zur Erde, zu Bergen und Landschaft".*[26] Der Leib der Frau war für ihn Symbol für die Erdmutter, ihr Körper war zugleich Landschaft mit Erhebungen und Vertiefungen, Tälern und Bergen, die den Tastsinn herausfordern. Tatsächlich ist man versucht, mit der Hand über eine Figur von Moore zu streichen. Moore erzählte einmal, dass er als Kind das Betasten des menschlichen Körpers besonders intensiv empfunden hätte, wenn er seiner rheumakranken Mutter allabendlich den Rücken massieren musste.

Die monumentale Wirkung der „Liegenden" und anderer Hauptwerke von Henry Moore geht auch auf die Auseinandersetzung mit großen italienischen Malern vor der Hochrenaissance zurück, wie GIOTTO und MASACCIO, von deren wuchtigen, körperhaften Formulierungen Moore fasziniert war.

Bei der Reduktion auf Kuben bezieht sich Moore aber auch auf den von ihm bewunderten CÉZANNE, der gefordert hatte, man solle die Natur „gemäß Kegel, Kugel und Zylinder"[17] behandeln. In jedem Fall musste Skulptur für Henry Moore „statisch, kraftvoll, vital"[26] sein und sollte etwas von der „Energie und Mächtigkeit großer Berge"[26] ausstrahlen. Die „Liegende" entspricht dieser von Moore selbst aufgestellten Maxime.

3.2 Alberto Giacometti: „Stehende Frau"

Kurzbiografie

ALBERTO GIACOMETTI (geb. 1901) verbrachte seine Kindheit in Borgonovo ob Stampa in der Schweiz. Seine künstlerischen Neigungen wurden durch die Eltern (sein Vater war Maler) gefördert und der 18-Jährige begann 1919 in Genf mit einem Kunststudium. Nach einem einjährigen Italienaufenthalt ging er 1922 nach Paris, wo er seine Studien fortsetzte und die meiste Zeit seines Lebens verbringen sollte. Fünf Jahre später bezog er die Atelier-Baracke in der Rue Hippolyte Maindron. Dort lebte und arbeitete er zusammen mit seinem Bruder DIEGO, ebenfalls Bildhauer, bis zu seinem Lebensende. Diego stellte seine eigene Arbeit zurück und assistierte sein Leben lang v. a. seinem Bruder.

Bereits 1935 waren Giacomettis Werke in einer Einzelausstellung in New York zu sehen. Seit 1937 kam er immer wieder mit PICASSO, BECKETT, SARTRE und dem Kunsthändler PIERRE MATISSE, dem Sohn von HENRI MATISSE, zusammen. Letzterer wurde sein Galerist in New York. 1940 gelang ihm eine lebensgefährliche Flucht vor der deutschen Wehrmacht aus Paris. Bald darauf konnte er nach Paris zurückkehren und setzte seine Arbeit fort, jedoch vollzog er eine radikale Wende vom Surrealisten zu einem Bildhauer, der sich streng an dem orientierte, was er sah. Noch während des Krieges begann er mit winzigen Gipsfiguren. Zu dieser Zeit lernte er Annette Arm kennen, die er 1948 heiratete. Inzwischen hatte er zu seinem endgültigen Stil gefunden. Seine stabdünnen Figuren wurden bald in zahlreichen Ausstellungen in Europa und den USA gezeigt. Obwohl er wohlhabend wurde, lebte und arbeitete er weiterhin in der dürftigen Baracke. Nach einer Krebsoperation 1963 setzte er seinen selbstzerstörerischen Lebenswandel fort, was drei Jahre danach zu seinem frühen Tod (1966) führte.

Alberto Giacometti fand bereits zu Beginn der 30er-Jahre des 20. Jh. starke Beachtung. Seine surrealistischen Arbeiten beeinflussten u. a. MAX ERNST (1891–1976) und HENRY MOORE. 1935 begann Giacometti, menschliche Gestalten nach der Natur zu modellieren. Bis 1940 arbeitete er täglich, wie er in einem Brief an Pierre Matisse schrieb, mit einem Modell. Als er danach aus dem Gedächtnis arbeitete, um festzustellen, was ihm geblieben war, gerieten ihm seine Figuren immer kleiner. Oft erreichten sie nur noch eine Höhe von wenigen Zentimetern. Manchmal wurden sie so klein, dass sie *„unter einer einzigen Berührung"* seines *„Messers im Staub verschwanden"*.[24] Was ungewollt geschah, erklärt sich aus seinem Bemühen, so zu modellieren, wie er sein Modell sah, wie er in einem bestimmten Moment, aus einer bestimmten Entfernung eine Gestalt wahrnahm. Er gab ihre gesehene Größe, nicht ihre tatsächliche Größe wieder.

Ende der 40er-Jahre wurden seine Plastiken wieder größer, was er selbst auf vermehrtes Zeichnen zurückführte, und vor allem sehr schmal und lang. Er entwickelte nun einen ganz eigenen, antinaturalistischen Formenkanon, dehnte die Gliedmaßen in die Länge und reduzierte Plastizität auf ein Minimum. Seine Figuren waren nun stelenhaft und nahezu masse- und gewichtslos. Giacometti war der Auffassung, dass sie nur in dieser Gestalt der Wirklichkeit nahekommen. Die „Stehende Frau" aus der Staatsgalerie Stuttgart (1948/49) stammt aus dieser ersten Phase seines reifen Stils.

Beschreibung
Man steht einer schmalen, ausgezehrt wirkenden Gestalt von stark **überlängten Proportionen** gegenüber. Alles Fleisch und jede körperliche Fülle scheinen geschrumpft zu sein. Man möchte meinen, das Skelett einer weiblichen Figur zu erblicken. Im Gegenlicht sieht die Figur wie eine schwarze, vibrierende, an- und abschwellende Linie aus. Giacometti sagte einmal, wenn er ein Modell vor sich habe, meine er, durch die Körperoberfläche bis auf den Schädel und das Knochengerüst hindurchzusehen.

Die Gestalt steht völlig aufrecht da, ihr Blick geht nach vorn. Man könnte eine senkrechte Symmetrieachse anlegen, beide Hälften variieren nur durch die unregelmäßige, knorpelige Oberfläche. Die statuarische Haltung lässt an ein Kultbild denken.

Bei der Betrachtung sollte man der Figur direkt gegenüberstehen, sie ist auf **Frontalität** hin konzipiert.

Der Kopf erscheint winzig im Vergleich mit der lang gedehnten Gestalt. Am behutsamsten und realistischsten ist das Gesicht modelliert. Auf dem Kopf sitzt etwas Helmartiges, das vage an eine Pharaonenkrone erinnert.

Alberto Giacometti: „Stehende Frau" (1948/49), Bronze, 125 × 20 × 34 cm, Staatsgalerie, Stuttgart

Im Schulter- und Hüftbereich wird die Figur etwas breiter, dazwischen liegt die sehr dünne und in die Länge gezogene Taille. Die Arme schmiegen sich an den Körper, nur im Bereich der Taille bleibt etwas Zwischenraum. Unterarme und Hände scheinen mit der Hüfte und den Oberschenkeln zu verschmelzen.

Lang, dünn und geschlossen sind die Beine. Es sieht fast so aus, als hätte die Figur nur eines. Nur eine kaum wahrnehmbare, eingeritzte Linie trennt beide Beine. Schwer und stabil im Verhältnis zur Fragilität des Körpers wirken die Füße, die zu einem kastenförmigen Sockel überleiten. Für den späten Giacometti wurde diese Verformung der Füße, die mitunter riesige Ausmaße annehmen können, typisch. Füße und Sockel verleihen der Figur eine gewisse Schwerkraft und bannen sie auf den Boden. Im oberen Körperbereich hat die Figur etwas Schwereloses.

„Figuren waren für mich nie eine kompakte Masse, sondern eher eine durchsichtige Konstruktion"[24], schrieb Giacometti an den Galeristen Pierre Matisse.

Nicht die plastische Masse bestimmt die Figur, sondern ihre Haltung. Der ganze Körper scheint nur ein Zeichen im Raum zu sein. Man könnte fast sagen, Giacometti hätte ihn eher gezeichnet als modelliert.

Die weiche, gefügige Modelliermasse, mit der Giacometti arbeitete, ist auch nach dem Guss in Bronze spürbar. Wie mitten im Arbeitsprozess erstarrt, steht die Figur vor uns, nichts ist geglättet oder endgültig ausgeformt. Besonders ihre Oberfläche bedingt den **fragmentarischen** Charakter und verleiht ihr etwas Unfassbares. Die krustige, holprige Oberfläche täuscht über das geringe Volumen etwas hinweg, lässt die Gestalt ein wenig fülliger erscheinen. Außerdem schließt sie die einzelnen Körperteile zu einer großen Form zusammen, sodass man glaubt, die Figur aus der Ferne zu sehen, wie nahe man ihr auch kommen mag. Die stelenartig aufragende Gestalt bleibt auf Distanz zu uns, entzieht sich sozusagen jedem Zugriff.

Der technische Aufwand ist für Giacometti im Vergleich mit Henry Moores Werken relativ bescheiden. Für die meist kleinen Figuren genügte ihm ein Drahtgerüst, das er mit Ton oder (oft) Gips umhüllte. Auch dieses Gerüst, nicht nur das ursprünglich weiche Material, erahnt man bei den späteren, stelenförmigen Arbeiten selbst noch nach dem Guss.

Interpretation und Gegenüberstellung von Giacomettis und Moores Skulpturen
Haltung, Volumenreduktion und zerklüftete Oberfläche lassen Giacomettis Gestalt zart und zerbrechlich wirken. Nahezu körperlos und schemenhaft erscheint sie vor uns. Ihr Körper gleicht einer mit zittriger Hand gezogenen senkrechten Linie, die gerade aus der Ferne aufgetaucht ist, aber im gleichen Moment wieder verschwinden könnte. Unwillkürlich sucht man die Augen der lang und schmal aufragenden Figur, ein Blickkontakt kommt aber nicht zustande. Ihr Blick trifft niemanden, sondern geht weit in die Tiefe des Raumes.

Zu dieser Erscheinung im Raum bleibt man auf Distanz, man verhält sich dazu wie zu einem Kultbild, an das die stelenartige Form und statuarische Haltung erinnern. Giacometti beschäftigte sich ebenso wie Moore intensiv mit der Kunst früher Kulturen. Er kannte die kleinen, schmalen Stabfiguren der Etrusker, die Kultbilder Ozeaniens und besonders die Plastik der alten Ägypter.

Während Moore „Liegende" bevorzugte, konzentrierte sich Giacometti auf das Motiv der stehenden Gestalt. Stehen erfordert mehr Energie als Liegen, das Entspannung möglich macht. Giacometti kennt nicht die kontrapostisch ausgeglichene Haltung, sondern formuliert angestrengtes Stehen, das auch an archaische Kuroi (gr. „kuros": Jünglingsfigur) der griechischen Antike denken lässt, die mit durchgedrückten Knien und auf Zehenspitzen äußerst angespannt dastehen.

Bei Giacometti wurde zum ersten Mal die **Leere des Raumes** zum Thema eines Bildhauers. Der Raum, welcher die Figur umgibt, wird durch die Figur als leer empfunden. In der Leere des Raumes erhebt sich ein Zeichen für die Verletzlichkeit, Ausgesetztheit und Vergänglichkeit menschlicher Existenz. Der körperlose Körper wird vom umgebenden, grenzenlosen Raum nahezu aufgesogen und verharrt in völliger Isolation.

Die enge Beziehung zwischen der figürlichen Plastik früher Hochkulturen und deren Totenkult darf man nicht übersehen. Sie ist auch für Giacomettis Stelen von Bedeutung. Der französische Schriftsteller JEAN GENET schrieb über Giacomettis Arbeiten:

Seine Statuen scheinen einem verstorbenen Zeitalter anzugehören und entdeckt worden zu sein, nachdem Zeit und Nacht – die klug an ihnen gearbeitet haben – sie angefressen haben, um ihnen dieses zugleich sanfte und harte Aussehen ‚vergänglicher Ewigkeit' zu geben. Oder dann kommen sie aus einem Ofen, Rückstand eines schrecklichen Brennens: nachdem die Flammen erloschen, musste das übrig bleiben.[24]

Dennoch modellierte Giacometti immer wieder den lebenden Menschen in seiner unantastbaren Würde. Die Überzeugung von absoluter Diesseitigkeit allen Seins, des Lebens als einziger Realität und einzigem Wert, und das Bewusstsein von der Vergänglichkeit aller Erscheinungen verband ihn mit seinem Freund JEAN-PAUL SARTRE (1905–1980), dem französischen Schriftsteller und Philosophen des Existenzialismus. Sartre schrieb wiederholt Gedanken zum Werk Giacomettis nieder, die von tiefem Verständnis für dessen künstlerische Probleme zeugen. So beschrieb er u. a. Giacomettis Bemühen um das Festhalten von etwas wirklich Lebendigem in seinen Arbeiten: „*Es gibt ein festes Endziel, das es zu erreichen gilt: wie kann man aus Stein einen Menschen machen, ohne ihn zu versteinern?*"[24] Sartre war der Auffassung, dass Giacometti mit seiner Art der Menschendarstellung eine Lösung für dieses Problem gefunden hat: „*Nie war Materie weniger ewig, zerbrechlicher, menschenähnlicher.*"[24] Das Lebendige in Giacomettis Figuren kulminiert in ihrem Blick. Er habe, sagte Giacometti einmal, bei intensiver Betrachtung eines Modells plötzlich gesehen, dass das Einzige, was übrig blieb, der Blick war.

In seinem Bestreben, die Wirklichkeit zu erfassen, versuchte Giacometti immer wieder, die Erscheinung des Menschen einzufangen. Dabei mussten die Figuren fragmentarisch bleiben, nur so vermochte er, flüchtigen Schein zu bannen. Fertigstellung, endgültige Formulierung war bei dieser Auffassung nicht möglich, hätte Festlegung, Erstarrung bedeutet. Selbst an der Möglichkeit, anzudeuten, zu skizzieren, zweifelte der Bildhauer: „*Ich sehe meine Figuren vor mir: jede, auch die scheinbar vollendete, ein Fragment, jede ein Versagen. Doch: ein Versagen.*"[24] Sein „Versagen" zwang ihn zu neuen Versuchen, sodass sein künstlerischer Weg für ihn entscheidender war als die einzelnen Etappen (Werke) und jedes Werk nur Annäherung und nicht Ankunft bedeuten konnte. Seine künstlerischen Anstrengungen erschöpften sich seiner Ansicht nach in tastenden Versuchen, dem Geheimnis menschlicher Existenz auf die Spur zu kommen. Seine Figuren scheinen immer wieder zu fragen, eine Antwort findet sich nirgends.

Moores Skulpturen sind monumental, kompakt und schwer. In besonderer Weise sprechen sie den Tastsinn an. Bei den meisten seiner Arbeiten kann man von einer rundplastischen Konzeption sprechen. Giacomettis Gestalten dagegen wirken unnahbar, wie von fern betrachtet, in gewisser Weise weihevoll, erhaben. Man sieht scheinbar schwerelose Erscheinungen, die zwar rundplastisch ausgearbeitet, doch auf Frontalität hin angelegt sind, deren Silhouette uns gegenübersteht. Beim Umgang mit plastischen Formen dachte Moore in Massen, beim Modellieren näherte er sich kubischen Grundformen an.

> *Ein Bildhauer muss ein praktischer Mensch sein, nicht bloß ein Träumer [...], muss mit Hammer und Meißel umgehen können, [...] muss ein Arbeiter sein, jemand, dessen Füße fest auf dem Boden stehen.*[24]

Giacometti wollte Materie weitgehend eliminieren. Er arbeitete nicht mit tonnenschweren Gewichten, sondern meist mit etwas Draht und Gips. Man könnte seine Vorgehensweise als ein Zeichnen im Raum beschreiben: „*Vielleicht wäre es gar nicht mehr nötig, sie im Raum zu schaffen, wenn ich sie zeichnen könnte.*"[24]

Henry Moore arbeitete seine Plastiken meist vollständig aus. Er glättete bzw. polierte die Oberflächen, während Giacometti überdeutlich Arbeitsspuren hinterließ. Die zerklüftete, krustige Oberfläche bleibt, Fingerabdrücke sowie skizzierte, angedeutete Formen verleihen seinen Figuren immer fragmentarischen Charakter.

Bei den Körperproportionen betonte Moore vor allem Becken und Schenkel. Der Kopf ist meist sehr klein. Moores Ausgangspunkt war immer die Natur, in der er archetypische Formen sah. Winzige Köpfe bekrönen auch Giacomettis Gestalten, die Körper sind aber sehr lang und schmal, die Füße oft auffallend wuchtig und groß. Ein schwerer Sockel sorgt für Standfestigkeit und Anbindung an den Boden. Auch für Giacometti war die sichtbare Realität der Ausgangspunkt. Ihm ging es jedoch darum, die momentane Erscheinung festzuhalten, ein schier unmögliches Unterfangen, das ihn ein Leben lang zu unablässiger Arbeit trieb.

Bei Figuren von Moore hat man den Eindruck, dass sie sich im Raum ausdehnen, dass sie Raum verdrängen. Häufig in der Natur aufgestellt, treten sie in Bezug zum umgebenden Raum. Eine Stele von Giacometti scheint sich zusammenzuziehen. Sie macht die Leere des Raumes durch ihr Auftragen spürbar und steht isoliert von ihrer Umgebung da. Henry Moore dachte in plastischen Formen. Sein künstlerisches Problem war die **Form als Form**. Die Betonung des Organischen zeigt seine enge Beziehung zur Natur. Spürbar wird bei der Betrachtung seiner Plastiken die selbstverständliche Einheit von Mensch und Natur. Im Kontrast dazu stehen Giacomettis Figuren wie verloren und fremd im leeren Raum. Bestehend aus einem geringen Rest an Materie haben sie **Zeichencharakter**. Sie deuten lebendige Wesen an und stellen sie nicht dar.

Architektur

1 Grundlagen

Die Architektur hat von allen Künsten den meisten Einfluss auf unser Leben. Der Wohnbau muss auf unsere Lebensbedingungen abgestimmt sein, ebenso wie die Stadt, die zu unserem Lebensraum gehört.

Das Wort „Architektur" stammt aus dem Altgriechischen („archi": Haupt; „tékton": Zimmermann, Baumeister). Man könnte es mit „oberster Zimmermann" übersetzen. Die Griechen bauten ihre frühesten Tempel aus Holz, daher spielte der Zimmermann eine bedeutende Rolle.

Man unterscheidet zwischen der Architektur als Kunst und dem bloßen Bauen. Bis zum Ende des 19. Jahrhunderts wurde klar getrennt zwischen dem Bau, der über das Zweckhafte hinausreicht (z. B. Museum: wertvolle Materialien, Ornamente usw.), und dem Bau, der rein funktional ausgerichtet ist (z. B. Messehalle: Eisen, Glas, technische Konstruktion). Seit der Funktionalismus das Bauen des 20. Jahrhunderts bestimmte, wird der Begriff „Architektur" auch auf Bauten angewandt, die ohne kunstvolle Ausstattung auskommen (z. B. Bahnhöfe). Gute Architektur von schlechter (also eigentlich „Nicht-Architektur") abzugrenzen, ist auch heute ein Problem und erfordert großen Sachverstand.

Während der Maler die **Fläche** gestaltet, der Bildhauer mit **Körpern** arbeitet, entwirft der Architekt **Räume**. Dabei kann es sich um einen geschlossenen Raum (Haus) oder einen offenen Raum (Platz, Park usw.) handeln.

Jedes Bauen wird bestimmt von zwei Komponenten: Auf einer Basis (Erde, horizontal, Fundament) wird für den Menschen, der aufrecht steht, etwas errichtet, das meist senkrecht in die Höhe wächst. Symbol für die Arbeit der Bauleute sind die Wasserwaage (Horizontale) und das Lot (Abmessung der Senkrechten).

In dem manieristischen Park von Bomarzo in der Nähe von Rom steht ein kleines Haus, dessen Wände und Treppen absichtlich schief gebaut wurden. Wer das Haus betritt, fühlt sich unwohl, weil er das Gleichgewicht verliert.

Schiefe Mauern, ein Boden, der nachgibt, oder ein zu schweres Dach würden einen Bau zum Einsturz bringen. Kinder können beim Spiel mit Bauklötzen die grundlegenden Bedingungen des Bauens erfahren.

Seit dem 19. Jahrhundert bedient sich der Architekt der wissenschaftlichen **Statik** (lat. „stare": stehen; griech. „statikos": zum Stillstand bringen), einem Teilgebiet der Mechanik, das sich mit Kräften in unbewegten Systemen (hier Bauwerken) befasst. Die Kräfte, die sich z. B. aus dem Eigengewicht des Baus und aus seiner Nutzung ergeben (die wichtigsten sind der Druck und der Schub) werden mithilfe der Statik berechnet. Das Wissen um die Baustatik war im Mittelalter noch sehr begrenzt. Selbst ein so kompliziertes, für den Laien nicht leicht zu durchschauendes Konstruktionssystem wie das Strebewerk der gotischen Kathedrale wurde nach Faustregeln und Erfahrungswerten bemessen. So kam es immer wieder zu Einstürzen, nach denen man das Gebäude verändern musste. Das Gewölbe der Kathedrale von Beauvais stürzte gleich zweimal herab. Der Niederländer SIMON STEVIN benützte um 1600 als Erster das Kräfteparallelogramm, ohne das keine korrekte Statik denkbar ist.

Ursprünge der Architektur
Malerei und Plastik sind wesentlich ältere Kunstgattungen (früheste Höhlenmalereien um 30 000 v. Chr.) als die Architektur. Der Mensch baut erst, seit er sesshaft ist. Nomaden lebten in Höhlen oder Zelten. In vorgeschichtlicher Zeit entstanden bereits einfache Blockbauten aus Holz oder Rundbauten aus Naturstein.

Von „Architektur" spricht man erst in Bezug auf Bauten, die nicht nur Schutz vor Witterungseinflüssen boten, sondern zu Kulthandlungen dienten.

Dieses eigentliche Bauen begann mit der Setzung eines Males. Dabei konnte ein langer Stein hingelegt (Dolme) oder aufgerichtet (Menhir) werden.

Zum Akt der Aufrichtung kommt das Moment der Raumbildung, beides in magisch-kultischen Bezügen. Die architektonischen Elemente sind gesetzt. Bei der Raumbildung zeigen sich auch hier wieder die Grundformen: die Monolithe werden im Kreis aufgestellt (Stonehenge, England) oder in Form einer Steinallee angelegt: der Zentralraum und der Longitudinalraum sind gegeben, die horizontale Wegachse und die vertikale Achse geschaffen.[13]

Konstruktionsmethoden und Baumaterialien
In frühen Hochkulturen (Mesopotamien, Ägypten) und in der Antike (Griechen, Römer) wurden grundlegende Konstruktionsmethoden entwickelt, die ihre Gültigkeit bis heute nicht verloren haben. Man unterscheidet zwei Bauprinzipien: das Massivbauprinzip und das Skelettbauprinzip.

Kennzeichen der **Massivbauweise** ist die gemauerte Wand. Öffnungen (Fenster, Türen) sind meist recht klein. Charakteristische Beispiele für den Massenbau sind römische Thermen und Paläste sowie romanische Kirchen.

Während beim Massivbau die Wand trägt, übernehmen diese Funktion beim **Skelettbau** die Stützen (Säulen, Holzbalken usw.). Typisch für den Skelettbau ist die gotische Kathedrale, die wie ein filigranes Wunderwerk aus kompliziert aufeinander abgestimmten Stützen und Verstrebungen besteht.

Eine klar überschaubare Konstruktionsmethode nach dem Skelettbauprinzip weist der griechische Tempel auf.

Poseidon-Tempel, Paestum, Italien

Auf dem Unterbau (Stylobat) wurden die Stützen (Säulen) errichtet, die den längsrechteckigen Bau umgeben. Darauf wurde die Last (Gebälk und Dach) gelegt. Stützen und Last stehen in ausgewogenem Verhältnis zueinander, was den harmonischen Eindruck hervorruft. Das Bauelement „**Säule**" wurde von den Griechen ausgebildet: Sie besteht aus einem Schaft (Mittelteil, meist kanneliert, d. h. von Rillen durchzogen), der Basis (entfällt bei der dorischen Säule), und dem Kapitell (lat. „caput": Haupt). Das Gebälk, bestehend aus Architrav (ursprünglich Holzbalken, später Marmorblöcke) und Fries (ebenfalls Marmorblöcke, verziert mit Metopen und Triglyphen) liegt unter dem flachen Satteldach, das an der Schauseite ein Giebelfeld (Tympanon) aufweist. Dieses ist meist mit Reliefs geschmückt. Im Inneren des Tempels steht die gemauerte Cella (davon abgeleitet: Zelle), in der das Götterbild aufbewahrt wird.

Querschnitt eines griechischen Tempels

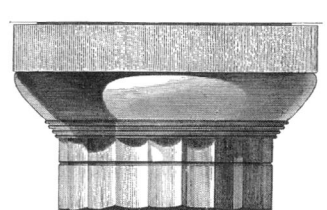

dorisches Kapitell

ionisches Kapitell

korinthisches Kapitell

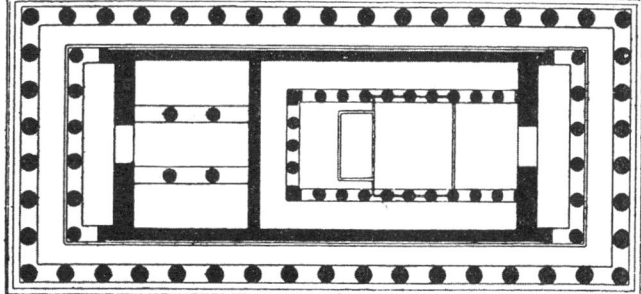

Grundriss griechischer Tempel

Seit Eisen und Stahl als **Baumaterialien** verwendet werden, kann man nach dem Prinzip des Skelettbaus außerordentlich große Räume errichten (z. B. Kristallpalast, J. PAXTON, 19. Jahrhundert).

Während Holz, Lehm (verarbeitet zu Ziegeln) und Naturstein zunächst die natürlichen Baumaterialien waren, kamen ab dem 19. Jh. weitere, vom Menschen künstlich aufbereitete Materialien hinzu. So setzte man schon seit dem 18. Jh. Gusseisen ein, das aber wegen seiner spröden Beschaffenheit (kann leicht brechen) bald durch Stahl (im Hochofen erschmolzenes Roheisen) ersetzt wurde, der elastisch ist. Das am meisten eingesetzte Baumaterial ist heute Beton, aus Sand, Zement, Kies und Wasser hergestellt. Um die Festigkeit zu optimieren, fügt man in den flüssigen Beton Stahl (Armierung) ein. Glas und Kunststoffe prägen heute das Äußere vieler moderner Bauten.

Das Bauprinzip „Wölbung"

Aus dem Osten (Persien) gelangte das Wissen um die Wölbkunst nach Europa. Römische Baumeister schufen monumentale Massivbauten, die gewölbt wurden. Voraussetzung dafür war der „echte" Bogen, den die Griechen noch nicht kannten.

Die älteste Wölbeform ist die Kragwölbung (z. B. das sogenannte Schatzhaus des Atreus, Mykene, um 1400 v. Chr.). Jede der horizontal aufeinanderliegenden Steinschichten „überkragt" die darunterliegende. Große Steine im Scheitel schließen den so entstandenen Raum ab. Mit dieser frühen Wölbetechnik entstand das sogenannte **falsche Gewölbe**.

Das sogenannte **echte Gewölbe** setzte den „echten" Bogen voraus, bei dem die Fugen zwischen den keilförmig zugehauenen Steinen senkrecht zur Bogenlinie verlaufen.

Die wichtigsten „echten" Gewölbeformen sind das **Tonnen-** und das **Kreuzgewölbe**, mit dem längsrechteckige Bauten überwölbt werden. Beide Bauformen wurden von den Römern vervollkommnet.

Beim **Tonnengewölbe** liegt auf dem Unterbau ein halber Zylinder mit einem halbkreisförmigen Querschnitt (z. B. Triumphbogen).

Das **Kreuzgewölbe** entsteht aus zwei sich im rechten Winkel durchdringenden Tonnengewölben.

a) Kreuzgratgewölbe: Auf den Innenseiten bilden sich an den Schnittflächen scharfe Grate (üblich in römischer und romanischer Zeit).
b) Kreuzrippengewölbe: Die Grate werden durch Steinbänder (Rippen) ersetzt. Diese werden zuerst gebaut (über einem Leergerüst). Dann werden die Flächen zwischen ihnen mit Steinen ausgefüllt (typisch für die gotische Epoche).

Architektur 191

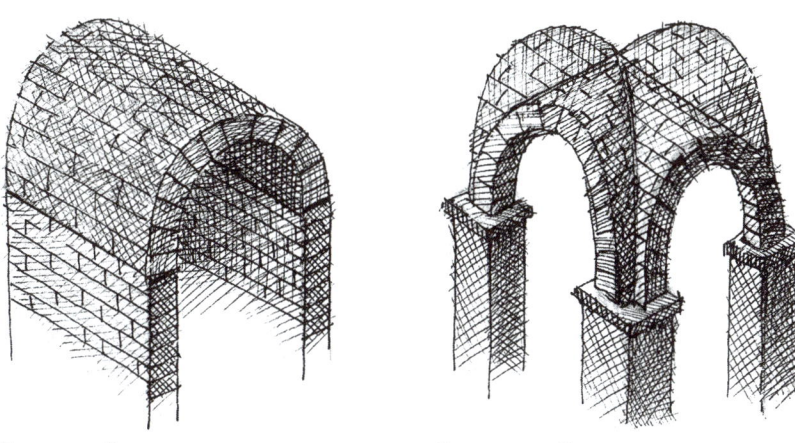

Tonnengewölbe   Kreuzgratgewölbe

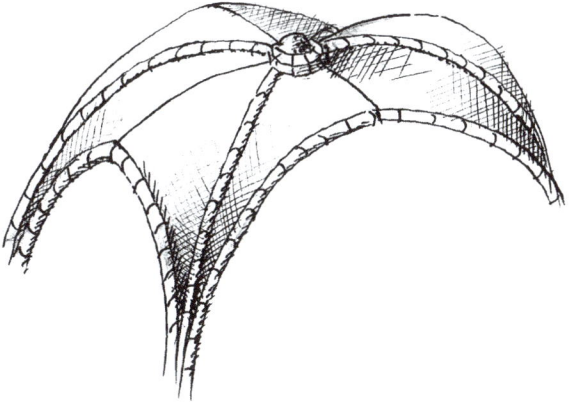

Kreuzrippengewölbe

Zur Überwölbung quadratischer oder runder Räume errichtet man **Kuppeln**. Auf einen runden Unterbau lässt sich die Kuppel (meist Halbkugel) problemlos aufsetzen. Bekanntestes Beispiel ist das Pantheon, das um 120 n. Chr. unter Kaiser Hadrian für die sieben Planetengötter errichtet wurde und heute noch fast vollständig erhalten ist.

Die Höhe im Inneren entspricht dem Durchmesser (43,6 m) der Halbkugel, aus der das Gewölbe besteht. Würde man die Halbkugel zu einer Kugel vervollständigen, so würde deren Unterkante den Fußboden berühren. Einzige Lichtquelle ist eine kreisrunde Öffnung (Durchmesser 9 m) im Kuppelscheitel. Diese größte gemauerte Kuppel, unter der eine gotische Kathedrale Platz hätte, verdankt ihre Stabilität einer raffinierten Konstruktionsmethode, die sich in den massiven, bis zu 6 m starken Wänden verbirgt.

Das Mauerwerk besteht aus zwei Schalen. Während der innere Raummantel immer wieder durch Nischen (Unterbau) unterbrochen ist, ist die äußere Schale völlig geschlossen, weshalb auch Innenraum wie Außenraum kubisch geschlossen wirken.

Die Kuppelschale ist einerseits nach unten durch Abtreppungen verstärkt, andererseits steckt sie in ihrem unteren Viertel im Mantel der Außenmauer. Die Wandnischen im Inneren sind durch Bogen entlastet, weitere Entlastungsbogen tragen zu einer brückenartigen Druckverteilung bei. Auch die Mauerpfeiler zwischen den Wandnischen enthalten Hohlräume. Man verspannte sämtliche Hohlräume durch Querbögen, die dem Gewölbeschub entgegenwirken. So entstand ein raffiniertes Kraftliniensystem. Um Gewicht zu sparen, fügte man in das zementartige Gemisch, mit dem die Innenräume der Kuppelschale ausgegossen wurden, u. a. Amphoren (Tongefäße, innen hohl) ein.

Die Innenwand der Kuppel wurde mit Ziegeln, verbunden mit Mörtel, gemauert, und zwar setzte man Ring auf Ring. Dabei ließ man einen Ring trocknen, bevor man mit dem nächsten begann. Dadurch konnte man ohne Leergerüst arbeiten.

Querschnitt des Pantheons, Rom

Wird eine Kuppel über einem quadratischen Grundriss errichtet, ergibt sich das Problem der Überleitung vom Quadrat zum Kreis. Um dieses Problem zu lösen, entwickelte man die Trompen- und die Pendentifkuppel.

Trompen entstehen, wenn der Kuppelkreis in die Seiten des quadratischen Grundrisses eingezogen ist. Vier kleine Bögen spannen sich über die Ecken des quadratischen Raumes, sodass ein Achteck (Oktogon) entsteht, das die runde Kuppelbasis aufnehmen kann.

Pendentifs entstehen, wenn der Kreis um die Winkel des Quadrats herumgeführt wird. Über den vier Seiten werden halbkreisförmige Bögen errichtet. Darauf sitzt die Kuppel. Zwischen Bogen und Kuppel entstehen sphärische (gebogene) Dreiecke, die sogenannten Pendentifs. Dies ist die ausgereifte Methode des Kuppelbaus.

Mit modernen Materialien ist das Überwölben von weit größeren Räumen als z. B. des Pantheons kein Problem mehr. So eröffnen u. a. Stahlbeton und leichte, dünnwandige Betonschalen neue Möglichkeiten.

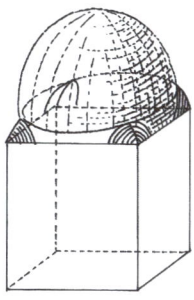
Trompenkuppel

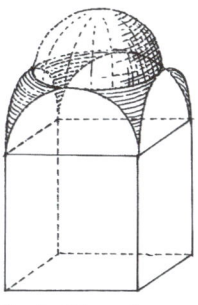
Pendentifkuppel

2 Architekturhistorischer Rückblick (4. bis 20. Jahrhundert)

Frühchristliche Architektur (4.– 6. Jahrhundert)
In frühchristlicher Zeit bildeten sich die zwei Grundtypen des europäischen Sakralbaues heraus: der Longitudinalbau (längsgerichtet, auch „Wegraum" genannt) und der Zentralbau (meist rund, auch „Verweilraum" genannt).

Longitudinalbau
Die christlichen Kirchen wurden nach dem Vorbild der römischen Markt- und Gerichtshalle, genannt **Basilika**, gebaut, die sich als Versammlungsraum für die Gemeinde eignete. Die Merkmale der christlichen Basilika sind:
- Längsbau mit drei oder fünf Schiffen
- Mittelschiff höher als Seitenschiffe

194 / Architektur

- Obergadenfenster in der Hochwand des Mittelschiffs
- Apsis (griech.: Wölbung; meist halbkreisförmige Nische für den Altar) schließt Bau im Osten ab

Die Bauten sind fast immer geostet, d. h. der Altar steht im Osten, wo die Sonne (Licht) aufgeht, die mit Christus in Verbindung gebracht wird.

St. Paul vor den Mauern, Rom (Neubau nach Brand im 19. Jahrhundert)

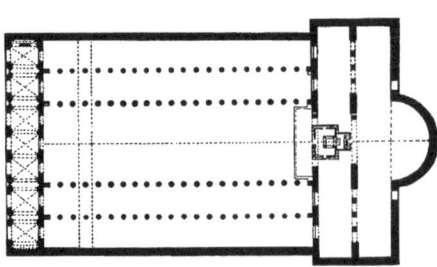

Grundriss von St. Paul vor den Mauern

Querschnitt von St. Paul vor den Mauern (4. Jh.)

Zentralbau

In Anlehnung an den römischen Rundtempel entstand der christliche Zentralbau, der meist als Taufkirche (Baptisterium, Taufbecken in der Mitte) oder Grabkapelle (Mausoleum, abgeleitet vom Grabmal des antiken Königs Mausolos) genutzt wurde. Monumente aus frühchristlicher Zeit findet man vor allem in Rom, Ravenna und Byzanz (Hagia Sophia). Wichtigster Bauherr war Kaiser Justinian (6. Jahrhundert).

Hagia Sophia, Istanbul

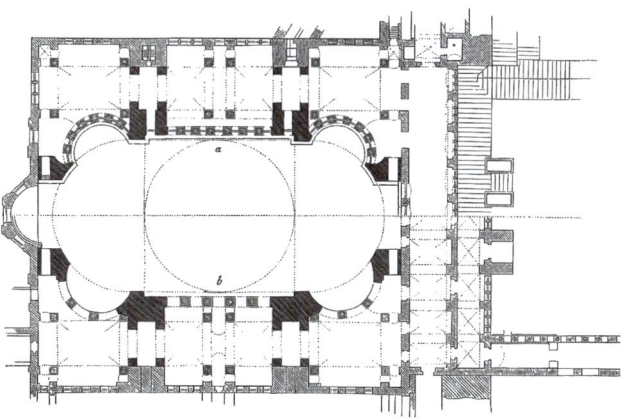

Grundriss der Hagia Sophia

Karolingische Renaissance (ca. 780–850)

Nach den Wirren der Völkerwanderung strebten die Herrscher aus dem Hause der Karolinger ein Kaisertum nach antik-römischem Vorbild an. Die Baukunst nahm dementsprechend Bezug auf spätantike bzw. frühchristliche Bauten. Das Wiederanknüpfen an antike Traditionen unter KARL DEM GROßEN wird als „Karolingische Renaissance" bezeichnet.

Der erste repräsentative Steinbau nördlich der Alpen, der nach der Antike entstand, ist die Pfalzkapelle zu Aachen (um 800), ein Zentralbau nach frühchristlichem Vorbild der Kirche S. Vitale in Ravenna (6. Jahrhundert).

Romanik (ca. 10.–12. Jahrhundert)

Der Begriff „Romanik" bezieht sich auf die Entstehung der romanischen Architektur aus dem römischen Steinbau unter Beibehaltung des charakteristischen Rundbogens.

Unter den sächsischen (ottonischen) Kaisern entwickelte sich eine eigenständige Baukunst. Kennzeichnend war nun eine massive Bauweise mit dicken Mauern und sehr kleinen Fenstern, die der Kirche etwas Burgartiges verlieh. Das Innere ist relativ dunkel.

Klosterkirche in Maursmünster (Marmoutier, Elsass), Westwerk (12. Jh.)

Der Typus „Basilika" wurde beibehalten, der Bau aber um verschiedene Elemente erweitert: Lang- und Querhaus durchdringen sich, dabei entsteht die durch vier Mauerbogen **ausgeschiedene Vierung**. Die Fassade wird flankiert durch Türme, über der Vierung wird ein **Vierungsturm** errichtet. Symbolische Bedeutung besitzt das im Westen angefügte **Westwerk**, ein massiver Vorbau, der dem Erzengel Michael geweiht ist: Er soll das anstürmende Heer der Dämonen abhalten. Auf einer Empore im Westwerk nahm der Herrscher am Gottesdienst teil.

Für den Grundriss lieferte die Vierung das Einheitsmaßquadrat. Jedem Mittelschiffquadrat entsprechen zwei halb so große quadratische Felder der Seitenschiffe. Man spricht vom **„gebundenen System"**. Die eindeutige Ausrichtung nach Osten geht häufig durch die **Doppelchörigkeit** (Chor auch im Westen) verloren.

Eine Unterkirche (**Krypta**) im Osten diente als Begräbnisstätte für Heilige und als Ort der Reliquienverehrung. Ab der Einwölbung des Kaiserdoms zu Speyer (um 1100) wurde das **Kreuzgratgewölbe** üblich (zuvor Flachdecken). Die innere Hochwand gliedert sich in Rundbogenarkaden, eine geschlossene Mauerfläche (häufig bemalt, später Ort der Empore) und darüber die Obergadenfenster. Säulen bzw. Pfeiler stützen die Hochwand. Das romanische Kapitell war das **Würfelkapitell**. Der zunächst schmucklose Würfel wurde an der Unterseite abgerundet, damit er sich der Säule anpasste.

Gotik (12.–15. Jahrhundert)
Ursprungsland der Gotik ist Frankreich. Das Wort „Gotik" stammt aus dem Italienischen *(gotico)* und bedeutet „fremdartig", „barbarisch". Abgeleitet wurde es von dem germanischen Stamm der Goten. GIORGIO VASARI (16. Jahrhundert), Verfasser der frühesten Künstlerbiografien und Verehrer der Antike, verwendete als Erster dieses Wort und brachte damit seine Verachtung der mittelalterlichen Kunst gegenüber zum Ausdruck. Es war also zunächst ein Schimpfwort.

Herausragende Bauaufgabe der Gotik war die Kathedrale (griech. *kathedra*: Bischofsstuhl). Sie wirkt neben der burgartigen Kirche der Romanik wie ein zartgliedriger Palast.

Grundform blieb die Basilika, doch das Verhältnis zwischen den Bauelementen änderte sich: Das Mittelschiff ist hoch und schmal, das Querschiff ragt kaum über das Langhaus hinaus. Damit wurde der Raum vereinheitlicht und einem großen Saal ähnlich. Die Apsis rückte als Verlängerung des Chores in den Raum. Um den Chor herum führt ein Gang, an den sich ein Kapellenkranz anschließt. Krypta und Westwerk entfielen, wie überhaupt das Dunkle und Massive verschwand und der Bau von außen und innen transparent wirkte. Die steinernen Dämonen, in der Romanik auch in der Fassade zu sehen, wurden hoch hinauf zu den Türmen verbannt und dienten als Wasserspeier.

Kennzeichen der weit in die Höhe strebenden gotischen Kirche (Vertikalismus) sind v. a. der **Spitzbogen**, das **Kreuzrippengewölbe** und das **Strebewerk**. Im Inneren stützen Bündelpfeiler (ein dicker runder Pfeiler umringt von dünnen, runden Pfeilern, „Dienste" genannt) die Spitzbogenarkaden. Ihre Dienste reichen hinauf bis ins Gewölbe, setzen sich in den Gewölberippen fort und bilden das stützende Gerüst des Gewölbes, das scheinbar schwerelos hoch oben den Raum abschließt. Geschlossene, gemauerte Wand ist kaum zu sehen, sie ist bis auf ein „Skelett" reduziert. Der gewaltige Schub des Gewölbes wird – im Inneren nicht sichtbar – von den Strebebögen an der Außenwand aufgefangen, die zwischen den Fenstern oberhalb der Seitenschiffe ansetzen und auch diese empfindliche Zone stabilisieren. Über die Strebebögen wird der Schub auf die Strebepfeiler verlagert, die tief im Fundament verankert sind.

Dieses ausgeklügelte Konstruktionssystem nimmt der Kirchenbesucher kaum wahr, der von einer prachtvollen Fassade empfangen wird und einen Raum betritt, dem das intensive, farbige Licht und die reiche Bauornamentik etwas Zauberhaft-Mystisches verleihen (vgl. Kathedrale Reims, S. 210–217).

Renaissance (15./16. Jahrhundert)

Der Begriff „Renaissance" kommt aus dem Französischen und bedeutet „Wiedergeburt". Diese bezieht sich auf die Antike, die nach dem Mittelalter ins Blickfeld rückt.

Die Architektur der Renaissance entstand im 15. Jahrhundert in Florenz (Frührenaissance). Neben dem weiterhin dominierenden Sakralbau (die Sakralkunst überwog in allen Kunstgattungen bis zum Ende des 18. Jahrhunderts) wurde nun auch der **Profanbau** zur wichtigen Bauaufgabe. Beim Bau von Palästen z. B. bezog man sich bewusst auf die römische Antike. So sind u. a. Innenhöfe von Rundbogenarkaden umgeben und die antike Säulenordnung (dorisch – ionisch – korinthisch) wurde wieder aufgegriffen.

Der **Zentralbau** wurde zur Lieblingsidee der Renaissance-Architekten. LEONARDO DA VINCI übernahm von dem antiken Architekten VITRUV die Darstellung des Menschen inmitten von Kreis und Quadrat, den nach Meinung der alten Griechen vollkommensten Formen. Insbesondere der Kreis wurde als ideale Form angesehen. Ohne Anfang und Ende symbolisiert er den Kreislauf von Leben und Tod bzw. Unendlichkeit.

Man griff das Proportionssystem der Antike wieder auf, das von der Säulenordnung ausging und bis zum Spätbarock Gültigkeit hatte. Ausgangsgröße war dabei das Sechs- bis Zehnfache des unteren Säulendurchmessers, danach richtete sich die Höhe der Säule. Aus dieser Maßeinheit, einer für den Menschen überschaubaren Größe, leitete man die übrigen Maße des Raumes ab. Das heißt, die Raumdimensionen waren auf den Menschen abgestimmt, der jetzt im Zentrum des Denkens stand und als „Maß aller Dinge" angesehen wurde (Anthropozentrismus statt Christozentrismus).

Aus der Vorliebe für Kreis und Quadrat ergab sich, dass viele kuppelüberwölbte Zentralbauten errichtet wurden. Als erster Renaissancebau gilt die Kuppel des Florentiner Doms, die BRUNELLESCHI im 15. Jh. entwarf und ausführte. Sie zeigt zwar noch das gotische Prinzip der Gewölberippen und ist ein steiles „Klostergewölbe", doch in ihrer Gesamtkonzeption wurde sie zum Vorbild für MICHELANGELOS Kuppel des Petersdoms und für viele weitere Kirchenbauten. Bevor Brunelleschi seine Pläne zur Überwölbung der Vierung des Domes vorlegte, studierte er eingehend die Kuppel des römischen Pantheons.

Längsbauten wurden nun häufig mit einem Tonnengewölbe abgeschlossen, das römischen Ursprung hatte. Wie in der Antike waren alle Bauformen klar erkennbar und rational fassbar. Das Verhältnis der Bauteile zueinander lag offen dar. Tragen und Lasten wurde nicht verschleiert wie etwa in der Gotik. Skulptur und Malerei ergänzten den Bau, waren aber deutlich abgegrenzt von der Architektur, anders als im Barock, als die verschiedenen Gattungen im Gesamtkunstwerk „Kirche" oder „Schloss" verschmolzen.

Petersdom, Rom (16./17. Jh.)

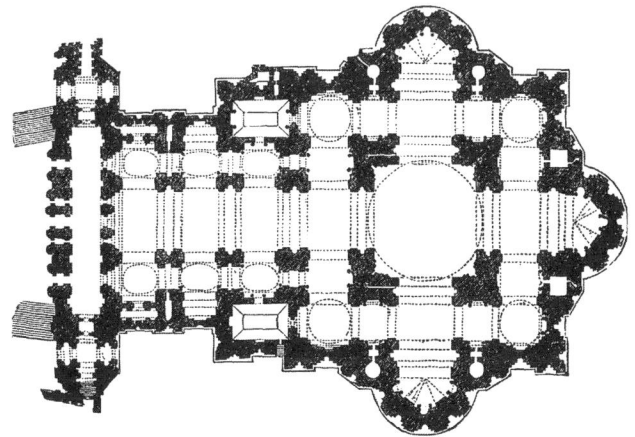

Grundriss des Petersdoms

Zentrum der Hochrenaissance (1500–1520) war Rom. BRAMANTE, berufen von Papst Julius II., entwarf den ersten Plan für den Neubau des Petersdoms, der wichtigsten Bauaufgabe des 16. Jh. Er konzipierte einen reinen Zentralbau mit einer Haupt- und vier Nebenkuppeln über einem griechischen Kreuz. MICHELANGELO übernahm 1547 in hohem Alter die Bauleitung. Er vereinheitlichte den Innenraum, um die von ihm geplante Kuppel zur Geltung zu bringen. Durch den Anbau des Langhauses (Architekt: MADERNO) im frühen Barock verlor die Kuppel ihre dominierende Wirkung.

In der Spätrenaissance entwarf ANDREA PALLADIO in Norditalien elegante Villen, z. B. die Villa Rotonda bei Vicenza. Seine Bauten wurden richtungsweisend für englische Architekten im 17. Jahrhundert, die in der Zeit des Barock einem kühlen Klassizismus den Vorzug gaben.

Barock (17./18. Jahrhundert)

Gegen Ende des 16. Jahrhunderts entstand der Barock in Italien und fand von dort Verbreitung in ganz Europa. Er war der letzte große Epochenstil und endete mit der Französischen Revolution.

Der Begriff „Barock", üblich seit dem 19. Jahrhundert, kommt aus dem Portugiesischen und bedeutet „schiefe Perle", was im übertragenen Sinn „sonderbar", „lächerlich" bedeutet und zuerst diskriminierend gemeint war.

Die Zeit des Barock stand unter dem Vorzeichen der Gegenreformation und des Absolutismus. Charakteristisch für die Baukunst war die Liebe zum Effektvoll-Theatralischen. Prachtvolle, lichtdurchflutete Kirchenräume (seit der Renaissance waren die Fenster farblos verglast), nahmen die Sinne des Menschen gefangen. Die aufblühende Kirchenmusik (Einbau von Orgeln) trug zur überwältigenden Wirkung des Kirchenraumes bei.

Alle Mittel waren recht, um den Kirchenbesuchern ein beeindruckendes Schauspiel zu bieten. Fehlte z. B. der Marmor, so „marmorierte" man Holzsäulen. Flache Decken wurden durch illusionistische Bemalung zur Kuppel, in wirkliche Kuppeln malte man eine zweite, fiktive Kuppel und täuschte damit noch mehr Höhe vor. Der Hochaltar ähnelte einer Bühne, was man sehr schön in der Klosterkirche zu Weltenburg (Rokoko, 18. Jahrhundert) beobachten kann. Hier tritt der hl. Georg gleichsam ins Rampenlicht, um den Drachen zu töten. Für den effektvollen Lichteinfall sorgen seitlich verdeckt angebrachte Fenster.

Die Grenzen zwischen Architektur, Malerei und Plastik verschwammen. Ziel war das **Gesamtkunstwerk** „Kirche" (bzw. „Schloss"), in dem die drei Kunstgattungen nahtlos ineinander übergehen. So kann aus einem Deckengemälde ein rundplastisch gearbeiteter Fuß hervortreten, wobei für den unten stehenden Betrachter nicht mehr auszumachen ist, wo Malerei aufhört und Plastik beginnt. Ebenso ist es oft kaum noch möglich, gemalte Architektur von „echter" Architektur zu unterscheiden.

Der bisher so beliebte Zentralbau wurde abgewandelt. Der Grundriss war oft nicht mehr kreisförmig, sondern oval, näherte sich also wieder dem Längsbau an. Damit erzielte man einen **Kompromiss aus Längs- und Zentralraum**. Auch beim Petersdom griff man die Langhausidee wieder auf. MADERNO fügte das Langhaus an (Fertigstellung 1626), das der Kuppel MICHELANGELOS sozusagen die Schau stiehlt. BERNINI vervollständigte das Bauensemble mit dem von Kolonnaden umgebenen Petersplatz (1656–1667), dessen Raumkonzeption das Ergebnis raffinierter perspektivischer Berechnungen ist und als *perspectiva aedificandi* (gebaute Perspektive) dem menschlichen Auge eine größere Tiefenerstreckung vortäuscht.

Häufig nachgeahmt wurde die Jesuitenkirche Il Gesù in Rom (um 1570). VIGNOLA entwarf einen einschiffigen, tonnenüberwölbten Langhausbau mit Seitenkapellen. Über der Vierung erhebt sich eine große Kuppel, aus der Licht ins Innere strömt. Damit ist die Kuppel nicht mehr Zentrum wie bei der Rotunde, sondern Zielpunkt des Raumes. Langhausbau und überkuppelter Zentralbau wurden auf diese Weise verbunden. Besonderen Wert legte man auf reichen ornamentalen Dekor (Stuck) und figürliche Plastik. An der Fassade und im Innenraum entsteht der Eindruck von Bewegung durch ein dramatisches Hell-Dunkel, das auf Ein- und Ausbuchtungen (konvex – konkav) zurückzuführen ist. Im Vergleich zum in sich ruhenden, statisch wirkenden Renaissancebau hat man hier das Gefühl, die Wände würden schwingen und die Putten (kleine Engelfiguren) im nächsten Augenblick von der Kanzel herabflattern.

Richtungsweisender Bau für Paläste des 18. Jahrhunderts war das Schloss von Versailles (seit 1661, Bauherr Ludwig XIV.). Zentrum des Baues ist das Schlafzimmer des Königs, markanter Ausdruck des absolutistischen Regimes. Die seitlichen Flügel breiten sich gegen den geometrisch angelegten Park aus.

In der Spätphase des Barock führte der Hang zu Leichtigkeit, Asymmetrie und sanften Pastelltönen zu einem neuen Stil, dem **Rokoko**, der vor allem in Innenräumen zum Ausdruck kommt. Charakteristisches Dekorationsmotiv war die Rocaille (Muschelwerk). Die wuchtig-dramatische Baukunst des Barock wurde im Rokoko ins Spielerisch-Heitere verwandelt.

V. a. im süddeutschen Raum entstanden vom Geist des Rokoko geprägte Kirchen. Paradebeispiele sind die Wallfahrtskirche Vierzehnheiligen (BALTHASAR NEUMANN, 1743–71) und die Wieskirche (DOMINIKUS ZIMMERMANN, 1745–54).

Wieskirche, Steingaden

19. Jahrhundert
Nach dem Ende der vier großen Stilepochen Romanik, Gotik, Renaissance und Barock wurde die Entwicklung ab Ende des 18. Jahrhunderts komplizierter. Verschiedene Strömungen existierten nebeneinander. In den europäischen Ländern bildeten sich Sonderformen heraus.

Um die Vielfalt der architektonischen Richtungen im 19. Jahrhundert zu ordnen, hat man folgende Einteilung getroffen:
- Klassizismus (dazu zählt auch die französische Sonderform der Revolutionsarchitektur, die noch im 18. Jh. entstand)
- Historismus (Wiederaufnahme historischer Stile während des 19. Jh.)
- Ingenieurbauten (Verwendung neuer Materialien seit Mitte des 19. Jh.)

Klassizismus
Der Klassizismus (Blütezeit 1770–1830) stellte eine Gegenbewegung zum ausklingenden Barock/Rokoko dar. Überschwänglicher Formenreichtum wurde ersetzt durch strenge, geometrische Strukturen. Nach dem Vorbild der Antike reduzierte man die Bauten auf geometrische Grundkörper wie Quader, Zylinder und Halbkugel und fügte diese so aneinander, dass eine überschaubare, blockhafte Wirkung entstand. Nur wenig Dekor lenkt von der klaren, rationalen Form ab. Führende Baumeister im deutschen Raum waren LEO VON KLENZE (München, z. B. Alte Pinakothek) und KARL FRIEDRICH SCHINKEL (Berlin, z. B. Bauakademie).

Den Begriff **„Revolutionsarchitektur"** verbindet man vor allem mit den französischen Architekten LEDOUX und BOULLÉE, deren utopisch anmutende Entwürfe nie verwirklicht wurden. Am bekanntesten ist das Newton-Kenotaph (1784), ein monumentales Grabmal für den in der Zeit der Aufklärung verehrten englischen Naturwissenschaftler. Es sollte aus einer riesigen Kugel bestehen.

Der Klassizismus verlief parallel zur **Romantik**. Es gab zwar keine „romantische" Architektur, doch die Liebe zu alten Burgen und Kirchenruinen zeigt das Interesse der Anhänger der Romantik an mittelalterlicher Architektur. Die Vollendung des Kölner Doms im gotischen Stil wurde in Deutschland zur nationalen Aufgabe.

Als eine gleichsam romantische Baukunst kann man die englische Nachahmung der Gotik auffassen **(Gothic Revival)**. Landhäuser mit Spitzbogen und Türmchen stehen im englischen Landschaftspark, der zwar einer naturbelassenen Landschaft ähnelt, doch sehr genau geplant ist. Das Abgezirkelt-Geometrische des französischen Parks war überwunden. Der „Englische Landschaftsgarten" wurde zum Vorbild für das europäische Festland.

Historismus

Mit der Begeisterung für die Gotik wurde die Ära des Historismus eingeleitet. Die Architekten des 19. Jahrhunderts orientierten sich an den Stilen der Vergangenheit. Der Grad der Anlehnung an einen historischen Stil reichte von der Verwendung einzelner Bauelemente bis hin zur einfallslosen Kopie. In manchen Bauten wurden auch Stilmerkmale aus verschiedenen Epochen vermischt, so kann ein gotisches Portal flankiert sein von Fenstern, die eher barock anmuten. Sogar ägyptische und exotische Motive tauchen auf. Wählt man Elemente aus verschiedenen Stilrichtungen für ein Gebäude aus, so spricht man von **Eklektizismus** (griech. „eklégo": auswählen).

Ingenieurbauten

Der akademisch ausgebildete Architekt, der sich als Künstler sah, baute z. B. Museen, Opernhäuser, Theater, Rathäuser, d. h. er war mit repräsentativen Aufgaben befasst und verwendete weitgehend traditionelle Materialien. Schlösser und Kirchen spielten seit der Säkularisation eine nur mehr untergeordnete Rolle. Dem Ingenieur, der „nur" eine technische und keine künstlerische Ausbildung hatte, fühlte sich der Architekt überlegen. Und doch waren es Bauingenieure, die mit neuen Materialien (Gusseisen, Stahl, Eisenbeton, Glas) experimentierten und neue Konstruktionsmethoden entwickelten, die für das 20. Jh. wegweisend waren. Ihnen waren die sog. Nutzbauten vorbehalten, etwa Eisenbahnbrücken, Ausstellungshallen, Bahnhöfe und Mietshäuser.

Besonderen Ruhm erlangte der Kristallpalast in London (PAXTON, 1851), eine Ausstellungshalle, die in Fertigbauweise in wenigen Monaten errichtet wurde. Vorgefertigte Elemente aus Holz und Gusseisen bildeten das Gerüst, die Wände bestanden aus Glas, das hier zum wichtigsten Baumaterial avancierte. So entstand ein transparentes Gehäuse, ähnlich einem Gewächshaus, doch von ganz anderen Dimensionen. Die neue Bauweise wurde mit Begeisterung aufgenommen. Der Kristallpalast existiert heute nicht mehr, da er 1936 bei einem Brand komplett zerstört wurde.

Es mutet im Rückblick seltsam an, dass man bei anderen Bauten neue Baustoffe häufig hinter repräsentativen Fassaden (wie bei den ersten Kaufhäusern) versteckte bzw. modernes Material in eine traditionelle Form goss (z. B. korinthische Kapitelle aus Gusseisen).

Zum Symbol für modernes Leben wurde der Eiffel-Turm (Paris, 1889, GUSTAVE EIFFEL). Ohne eine nutzbringende Funktion zu erfüllen, demonstrierte er die Schönheit moderner Bautechnik.

20. Jahrhundert

Wegweisend für die moderne Architektur wurde eine Erkenntnis, die sich zu Beginn des 20. Jahrhunderts durchsetzte: Die Form müsse der Funktion folgen („Form follows function") bzw. sei ihr unterzuordnen – und nicht umgekehrt. Diese Erkenntnis stammt aus den USA, die seit Beginn des 20. Jahrhunderts das Kunstgeschehen mitbestimmt.

Die Industrialisierung hatte im 19. Jahrhundert die Lebenswelt des Menschen verändert. Großstädte, d. h. Ballungsräume, in denen Tausende auf engem Raum leben, stellten neue Anforderungen an die Architekten, denen sie nur dank des technischen und wissenschaftlichen Fortschritts gerecht werden konnten. Neue Stadtkonzepte wurden entwickelt, die häufig urbanes Leben aus den gewachsenen Stadtzentren, die der Geschäftswelt vorbehalten blieben, in die Vororte verbannten. Deren „Unwirtlichkeit" wurde in den 1960er-Jahren von ALEXANDER MITSCHERLICH angeprangert.

Zu Beginn des letzten Jahrhunderts herrschte allerdings eine optimistische Aufbruchsstimmung, die sich zunächst im **Jugendstil** ausdrückte. Er breitete sich ab etwa 1895 in Europa aus. Junge Architekten lehnten die fortwährende Nachahmung historischer Stile ab und warfen den etablierten Kollegen Ideenlosigkeit vor. Neobarocken oder neogotischen Gebäuden mit überladenem Dekor stellten sie klar gegliederte, „moderne" Gebäude mit hellen, freundlichen Räumen gegenüber. Architekten, Innenarchitekten und Designer (dieser Begriff war damals noch nicht üblich) arbeiteten Hand in Hand. Ergebnis war ein **Gesamtkunstwerk**, das von der Liebe zur vegetabilen Ornamentik geprägt war: Schwingende Linien und Pflanzenmotive finden sich z. B. bei Balkongittern, Treppengeländern, Tapeten, Möbeln, Lampen usw. Jugendstilzentren waren u. a. Paris, Brüssel, Barcelona und Wien.

In den frühen Bauten des amerikanischen Architekten FRANK LLOYD WRIGHT (1867–1959) sind noch deutliche Anklänge an den Jugendstil zu finden, v. a. im Innenraum. Wesentliche Züge des Schaffens von Wright wurden von zahlreichen Architekten übernommen und bald charakteristisch für die moderne Architektur. Insbesondere der einfühlsame Umgang mit der Natur hatte Nachahmer. Mit natürlichen Baustoffen (Holz, Naturstein, Ziegel usw.) passte Wright seine Wohnbauten außen und innen der Natur an (**organisches Bauen**). Berühmt ist z. B. das Haus Fallingwater (1935–37), als Ferienhaus für die Familie Kaufmann in Bear Run (Pennsylvania) erbaut. In besonderer Weise verschmelzen hier Natur und Architektur. Dem Gelände angepasst, liegen die einzelnen Stockwerke auf naturgegebenen Felsstufen. Das Gebäude erhebt sich über einem Wasserfall, dessen Rauschen im ganzen Haus zu hören ist. Auf dem Grundstück vorhandene Felsblöcke integrierte Wright in Fußböden und die Feuerstelle. Heute ist der Bau eine Touristenattraktion.

Wrights Grundrisse bestanden nicht mehr aus einem Rechteck, das unterteilt wird, sondern aus unterschiedlich großen, rechtwinkligen Segmenten, um ein Zentrum herum angeordnet (Windmühlengrundriss). Der Baukörper ist folglich kein in sich geschlossener Quader mehr, sondern ein Gefüge aus verschieden großen Kuben. Die Innenräume sind unterschiedlich hoch, liegen auf verschiedenen Höhen und sind kaum noch durch Wände und Türen voneinander getrennt. D. h. die Innenräume gehen fließend ineinander über (**„offener" Grundriss**). Weit vorspringende Dächer greifen in den Außenraum, eine ins Haus hineingezogene Terrasse bringt den Außenraum ins Innere. Das Ineinander von Innen und Außen nennt man **„Interpenetration"**.

Haus „Fallingwater" von Frank Lloyd Wright, bei Pittsburgh

Haus „Fallingwater" von Frank Lloyd Wright, Innenaufnahme (Wohnraum mit Feuerstelle)

Mit seinem Guggenheim-Museum in New York revolutionierte Wright in den 1950er-Jahren die moderne Museumsarchitektur.

Wiener Jugendstilarchitekten leiteten mit ihren nüchternen Bauten die technisch-rationale Richtung der modernen Architektur ein. Einer ihrer Vertreter, ADOLF LOOS (1870–1933), war der Auffassung, Ornament sei „Verbrechen" und Form nur schön, wenn sie zweckbestimmt ist.

Schlichte, klar geometrisch geformte, meist weiß getünchte Baukörper mit Flachdach und horizontalen Fensterbändern wurden zum Markenzeichen des „International Style", der sich ab den 20er-Jahren weltweit durchsetzte. Das **Bauhaus**, 1919 gegründet von dem Architekten WALTER GROPIUS (1883–1969), vertrat den **Funktionalismus**. Dabei war es ein besonderes Anliegen dieser Kunstschule, die Einheit von Kunst und Technik bzw. Handwerk wiederherzustellen. Die Konkurrenz zwischen „Ingenieur" und „Architekt" war damit überwunden.

Für das Fabrikgebäude der Faguswerke (Alfeld a. d. Leine, 1910–1914) entwickelte Gropius die **Curtain Wall** (Glashaut), die später häufig beim Hochhausbau Anwendung fand. Er arbeitete hier mit einem tragenden Skelett, in das die gerasterte Fassade, bestehend aus in Metallrahmen eingelassenen Glasfeldern, eingehängt wurde.

Dem Bauhaus verwandt ist die **De Stijl**-Bewegung in den Niederlanden.

LUDWIG MIES VAN DER ROHE (1886–1969), der letzte Leiter des Bauhauses, emigrierte 1938 in die USA und entwarf dort kubische Bauten von äußerster Klarheit. Dabei arbeitete er grundsätzlich mit einer Stahlskelett-Konstruktion. Die bauliche Struktur liegt meist hinter einer Glashaut. Seinen Ruhm begründete der Barcelona-Pavillon, ein transparentes Gefüge aus rechtwinklig ineinandergreifenden Marmorwänden und Glasflächen (1929). In Amerika baute er vor allem Wolkenkratzer aus Stahl und Glas (Seagram-Building, 1958).

Barcelona-Pavillon von Ludwig Mies van der Rohe (1929)

LE CORBUSIER (1887–1965) gehörte wie Mies van der Rohe zu den bedeutendsten und vielseitigsten Architekten des 20. Jahrhunderts. Seine Wohnbauten sind streng gegliedert, haben eine freie Grundrissgestaltung und Flachdächer, die er mitunter begrünte oder als Sportanlage nutzte. Auch er bevorzugte die Skelettbauweise und kombinierte sie mit Stahlbeton. Als Städteplaner propagierte er die Trennung von Auto- und Fußgängerverkehr sowie Großwohneinheiten mit integrierten Geschäften, Arztpraxen und Angeboten für die Freizeitgestaltung. Seine Wohnbauideen verwirklichte er in der Unité d'Habitation (Marseille, 1952), seine städteplanerischen Ideen wurden dagegen kaum umgesetzt. So plante er u. a. ein von Hochhäusern beherrschtes Paris („Plan Voisin"), das nie realisiert wurde. Für die indische Stadt Chandigarh entwarf er dagegen ein Konzept, das zumindest teilweise nach seinen Vorstellungen gebaut wurde.

Mit der Kapelle von Ronchamp (1954) begründete er den **skulpturalen Stil**. Das Gebäude, das im Inneren etwas geradezu Mystisches hat, ist von allen Seiten unterschiedlich geformt und damit einer Skulptur vergleichbar.

Ab den 1960er-Jahren wurde die Kritik an den als unmenschlich empfundenen „Wohnmaschinen", welche die Vororte vieler Großstädte bis heute prägen, immer lauter. Man wandte sich gegen die Uniformität und Seelenlosigkeit der einfallslosen Blöcke, welche die problematische Seite des Funktionalismus verkörpern.

Eine fantasievolle Architektur, die dem Auge etwas bietet, entstand mit der sogenannten **Postmoderne** in den 80er-Jahren. Architekten wie JAMES STIR-

LING (1926–1992) orientierten sich an historischen Bauten und verwendeten „Zitate" daraus. Dabei kann es durchaus zu „Zusammenstößen" kommen, wie etwa von pinkfarbenen Treppengeländern aus Kunststoff mit edlem Naturstein (Staatsgalerie Stuttgart, 1984).

Ein besonders markantes Beispiel für diesen Stil ist die Piazza d'Italia (New Orleans, 1978), entworfen von CHARLES MOORE.

Staatsgalerie Stuttgart von James Stirling

Die postmoderne Architektur, die auf die „moderne" folgte, entstand parallel zur Pop-Art, die als Opposition zum Abstrakten Expressionismus verstanden werden kann. Auf eine intellektuelle Richtung, die ihre Anhänger vor allem unter Kunstsachverständigen fand und dem breiten Publikum meist fremd blieb, folgte eine „populäre", die bis heute erfolgreich ist. Ähnlich wie die Postmoderne ist sie fantasievoll, manchmal auch humorvoll und daher leichter zugänglich als die abstrakten, kühl-rationalen Glaskuben der Funktionalisten.

In den 90er-Jahren folgte der sogenannte **Dekonstruktivismus** auf die Postmoderne. Die neue Richtung wurde durch die Ausstellung mit dem Titel „Deconstructivist Architecture" (1988) in New York bekannt, in der u. a. GEHRY, LIBESKIND, KOOLHAAS, HADID und COOP HIMMELB(L)AU gezeigt wurden. Charakteristisch für diese und andere Architekten ist, dass sie fantastische, oft utopisch wirkende Gebäude entwerfen, die ohne den Einsatz moderner Materialien und neuester Computertechnik nicht zu verwirklichen wären. Schiefe, scheinbar kippende Wände erinnern an einsturzgefährdete Gebäude, Senkrechte und Waagerechte scheinen ihre Bedeutung verloren zu haben.

Harmonie, Symmetrie, die klassischen Gesetze von Stütze und Last u. a. lösen sich auf. Schiefwinklige, zerklüftete Wände aus verschiedensten Materialien und Farben stoßen aufeinander. Immer wieder trifft man auf Formelemente, die symbolische Funktion besitzen. So ist z. B. das Jüdische Museum in Berlin (Libeskind) von kreuz und quer eingeschnittenen Fensterschlitzen überzogen, die als Blitze oder Verletzungen gedeutet werden können.

3 Werkerschließungen

Im Folgenden sollen zwei bedeutende Bauwerke beschrieben, analysiert und interpretiert werden. Wie bei einem Gemälde wird zunächst in Worte gefasst, was sichtbar ist. Die Analyse untersucht, wie Konstruktion, Material, Statik u. Ä. aufeinander abgestimmt sind. Dieser Abschnitt ist der Untersuchung der „Komposition" vergleichbar. Abschließend stellt die Interpretation Fragen nach symbolischen Bezügen und einer übergeordneten Bedeutung des Bauwerks.

3.1 Gotischer Sakralbau: Die Kathedrale von Reims

Baudaten

1211	Baubeginn nach Plänen von Jean d'Orbais. Die Kathedralen von Paris, Amiens und Chartres sind zu dieser Zeit fast fertig.
1240	Beisetzung eines Erzbischofs unter dem Hochaltar. Chorweihe 1241.
1299	Vorläufiger Abschluss der Bauarbeiten. Weitere Türme geplant.
1481	Nach einem Brand verzichtet man auf den Bau weiterer Türme. Die Fassadentürme behalten ihren flachen Abschluss.
1914	Bombardement durch deutsche Artillerie im Ersten Weltkrieg. Hölzerner Dachstuhl brennt ab, Zerstörung etlicher Fenster. Familie Rockefeller unterstützt Wiederherstellung (Betonstreben ersetzen Holzbalken im Dachstuhl).
1938	Wieder für Gottesdienst nutzbar.

Beschreibung
Steht man auf dem großen Platz vor der Kathedrale, hat man das Gefühl, ein Gebirge aus Stein würde vor einem aufragen. Die Fassade mit ihren prächtigen, skulpturengeschmückten Portalen, der Rosette, den Ornamenten und Figuren (man hat ca. 2 300 Figuren gezählt) und den Türmen stellt ein gigantisches Kunstwerk dar.

Fassade der Kathedrale von Reims

Im Mittelalter, als der Bau inmitten kleiner Häuser aus Holz und Lehm stand, muss die Wirkung noch überwältigender gewesen sein. Ruft man sich in Erinnerung, dass die Fassade ursprünglich farbig gefasst und zum Teil vergoldet war, kann man sich die Faszination der Menschen von damals vorstellen.

Anders als in heutiger Zeit, in der man das Gotteshaus als Ort der Ruhe erfährt, herrschte im Inneren reges Treiben. Der Kirchenraum war ein beliebter Treffpunkt, man fand sich hier nicht nur zu Gottesdiensten zusammen. Ein besonderes Erlebnis waren Theateraufführungen und musikalische Darbietungen.

Tritt man näher an die Fassade heran, blickt man zunächst auf die Gewändeskulpturen (Gewände: Wand hinter den Skulpturen) der drei Portale. Die Archivolten (Bogenläufe über dem Eingang) sind ebenfalls mit Figuren geschmückt. Das Hauptportal schließt oben mit einem Wimperg (Dreieck) ab, in dem die Krönung der Maria, der die Kathedrale geweiht ist („Notre Dame"), dargestellt ist. Die Pfeiler zwischen den Portalen sind von spitzen Türmchen bekrönt. In den Tabernakeln stehen weit überlebensgroße Engel.

Über den seitlichen schmaleren Portalen erheben sich unverglaste Doppelfenster. Sie geben den Blick auf die dahinter angebrachten Strebebögen frei, die über die Seitenschiffe greifen.

Wimperg über dem Hauptportal (Kopie, Original heute im Museum nebenan)

Verkündigung (links) und Heimsuchung (rechts), Hauptportal der Kathedrale

Gleitet der Blick weiter nach oben, trifft er auf die Königsgalerie mit 56 Königsstatuen, jede ca. 4 Meter hoch und 6 Tonnen schwer. Bis ins 18. Jahrhundert wurden die Könige Frankreichs in der Kathedrale gekrönt. Sie ist daher ein Nationalheiligtum der Franzosen und gehört heute zum Unesco-Weltkulturerbe.

Besteigt man die Kathedrale, tritt man oberhalb der Königsgalerie zum ersten Mal ins Freie und blickt auf die nun winzig erscheinende Welt am Boden. Auch auf die Türme (81 m) kann man steigen, dabei kommt man am hölzernen Glockengestühl vorbei.

Betritt man den Innenraum, geht es zwischen mächtigen Bündelpfeilern nach vorne zum Chor, der von einem Kapellenkranz umgeben ist. Weit oben erstreckt sich in einer schwindelnden Höhe von fast 39 m das Gewölbe des Mittelschiffs. Der ursprüngliche Lichteindruck ist leider durch die Zerstörung der meisten farbig verglasten und mit Maßwerk (geometrische Steinornamente) gegliederten Fenster verloren gegangen. Nur noch wenige Fenster sind original verglast und können eine Ahnung von der einstigen Wirkung der ins Innere strahlenden, bunten Lichtbahnen geben. Für den Chor hat MARC CHAGALL im Jahr 1974 neue farbige Fenster entworfen.

Kehrt man zum Ausgang zurück, trifft man auf eine Besonderheit. Die innere Westwand ist mit Skulpturen geschmückt, die in Wandnischen stehen. Sie beziehen sich thematisch auf die Kindheit Christi und seine Ahnen sowie auf Johannes den Täufer. Die stilistische Verwandtschaft mit Gestalten von GIOTTO lässt eine Verbindung zwischen italienischen und französischen Künstlern um 1300 vermuten.

Analyse

Der **Grundriss** ist charakteristisch für eine hochgotische Kathedrale. Die Ost-West-Achse (sie misst im Inneren 139 Meter) ist betont. Das Querschiff ragt kaum über das Langhaus hinaus. Das Innere nähert sich also einer großen Halle an. Im Osten kann man den Chor umgehen und kommt an einem Kapellenkranz vorbei, der sich als Halbkreis um den Chor schließt. Das Mittelschiff besteht aus neun quergelagerten, rechteckigen Jochen (Gewölbeabschnitte), die Seitenschiffe aus je halb so großen, quadratischen Jochen.

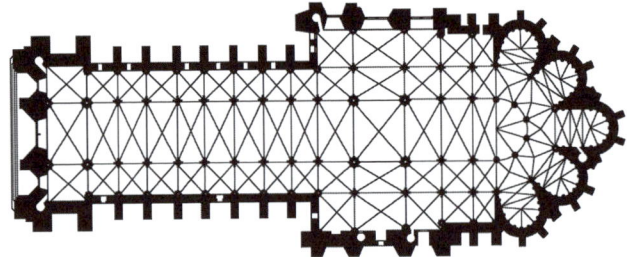

Grundriss der Kathedrale von Reims

Die Rosette (auch Rose, Radfenster oder Sonnenfenster) ist Zentrum der auffallend plastisch geformten **Fassade**. Betrachtet man die Fassade von der Seite, sieht man, dass die Portale weit nach vorne springen. Von vorne gesehen fallen Licht- und Schattenzonen auf (Durchbrechungen, Nischen, Vertiefungen), die ebenfalls zur plastischen Wirkung der Fassade beitragen und damit zum Eindruck von Bewegung und Dynamik. Diese Wirkung wird durch den

Vertikalismus verstärkt, der trotz klarer Gliederung in der Horizontalen überwiegt. Sämtliche Dekorationsformen enden spitz, nur die beiden kreisrunden Fenster in der Mittelachse ruhen gleichsam inmitten senkrecht nach oben gerichteter Bauelemente.

Die drei waagerecht gelagerten Zonen (Portale, Fenster, Königsgalerie) sind nicht streng voneinander getrennt, sondern greifen ineinander. Dabei wird der Zug nach oben verstärkt. So überragt zum Beispiel der mittlere Wimperg die Rosette etwa bis zu deren Mitte.

Die äußere vertikale Gliederung der Fassade spiegelt das dreischiffige Innere wider. Links und rechts bekrönen die Türme die schmaleren Abschnitte, in der Mitte dominieren Hauptportal und Rosette. Nur die breit gelagerte Königsgalerie unterbricht ein wenig das Aufwärtsstreben.

Innenraum der Kathedrale von Reims

Hochwand der Kathedrale von Reims

Der **Innenraum** ist in ein Mittelschiff und zwei halb so breite Seitenschiffe (dreischiffige Basilika) gegliedert. Die Mittelschiffwände zeigen den dreizonigen Wandaufbau. Über den Spitzbogenarkaden erstreckt sich das Triforium, das in jedem Joch aus vier schlanken Säulchen besteht. Die Maßwerkfenster im Obergaden erheben sich über den Seitenschiffen und sorgen für die Belichtung des Kircheninneren.

Hinter den Säulchen des Triforiums liegt ein nicht begehbarer Zwischenraum, dann erst folgt die Außenwand, die im Dunkeln liegt. Der Kunsthistoriker HANS JANTZEN prägte dafür den Begriff „diaphane Struktur" („Über den gotischen Kirchenraum", 1950). Er beschrieb die Säulchen als „Körper", die vor einem dunklen „Grund" stehen. Auch die Pfeiler zuseiten des Mittelschiffs erscheinen hell vor einer dunklen Zone, da man vom einfallenden Licht der Obergadenfenster geblendet ist. Jantzen sah in der „**diaphanen Struktur**" ein Wesensmerkmal der Kathedrale.

Das Kreuzrippengewölbe, gegliedert in Gewölbejoche, bildet den oberen Abschluss des Innenraums. Ein Gewölbejoch begriff der Kunsthistoriker HANS SEDLMAYR 1951 als „**Baldachin**". Seiner Auffassung nach war der Baldachin die Einzelzelle, aus der sich der gotische Innenraum zusammensetzt, und damit ein Strukturmerkmal der Kathedrale.

Strebesystem der Kathedrale

Der gewaltige **Schub** des Gewölbes (Druck der Steinmassen auf die Seitenwände) trifft die Mittelschiffwände an ihrer schwächsten Stelle, nämlich in der Fensterzone. Der Schub wird jedoch durch die Rippen (gemauerte Säulchen) zu den Diensten (Fortsetzung der Rippen an Wänden u. Bündelpfeilern) geleitet, die ihn bis nach unten führen. Für die Stabilität der Hochwände ist allerdings v. a. das **Strebesystem** verantwortlich, das am Außenbau der Kathedrale angebracht ist. An dem Punkt, an dem die Gewölberippen den Schub auf die Hochwand lenken, fängt am Außenbau jeweils ein Strebebogen den Druck auf und leitet ihn über die Seitenschiffe hinweg zu den Strebepfeilern, die außen an den Seitenschiffen aufragen und den Druck bis tief ins Fundament weitergeben.

Im Inneren hat man den Eindruck, dass die Wände schwerelos in die Höhe wachsen und das Gewölbe gleichsam über dem Mittelschiff schwebt. Die Illusion von Schwerelosigkeit wird durch das ausgeklügelte Strebesystem erzeugt.

Die illusionistische Wirkung geht auch auf die fast durchgängig durchbrochenen Wände zurück, die als solche kaum mehr bestehen. Statt massiven Mauerwerks (Massenbau, Romanik) findet man ein filigranes „Skelett" aus Pfeilern (Skelettbau). Die „Knochen" (Steinverstrebungen, Stützen) sind noch vorhanden, das „Fleisch" (Mauer) fehlt weitgehend.

Interpretation

Sowohl die Kathedrale als ganzes Gebäude als auch ihre Teile sind symbolisch zu deuten.

Als Krönungskirche nahm die Kathedrale von Reims eine besondere Rolle ein, sie repräsentierte staatliche Macht. Ab dem 13. Jahrhundert wurden hier die französischen Könige gesalbt. Die Tradition endete erst mit der Französischen Revolution, welche die Kathedrale übrigens unversehrt überstand. Zudem gilt der Ort, an dem die Kirche steht, als Wiege des christlichen Frankreichs. In einem der Vorgängerbauten ließ sich der Merowinger Herrscher Chlodwig um 500 n. Chr. durch den Erzbischof vom Reims taufen.

Die prachtvolle Ausstattung sowohl außen als auch innen lässt an einen Palast denken, der für den himmlischen Herrscher bestimmt ist. Eine romanische Kirche wirkt dagegen eher wie eine trutzige Burg.

Im Inneren fühlt man sich durch die beeindruckenden Ausmaße und vor allem das farbige Licht in eine andere Welt versetzt. Der Vertikalismus leitet den Blick nach oben, gleichsam bis in den Himmel.

SEDLMAYR vertrat die These, die Kathedrale sei konkretes Abbild des Himmlischen Jerusalems, wie es in der Apokalypse des Johannes (Neues Testament) beschrieben wird. Schon seit dem 4. Jahrhundert wurde die Kirche häufig mit dem in der Offenbarung geschilderten Himmlischen Jerusalem verglichen. Johannes sprach von einem neuen Himmel am Ende der Zeit, der ein unbeschreiblich herrliches Aussehen habe und die Wohnung Gottes und der Heiligen sei. Er schrieb: *„Und die Stadt bedarf keiner Sonne noch des Mondes, denn die Herrlichkeit Gottes erleuchtet sie."* An anderer Stelle steht: *„[...] und ihr Licht war gleich dem alleredelsten Stein."* Diese Vision kann man auf das gleichsam überirdische Licht im Inneren beziehen. Eine Parallele zeigt sich aber auch am Außenbau, der ebenso wie das Himmlische Jerusalem von Engeln umstanden ist.

Auf Abt Suger, den Erbauer der ersten gotischen Kirche von St. Denis bei Paris, geht die Idee von der Lichtmetaphysik zurück. Er war der Auffassung, dass sich Gottes Geist, der identisch mit dem Licht ist, in die Welt ergießt. Dieses Licht, das von ihm als Substanz verstanden wird, kann Glas durchdringen, ohne es zu verletzen. Flutet nun das Licht in den Innenraum, wird es durch die farbigen Glasfenster verwandelt und gesteigert. Wenn es vom Weihrauchdunst, der durch den Raum zieht, erfasst wird, erscheint es als etwas geradezu Greifbares. Gottes Geist wird sichtbar und ist damit glaubhaft anwesend.

Besonders eindrucksvoll wirkt sich in dieser Beziehung das Licht der Rosette aus. Man spricht auch von „Rosenfenster", wobei die Rose ein Symbol für die Madonna ist.

Deutet man die Rosette dagegen als Rad, so interpretiert man sie als einen Hinweis auf die Wechselhaftigkeit des Lebens (Glücksrad). Häufiger wird der Bezug zur Sonne hergestellt, die Christus („Ich bin das Licht der Welt", Neues Testament) symbolisiert (Sonnenfenster). Parallelen zwischen dem Gottessohn Christus und dem Sonnengott werden seit der Spätantike gezogen. Auch die Ausrichtung der Kirche nach Osten, also zur aufgehenden Sonne hin, weist auf diesen Zusammenhang hin.

Nach mittelalterlicher Lehre verleiht also das Licht dem Innenraum etwas Transzendentes. HANS JANTZEN kam in seinem schon erwähnten Aufsatz zu dem Schluss, der gotische Raum, geprägt durch die diaphane Struktur, sei Symbol des Raumlosen. Raumgrenzen seien nicht klar zu erkennen und die Gesetze der Schwerkraft schienen aufgehoben (vgl. Gewölbe).

Der Betonung des Transzendenten steht die Betonung des Irdischen gegenüber. Dabei kommt den Skulpturen an den Portalen und der inneren Eingangswand eine besondere Bedeutung zu. Von höchstem künstlerischen Rang ist die Heimsuchungsgruppe am Hauptportal. Die schwangere Maria, schön wie eine junge römische Kaiserin, begegnet der ebenfalls schwangeren Elisabeth, der künftigen Mutter Johannes des Täufers. Die jugendliche Maria und die alternde Elisabeth stehen sich in natürlicher Haltung (Kontrapost) gegenüber. Ihre Gewänder fallen über den Leib, der körperhaft ausgearbeitet ist, d. h. sie ähneln lebendigen Menschen und nicht mehr, wie in der Romanik, unnahbaren Wesen aus einer fremden Welt. Die **Vermenschlichung** bringt uns die biblische Botschaft näher und die Distanz zwischen Gott und Mensch verringert sich.

Die Prachtentfaltung des Gesamtkunstwerks aus Architektur, Plastik, Ornament, Farbe und Musik nimmt die menschlichen Sinne gefangen. Göttliches wird durch Sinneserfahrung glaubhaft. In der Hochgotik wird klar, dass der Sinn für das Schöne in der irdischen Welt zunimmt. Die Schönheit der Natur zeigt sich in den Skulpturen und den Kapitellen, an denen Blattwerk und Tiere realistisch geschildert werden. Hier flößten in der Romanik schauerliche Dämonenfratzen Angst und Schrecken ein. In der Gotik durften sie nur noch als Wasserspeier, hoch oben an Türmen und Strebebögen, ihr Unwesen treiben. Das Schöne auf Erden begriff man nun als Geschenk Gottes, es durfte genossen werden. Der Grundstein für das Weltbild der Renaissance, das unser Denken heute noch mitbestimmt, wurde in der Hochgotik gelegt.

3.2 Frank O. Gehry: Guggenheim-Museum Bilbao

Information

Der amerikanische Industrielle SOLOMON R. GUGGENHEIM (1861–1949) sammelte seit 1927 moderne Kunst. Dabei entstand eine der bedeutendsten Sammlungen des 20. Jahrhunderts. Zunächst zeigte er seine Objekte in einer Ausstellungshalle, die ursprünglich für Automobile bestimmt war. Noch zu Lebzeiten beauftragte er den renommierten amerikanischen Architekten F. L. WRIGHT, ein Museum für seine Sammlung in New York zu bauen. Er erlebte nicht einmal mehr den Baubeginn im Jahr 1956. Als das heute weltberühmte Museum 1959 eröffnet wurde, gründete man die Guggenheim-Stiftung.

Gegen Ende des 20. Jahrhunderts wurde ein Museumsneubau für die stark angewachsene Sammlung notwendig. Der baskischen Stadt Bilbao gelang es, die Guggenheim-Stiftung für den Standort Bilbao zu gewinnen. Bilbao ist ein Industrie- und Handelszentrum nahe der spanischen Atlantikküste. Hier wirkten bereits NORMAN FOSTER (Bahnhöfe für die U-Bahn, 1995) sowie JAMES STIRLING und MICHAEL WILFORD, die ebenfalls Bahnhöfe entwarfen und ein Geschäftszentrum bauten. FRANK O. GEHRY gehörte der Kommission an, die einen geeigneten Standort für das neue Museum innerhalb der Stadt finden sollte. Er plädierte für ein Areal von ca. 30 000 m² mitten im Hafenviertel, zwischen einer viel befahrenen Brücke und ausgedehnten Betonflächen, auf denen bis heute Container und Lastwagen stehen. Die Brücke betrachtete er als besondere Herausforderung und bezog sie später in sein Baukonzept mit ein. Ausschlaggebend war schließlich die Nähe des Museums der Schönen Künste, der Universität und der Oper. Das neue Museum ergänzt diese Institutionen zu einem kompakten Kulturzentrum.

Für den 1991 ausgeschriebenen Wettbewerb bestimmte man drei Architekturbüros aus drei Erdteilen. Europa war mit COOP HIMMELB(L)AU (Wien) vertreten, Asien mit ISOZAKI (Japan) und die USA mit F. O. GEHRY. Die Entscheidung zwischen Gehry und den Europäern war sehr knapp. Das schlichte Modell des Japaners überzeugte nicht.

In erstaunlich kurzer Zeit waren die Pläne Gehrys so weit gediehen, dass man 1993 zu bauen begann. Die Detailplanungen waren erst 1995 abgeschlossen. 1997 wurde das neue Guggenheim-Museum eingeweiht. Es hat die Stadt in eine Kunstmetropole verwandelt, die jährlich eine Million Kunsttouristen zählt. Die Finanzierung (ca. 245 Millionen Dollar) übernahm die baskische Regierung. Geführt wird das Museum von der Guggenheim Museum Bilbao Foundation, die sich aus Vertretern der baskischen Regierung und der Solomon R. Guggenheim Foundation zusammensetzt.

Beschreibung

Besteigt man einen Hügel jenseits des Flusses Nervión, an dem das Museum steht, überblickt man das graue Häusermeer der Metropole und die an das Museum angrenzenden Lagerflächen und Parkplätze. Das Museum liegt also nicht in einem landschaftlich reizvollen Areal, sondern mitten in der modernen Stadt auf einem freigeräumten Platz im Hafenviertel. Die vierspurige Stadtautobahn führt durch das Museumsgelände, der Verkehrslärm transportiert städtisches Leben in den Kunstbezirk.

Guggenheim-Museum Bilbao

Guggenheim-Museum Bilbao, Flussansicht

Auf den ersten Blick ist man von der Extravaganz der Architektur fasziniert. Nichts erinnert an ein konventionelles Museum, das man sich häufig noch als „Musentempel" im klassizistischen Stil vorstellt. In gewisser Weise ist man auch verwirrt beim Anblick der silbrig glänzenden, geschwungenen, auf scheinbar unerklärliche Weise einander durchdringenden, konvex und konkav geformten Detailformen. Es ist nicht klar, wo der Eingang ist bzw. wo vorn und hinten ist, geschweige denn, wo in einem solch kompliziert strukturierten Komplex Kunstwerke ausgestellt sein sollen. Wir sehen kein „Haus", sondern silbrig schimmernde, gewölbte, schwingende Flächen, die zum Teil an breite, ineinander verschlungene Bänder erinnern. Wir haben keinen klar begrenzten, in sich geschlossenen Baukörper vor uns, sondern ein architektonisches Gebilde, das sich nach allen Seiten hin zu öffnen und zu bewegen scheint. Die Verkleidung der Außenhaut des Gebäudes mit einer dünnen Schicht aus Titanzink, das sonst beim Flugzeugbau Verwendung findet, bestimmt den Gesamteindruck. Die schimmernde Oberfläche hält die vielfältigen Teilformen optisch zusammen. Das silbrige Grau verwandelt sich unter dem rötlichen Abendhimmel in einen warmen Kupferton.

Eine dynamische, geschmeidige Bewegung zum höchsten Punkt des Gebäudes, an dem ein gläserner „Ausguck" hervorschaut, ist spürbar. Darunter liegt der Kern des Komplexes, das viereckige Atrium, das von Glaswänden abgeschlossen wird, die sich bis hinauf zum höchsten Punkt des Gebäudes erstrecken, allerdings nur im unteren Bereich von außen sichtbar sind. Auf halber Höhe etwa umgreifen die titanüberzogenen Segmente den gläsernen Kern.

Zur Brücke hin ist der Baukomplex mehr gedehnt, ausgreifend, auf der entgegengesetzten Seite eher steil abfallend. Die länglichen, spitz zulaufenden Teilformen, die zur Brücke hin streben, steigen kurz davor leicht an, so, als ob sie sich vor dem Hindernis ein wenig aufbäumen würden.

Hinter der Brücke setzt ein Turm den Schlusspunkt, zu dem man auf einer nur wenig ansteigenden breiten Treppe aus Kalkstein, die unter der Brücke hindurchführt, gelangt.

Dieser Turm, ein funktionsloses, autonomes Kunstgebilde, wurde von Gehry erst nach Baubeginn endgültig konzipiert. Er besteht aus Kalkstein und ist an einer Seite so aufgebrochen, dass seine innere Stahlstruktur sichtbar wird.

Auf der gegenüberliegenden Seite, der Stadt zugewandt, liegt die Südfassade, an der sich der Eingang befindet. Auf dem freien Platz davor begrüßt „Puppy" die Besucher, ein monumentales Hündchen von Jeff Koons, zusammengesetzt aus Tausenden von natürlichen Blumen. Durch Glastüren betritt man das Atrium, d. h. den Eingangsbereich, um den herum die Ausstellungsräume angeordnet sind, zu denen man über Treppen oder Aufzüge gelangt.

Von diesem fantasievoll gestalteten, sehr hohen Innenraum zweigen die Ausstellungsräume ab.

„Puppy" (von Jeff Koons) auf der Südseite des Museums   Eingangsbereich des Guggenheim-Museums

Im Atrium ist es sehr hell. Zum einen lassen die Glasflächen viel Licht herein, zum anderen sind hier und dort weiße Elemente eingefügt, die von der Decke herabzuhängen scheinen, nach unten aufspringen und Licht von oben nach unten transportieren. In den Ausstellungsräumen wird das teilweise von oben einfallende Licht durch künstliche Beleuchtung verstärkt, sodass die Räume in idealer Weise ausgeleuchtet sind.

Analyse
Um sich die Komplexität der Architektur klarzumachen, sollen einige **Zahlen** vorangestellt werden: Auf einem Terrain von ca. 30 000 m² nimmt das Museum eine Fläche von etwa 24 000 m² ein, die Ausstellungsfläche beträgt 9 000 m² und ist verteilt über drei Stockwerke. Die Höhe des Gebäudes über-

steigt nicht diejenige irgendeines der Umgebung, d. h. das Museum orientiert sich an den vorgegebenen Proportionen innerhalb der Stadt.

Die Kunstwerke werden in 20 Ausstellungsräumen gezeigt. Zehn davon sind traditionell konzipiert, d. h. besitzen einen rechtwinkligen Grundriss und einen hellen Parkettfußboden, neun dagegen haben unkonventionelle, gekurvte Grundrisse und einen Zementboden. Die quaderförmigen Räume sind von außen an der Kalksteinverkleidung erkennbar.

Der größte Ausstellungsraum ist 30 m breit und 130 m lang. Er ist dem größten Kunstwerk vorbehalten, der mehrteiligen, 172 Tonnen schweren Stahlskulptur von RICHARD SERRA. In den Ausstellungsräumen ist einerseits der feste Bestand untergebracht, andererseits finden auch wechselnde Ausstellungen statt.

Verfolgt man den Entstehungsprozess des Museums, so bekommt man ganz allmählich eine Ahnung von der unglaublichen künstlerischen und technischen Leistung des Architekten und seiner Mitarbeiter.

Erste flüchtige Skizzen, von Gehry als „Gekritzel" tituliert, entstanden 1991. Gehry spielt die Bedeutung seiner Entwurfsskizzen herab, wenn er sagt, dass Zeichnen nur ein Werkzeug für ihn ist. Auch das Modell sei nur ein Werkzeug, behauptet er. *„Alles ist Werkzeug. Das einzige, worum es geht, ist das Gebäude, – das fertige Gebäude."* [3]

Skizzen zum Guggenheim-Museum

Gehry versteht seine Skizzen, die er übrigens gern im Flugzeug macht, als Werkstattbehelf, ähnlich wie die Bauhüttenmeister des Mittelalters. Kunstkenner sehen allerdings in seinen Skizzen geniale Notizen, die seine Ideen zum Ausdruck bringen und als autonome Handzeichnungen von hohem künstlerischen Rang einzustufen sind. Seine engsten Mitarbeiter verstehen die sehr flüchtigen Skizzen und entwickeln daraus umsetzbare Baupläne.

Bereits die ersten Skizzen des Museums zeigen, dass es dem Architekten darum zu tun war, mit seinem Bau den Eindruck von Bewegung und Dynamik zu vermitteln. Sie zeigen weder Symmetrie noch klare geometrische Körper, wie etwa Zylinder oder Würfel. Mit dem Stift hielt Gehry seine Formvorstellung in einem kontinuierlichen Linienfluss fest. Man kann sich vorstellen, wie die Hand über das Papier glitt und er sich während des Zeichnens an seine Idee herantastete.

Modell des Guggenheim-Museums

Es folgt die Anfertigung eines kleinen Papiermodells, das er auf einen drehbaren Untersatz stellte, um es von allen Seiten betrachten zu können. Einmal äußerte er, es bestünde die Gefahr, er könne vergessen, dass er an einem Architekturmodell arbeite und nicht an einem funktionslosen plastischen Gebilde. Beim nächsten Schritt, d. h. der Erstellung eines konkreten, schematischen Modells, das in der richtigen Proportion zur Umgebung steht, musste jedoch die Funktion im Zweifelsfall über die Ästhetik gestellt werden.

Für das Bilbao-Museum wurden sechs ausgefeilte Modelle in verschiedenen Maßstäben und Materialien angefertigt. Das letzte davon im Maßstab von 1:100 zeigt exakt ausgeführte Einzelformen, die bereits mit dem Computerprogramm CATIA errechnet und aus Industrieschaum und Holzklötzen gefertigt wurden.

Dieses Computerprogramm war ursprünglich für die französische Raumfahrtindustrie entwickelt worden und erleichterte dem Architekten den Ausführungsprozess enorm, sparte Zeit und Geld. Mit den detaillierten Berechnungen konnte Gehry skeptische Unternehmer von der „Baubarkeit" seiner plastischen Formen überzeugen.

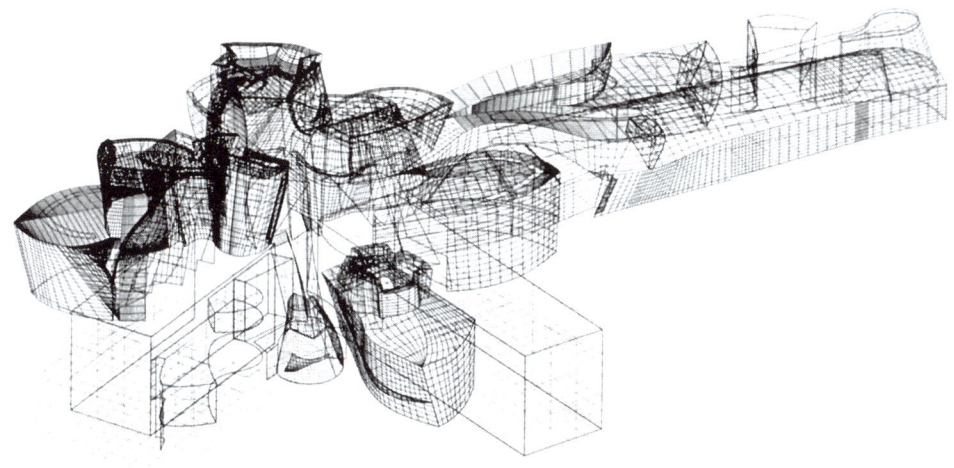

CATIA-Rendering zum Guggenheim-Museum

Nur mithilfe des Computerprogrammes gelang es, das benötigte **Material** in kurzer Zeit zu berechnen. Im Wesentlichen kamen Glas, Kalkstein, Stahl und Titanblech zum Einsatz.

Die äußere Verkleidung, die das Gebäude heute prägt, besteht aus einer hauchdünnen Titanschicht. Gehry hatte zuerst an Edelstahl gedacht, bemerkte aber bei Experimenten, dass es kalt wirkte. Titan ist teurer als Stahl, kann aber dünner ausgewalzt werden. Ein besonderer Vorzug ist, dass es sensibel auf Licht reagiert. Bisher war Titan nur selten als Außenmaterial für Gebäude eingesetzt worden. Es ist extrem hart und wird daher zum Gießen von Flugzeugteilen oder Golfschlägern verwendet. Das Walzen des Materials zu dünnen Platten ist äußerst schwierig. Gehry berichtet:

> *Das Ergebnis kann entweder eine glanzlose oder aber eine wundervoll lichtreflektierende Oberfläche sein. [...] Wir schauen uns das Material auf dem Fließband an. Wir baten den Hersteller, die Suche nach der richtigen Verbindung von Öl, Säuren, Walzen und Hitze fortzusetzen, um das von uns gewünschte Material zu erhalten. Ich glaube, ein ganzes Jahr der Prüfung war erforderlich, um das zu erreichen, was wir nun haben.* [3]

Die dünne Titanhaut liegt nicht flach auf, sondern die einzelnen Flächen sind kissenartig gewölbt. Bei starkem Wind flattert die Oberfläche leicht. Das Material Titan ist besonders widerstandsfähig gegen Zerstörung durch Luftverschmutzung und Hersteller garantieren eine 100-jährige Haltbarkeit.

Die glänzende Haut, die über einem Stahlgerüst die gewölbten Formen überzieht, steht im Kontrast zur matten, hellen, ockerfarbenen Oberfläche des Kalksteins, aus dem einige Gebäudeteile und der Übergang zum Turm bestehen. Das Atrium, der Kern des Hauptgebäudes, wird von Glaswänden, zum Teil auch gewölbt, begrenzt, denen ein Stahlraster Festigkeit verleiht.

Der Grundriss lässt deutlich den Kern der Anlage, das Atrium, erkennen, das sich über alle drei Geschosse erstreckt.

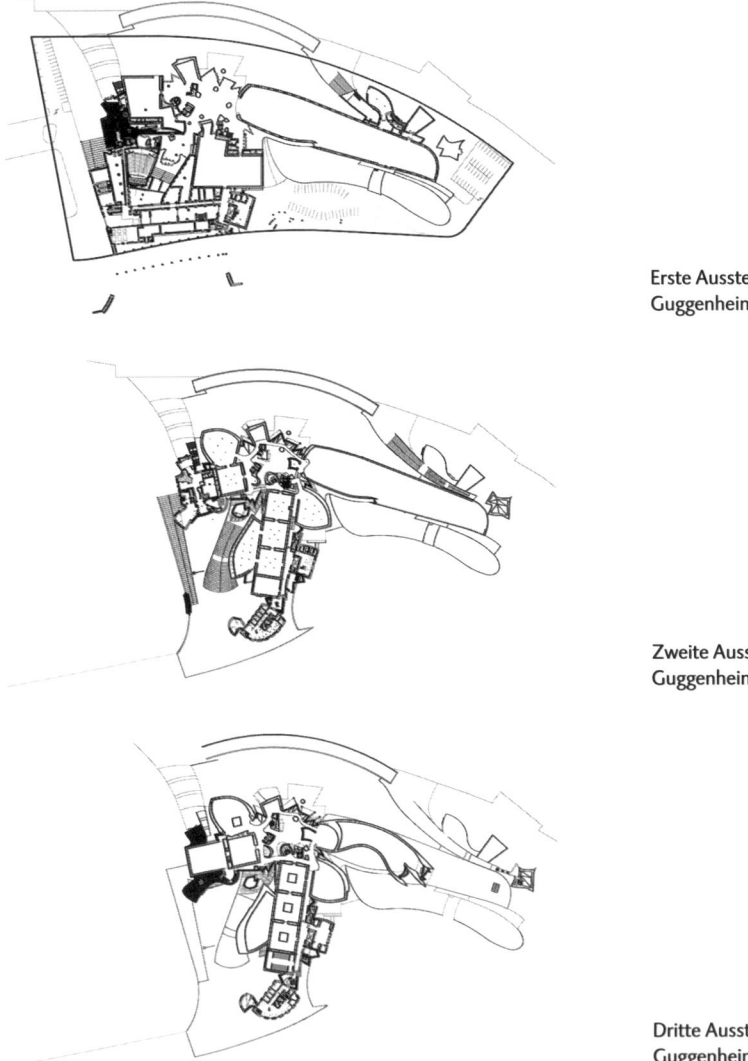

Erste Ausstellungsebene des Guggenheim-Museums

Zweite Ausstellungsebene des Guggenheim-Museums

Dritte Ausstellungsebene des Guggenheim-Museums

Nordansicht

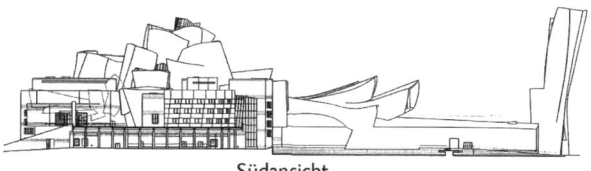

Aufrisse des Guggenheim-Museums Bilbao

Südansicht

Interpretation

Gehry schuf nicht nur ein zweckmäßiges Gehäuse für Kunstwerke, sondern sein Museum ist selbst Kunst. Es bildet sozusagen den „Glanzpunkt" der Stadt Bilbao, überragt zwar die höchsten Blöcke nicht, überstrahlt jedoch alles, was sonst in Bilbao gebaut wurde in doppeltem Sinn.

Der Eindruck von Dynamik, der in seinen ersten Skizzen bereits anklingt, transportiert etwas ungemein Lebendiges und Individuelles in die Industriemetropole.

Eine geschmeidige Bewegung ist spürbar, wenn der Blick über die nach allen Seiten ausschwingenden Segmente gleitet. Das Gebäude, auch umgeben vom pulsierenden Leben der Metropole, scheint nicht zu ruhen, sondern in ständiger Bewegung zu sein und Energie zu verströmen. Der Kunstbezirk liegt nicht abgeschottet vom alltäglichen Leben. Er wurde von Gehry absichtsvoll in das belebte städtische Umfeld integriert. Dieser Umstand kommt dem erklärten Ziel vieler Künstler des 20. Jahrhunderts entgegen, die eine neue Einheit von Kunst und Leben anstrebten und gegen die im 19. Jahrhundert noch übliche strenge Trennung von hehrer Kunst und banalem Alltag opponierten. Diese Trennung kam damals auch im Museumsbau zum Ausdruck, der auf repräsentative Motive der Vergangenheit, wie etwa einem Tempelportal, zurückgriff, um der Kunst die angemessene Weihe zu verleihen.

Gehrys innovativer Museumsbau kann nicht losgelöst von der Tradition betrachtet werden. Wenn er auch nicht im klassischen Sinn mit reinen Baukörpern und geraden Achsen arbeitet, so gelten auch für ihn Grundgesetze des Bauens. Dank moderner Computertechnik kann er jedoch weitgehend seine innovativen Vorstellungen verwirklichen. Ein Vorreiter auf dem Gebiet „Skulpturale Architektur" ist LE CORBUSIER, den Gehry bewundert. Mit seiner

Kapelle von Ronchamp öffnete Le Corbusier die Grenzen der Architektur und stieß in den Bereich der Plastik vor. Damit stehen dem Architekten neue Ausdrucksformen zur Verfügung, bis hin zu figürlichen Motiven, die bei Gehry häufig zu finden sind.

Ein durchgehendes Motiv in seinen Arbeiten ist der Fisch. *„Durch die Fischform habe ich gelernt, mich frei zu bewegen"*, sagte er im Juli 1990; er lernte, *„[...] wie man ein Gebäude viel plastischer gestaltet [...]"*, denn es gehe ihm darum, *„das Gefühl von Unmittelbarkeit und Bewegung zu vermitteln"*.[3]

Sowohl die glänzende Oberfläche, die an Schuppen erinnert, als auch die plastische Form verschiedener Details lassen an Fische denken. Dabei meint Gehry keinen bestimmten Fisch, sondern eher den Fisch an sich, seine geschmeidige Beweglichkeit und stromlinienförmige plastische Form. Im Bilbao-Museum sind Fischmotive stark abstrahiert, erscheinen ohne Kopf und Schwanz. Relativ realistisch setzte er sich in Japan mit der Fischform auseinander. Ein mehrstöckiges Fischrestaurant kombinierte er mit einer Fischskulptur, die ebenso groß wie das Gebäude ist. In fast allen Kulturen kommt dem Fisch eine symbolische Funktion zu. In erster Linie ist er ein Symbol für Fruchtbarkeit und Zeugung. Der Fisch erinnert an die Kraft des Wassers als Ursprung des Lebens. In der ägyptischen Mythologie steht der Fisch für das kreative Prinzip, auch für den Reichtum, den der Nil spendet. In der christlichen Religion erinnert der Fisch an Jonas. Das griechische Wort für Fisch „Ichtys" benützten die frühen Christen als Synonym für „Christus", den man als abstrahierten Fisch andeutete. Die Anfangsbuchstaben von ICHTYS bedeuten: Jesus Christus, Gottes Sohn, Erlöser.

Die Liste der symbolischen Bezüge ließe sich fortsetzen. Für welche Bedeutung sich Gehry entschieden hat bzw. ob er überhaupt an eine traditionsgebundene Symbolik dachte, bleibt offen.

Ebenso verhält es sich mit dem Motiv der Rose. Blickt man von oben auf das Museum, so sieht man, wie sich am höchsten Punkt die „Blütenblätter" wie bei einer sich entfaltenden Rosenblüte um den gläsernen Kern, der an der Spitze herausschaut, legen.

Hier könnte man an eine stark abstrahierte Rosenblüte denken. Die Rose als Symbol der Jungfrau Maria würde gut zum katholischen Baskenland passen. In Titanzink ausgeführt, einem Industriematerial, wird die „Rose" allerdings ihrer mythischen Wirkung beraubt.

Das Blumenmotiv hat nichts Sakrales mehr, inwieweit eine religiöse Symbolik damit verbunden ist, bleibt auch hier ungewiss.

In gewisser Weise ähneln die gewölbten Flächen auch aufgeblähten Segeln. Man könnte über die Symbolik des Schiffes nachdenken. Die Lage direkt am

Fluss macht diese Überlegungen plausibel. Vielfältige symbolische Bezüge lassen sich erkennen, Gehry legt sich jedoch nicht fest.

Zu dieser Offenheit bezüglich der Symbolik passt auch der Prozesscharakter der Arbeitsweise von Gehry, die sich noch im „Endprodukt" widerspiegelt. Wie viele andere Künstler des 20. Jahrhunderts begreift Gehry die künstlerische Arbeit als kontinuierlichen Prozess, der bei Abschluss einer Arbeit kurz unterbrochen wird, um beim nächsten Projekt fortgesetzt zu werden. Von der ersten flüchtigen Skizze an zeigt sich sein äußerst flexibles Vorgehen.

So lange wie möglich will er viele Wege offenlassen und sich nicht auf eine Endlösung festlegen. Selbstverständlich kann ein Gebäude nicht unvollständig übergeben werden. Der fragmentarische Charakter einer Arbeit kann in der Malerei oder in der Plastik einen besonderen Reiz haben, wie man etwa an den Figuren von GIACOMETTI beobachten kann. Ein Bauwerk aber muss einer bestimmten Funktion zugeführt werden und einen endgültigen Zustand erreichen.

Über seine künstlerische Arbeit äußert sich Gehry folgendermaßen:

Ich begreife sie als eine Evolution. In der ersten Skizze habe ich ein paar Grundprinzipien festgelegt. Dann bin ich selbstkritisch geworden, was diese Bilder und Prinzipien angeht, und das hat zu neuen Antworten geführt. Und während sich jedes Werk entfaltet, mache ich die Modelle immer größer und rücke immer mehr Elemente und Teile des Puzzles in den Blickpunkt. Und sobald ich den Anfang habe, irgendeinen Ansatzpunkt dazu, in welche Richtung ich mich bewege, möchte ich die Teile genauer untersuchen. Und sie entwickeln sich, und irgendwann höre ich auf, und das ist es dann. Ich komme zu keinem Schluss, aber ich denke: es gibt einfach ein paar ganz reale Zwänge, warum die Sache fertig werden muss, und die akzeptiere ich. [...] Ich habe jetzt andere Ideen, und die Tür steht offen für den nächsten Schritt, aber er erfolgt nicht mehr bei diesem Gebäude, sondern beim nächsten.[3]

Anhang

1 Quellennachweis

1. BASTIAN, HEINER (Hrsg.): „Joseph Beuys: Skulpturen und Objekte", München, 1988
2. BAXANDALL, MICHAEL: „Die Wirklichkeit der Bilder. Malerei und Erfahrung im Italien des 15. Jahrhunderts", Frankfurt am Main, 1977
3. BRUGGEN, COOSJE VAN: „Guggenheim Museum Bilbao", New York, 1998
4. CENNINI, übersetzt von ILG, ALBERT: „Das Buch von der Kunst oder Tractat der Malerei des Cennino Cennini da Colle di Valdelsa", 1871, in: Quellenschriften für Kunstgeschichte und Kunsttechnik des Mittelalters und der Renaissance, 1, Hrsg. R. Eitelberger von Edelberg
5. DITTMANN, LORENZ: „Die Kunst Cézannes: Farbe, Rhythmus, Symbolik", Böhlau, 2005
6. DÜRER, ALBRECHT: „Tagebücher und Briefe", München, 1969
7. GASQUET, JOACHIM: „Cézanne", Berlin, 1930
8. HAFTMANN, WERNER: „Giorgio Morandi. Ein exemplarisches Malerleben", in: Katalog zur Morandi-Ausstellung in Tübingen 1989, Köln, 1989
9. HAFTMANN, WERNER: „Malerei im 20. Jahrhundert. Eine Entwicklungsgeschichte", München, 1954
10. HARRIS, ENRIQUETA: „Velázquez", Stuttgart, 1982
11. HEGEL, G. W. F.: „Ästhetik", Berlin, 1955
12. HESS, WALTER: „Dokumente zum Verständnis der modernen Malerei", Hamburg, 1956
13. HOFMANN, WERNER: „Lexikon der bildenden Kunst", Frankfurt am Main, 1961
14. HUGHES, ROBERT: „Denn ich bin nichts, wenn ich nicht lästern darf", München, 1993
15. Interview mit Joseph Beuys, Süddeutsche Zeitung, 26./27. Januar 1980
16. KURTH, WILLY und KÄTHE (Hrsg.): „Vincent van Gogh in seinen Briefen", Berlin, 1969
17. LEONHARD, KURT: „Paul Cézanne. Bildmonographie", Hamburg, 1966
18. LIPPMANN, FRIEDRICH: „Der Kupferstich", neu bearbeitet von Fedja Anzelewsky, Berlin, 1893/1963
19. MITCHINSON, DAVID (Hrsg.): „Henry Moore, Plastiken", Stuttgart, 1981
20. NECKAR-VERLAG: „Meisterwerke der Kunst", 1990, Villingen, Folge 38, Begleitheft
21. OERTEL, ROBERT: „Die Frühzeit der italienischen Malerei", Stuttgart, 1966
22. PANOFSKY, ERWIN: „Sinn und Deutung in der Bildenden Kunst", Köln, 1975
23. PRESTEL-VERLAG: Katalog zur Dürer-Ausstellung in Nürnberg, München, 1971
24. PRESTEL-VERLAG: Katalog zur Giacometti-Ausstellung in Stuttgart, München, 1987
25. RAIMONDI, GIUSEPPE: „Fünfzehn Kapitel für ein Porträt", Frankfurt am Main, 1969

26 SCHMIDT, DORIS: „Form als Form – zum 75. Geburtstag von Henry Moore", Artikel in der Süddeutschen Zeitung, 28. / 29. Juli 1973
27 SCHMIDT, DORIS: Ausstellungsbesprechung zu Lorrain, Süddeutsche Zeitung, 23. Dezember 1978
28 SEDLMAYR, HANS: „Kunst und Wahrheit. Zur Theorie und Methode der Kunstgeschichte", Hamburg, 1958
29 WÖLFFLIN, HEINRICH: „Kunstgeschichtliche Grundbegriffe", München, 1917
30 http://de.wikipedia.org/wiki/Es_ist_alles_eitel (28. November 2011)

2 Stichwortverzeichnis

2.1 Personenregister

Abt Suger 215
Alberti, Leon Battista 137
Apelles 25
Arman 121

Badt, Kurt 1, 66, 79
Barbari, Jacopo de 102
Baumeister, Willi 19
Bayeu, Francisco 43
Bazille, Frédéric 93
Beckett, Samuel 180
Beckmann, Max 115
Bernini, Gian Lorenzo 173, 201
Beuys, Joseph 121, 128
Böcklin, Arnold 72
Boudin, Eugène 93
Boullée, Étienne-Louis 202
Bourgeois, Louise 121
Bramante, Donato 200
Braque, Georges 48, 120, 122
Brouwer, Adriaen 59
Brunelleschi, Filippo 137, 199
Buoninsegna, Duccio di 26

Caravaggio 59, 101
Cennini 136
Cézanne, Paul 8, 42, 48, 57, 76, 83, 84, 98, 115, 120, 148, 151, 180
Chagall, Marc 212
Chardin, Jean Siméon 42, 76, 112, 115, 120
Chirico, Giorgio de 114, 121
Cimabue 31
Conté, Nicolas-Jacques 139
Coop Himmelb(l)au 208, 217
Corot, Camille 89
Courbet, Gustave 83, 120
Couture, Thomas 11

Degas, Edgar 22
D'Honnecourt, Villard 136
Donatello 172
Dou, Gerrit 103
Duchamp, Marcel 121, 170
Dürer, Albrecht 81, 134, 135, 142, 152, 157, 161

Eiffel, Gustave 204
Erasmus von Rotterdam 157
Ernst, Max 181

Feuerbach, Anselm 72
Flavin, Dan 101
Foster, Norman 217
Francesca, Piero della 76, 101
Friedrich, Caspar David 6, 7, 91, 94

Gaddi, Taddeo 100
Gehry, Frank Owen 208, 217
Genet, Jean 183
Ghiberti, Lorenzo 127
Giacometti, Alberto 168, 174, 180
Giacometti, Diego 180, 227
Giotto di Bondone 26, 30, 31, 64, 76, 100, 180, 212
Gleyre, Charles 93
Goya, Francisco de 43, 83, 167
Gropius, Walter 206
Grünewald, Matthias 26, 131
Gryphius, Andreas 106
Guggenheim, Solomon Robert 217

Hadid, Zaha 208
Haftmann, Werner 114
Hanson, Duane 121, 170
Hegel, Georg Wilhelm Friedrich 135

Ingres, Jean-Auguste-Dominique 152
Isozaki, Araka 217
Itten, Johannes 38

Janssen, Horst 168
Jantzen, Hans 214, 216

Kandinsky, Wassily 8, 101
Karl der Große 196
Kiefer, Anselm 10, 83, 127
Kienholz, Edward 121
Kirchner, Ernst Ludwig 168
Klenze, Leo von 202
Koch, Joseph Anton 7
Kollwitz, Käthe 168
Koolhaas, Rem 208
Koons, Jeff 220

Lastmann, Pieter 162
Le Corbusier 207, 225
Ledoux, Claude-Nicolas 202
Lehmbruck, Wilhelm 174
Le Nain, Antoine 59
Libeskind, Daniel 208
Lievens, Jan 162
Loos, Adolf 206
Lorrain, Claude 89
Luther, Martin 161

Maderno, Carlo 200, 201
Maillol, Aristide 174
Manet, Edouard 8, 11, 57, 83, 93, 94
Marées, Hans von 72
Masaccio 42, 76, 180
Mataré, Ewald 128
Matisse, Henri 84, 101, 116, 120, 180
Matisse, Pierre 180
Metsu, Gabriel 103
Michelangelo 25, 31, 42, 127, 139, 172, 199, 200, 201
Mies van der Rohe, Ludwig 206
Mitscherlich, Alexander 204
Monet, Claude 11, 89, 93, 168
Moore, Charles 208
Moore, Henry 174, 175, 181
Morandi, Giorgio 83, 107, 121
Moreau, Gustave 84

Nadar 93
Neumann, Balthasar 201
Newton, Isaak 38

Oldenburg, Claes 121
Oppenheim, Meret 121

Pacheco, Francisco 53
Palladio, Andrea 200
Palomino, Antonio 54
Panofsky, Erwin 3
Paxton, Joseph 190, 203
Picasso, Pablo Ruiz 48, 67, 120, 122, 168, 180
Pisanello, Antonio 136
Pissarro, Camille 93
Pollock, Jackson 6, 8, 139

Raffael 28, 31
Raimondi, Giuseppe 109

Rauch, Neo 83
Rauschenberg, Robert 121
Rembrandt Harmenszoon van Rijn 39, 162
Renoir, Pierre-Auguste 93
Rilke, Rainer Maria 65
Rodin, Auguste 174
Rubens, Peter Paul 6, 8
Runge, Philipp Otto 38

Sandrart, Joachim von 89
Sartre, Jean-Paul 180, 184
Schinkel, Karl Friedrich 202
Schwitters, Kurt 120, 127
Sedlmayr, Hans 3, 79, 214, 215
Serra, Richard 221
Seurat, Georges 115
Sisley, Alfred Arthur 93
Steenwijck, Harmen 102, 103
Steiner, Rudolf 128
Stevin, Simon 187
Stirling, James 207, 217

Tassi, Agostino 89
Tinguely, Jean 121
Toulouse-Lautrec, Henri de 168
Tour, Georges de la 59, 66, 101

Van der Weyden, Rogier 82, 141
Van Eyck, Gebrüder 29
Van Gogh, Vincent 139, 148, 168
Van Leyden, Lucas 147
Van Ostade, Adriaen 82
Van Swanenburgh, Jacob 162
Vasari, Giorgio 29, 31, 197
Velázquez, Diego 43, 53, 83
Vergil 97
Vermeer van Delft, Jan 8, 10, 42, 73, 82
Vignola 201
Vinci, Leonardo da 31, 81, 138, 198
Vitruv 198

Warhol, Andy 168
Watteau, Antoine 47
Wilford, Michael 217
Wölfflin, Heinrich 164, 167
Wright, Frank Lloyd 205

Zimmermann, Dominikus 201

2.2 Sachregister

Acrylfarbe 29
Allegorie 79
All-over-Malerei 6
Anhebungsmotiv 6, 77, 91
Anmutungscharakter 6
Antependium 25
Architektur 186
- Barock 200
- Bauhaus 206
- Dekonstruktivismus 208
- frühchristliche Architektur 193
- Funktionalismus 186, 206
- Gotik 197
- Historismus 203
- Ingenieurbauten 203
- Jugendstil 204
- karolingische Renaissance 196
- Klassizismus 202
- organisches Bauen 205
- Postmoderne 207
- Renaissance 198
- Romanik 196
Archivolte 211
Arkadien 97
Assemblage 127
Atelierbild 82

Baldachin 214
Bedeutungsperspektive 37, 41
Beleuchtungslicht 100
Bild im Bild 21
Bildgefüge
- dynamisches Bildgefüge 8
- statisches Bildgefüge 8
Bildraum 9
Bindemittel 24

Collage 120, 122
Curtain Wall 206

Diaphane Struktur 214
Dienste 197
Dingmagie 121
Drucktechnik 153
Duktus 10, 135

Eigenlicht 100
en face 45
Enkaustik 25
Environment 121, 170

Eklektizismus 202
Expressionismus 87, 152

Farbe
- Darstellungswert von Farbe 9, 39
- Eigenwert von Farbe 9, 39
Farbkreis 38
Farbkugel 38
Farbmischung
- additive Farbmischung 38
- subtraktive Farbmischung 38
Farbperspektive 9, 17
Fauvismus 87
Flachdruck 153
Fläche 8
Flügelaltar 26
Fotorealismus 103
Fresko-Technik 30
Froschperspektive 6

Genreszene 59, 79, 82
Gewände 211
Gewölbe 190
Giverny 93
Goldgrund 2, 41
Gothic Revival 203
Grisaillemalerei 29, 39
Grundriss, offener 205

Himmlisches Jerusalem 215
Hochdruck 153

Identifikationsbrücke 6
Ikone 25
Ikonografie 2
Ikonologie 2
Impressionismus 20
Inkarnat 19
Installation 121
Interpenetration 205

Japonismus 168
Joch 212

Karton 31
Kreide 140
Kreuzgewölbe 190
- Kreuzgratgewölbe 190
- Kreuzrippengewölbe 190, 214
Kohle 140
Kolorismus 39

Komposition 7
Kontrapost 172, 216
Kubismus 48, 70
• Analytischer 122
• Frühkubismus 122
• Synthetischer 122
Kupferstich 154
Kuppel 191

Lasurtechnik 28
Legenda Aurea 37
Licht 100
Lichtmetaphysik 98, 215
Linearperspektive 17
Linie 8
Longitudinalbau 193, 199
Luftperspektive 9, 17

Maniera byzantina 36
Massenbau/Massivbau 188, 214
Maßwerk 212
Mischtechnik 29
Modulation 65
Montage 170
Mumienporträt 25

Objektkunst 120
Ölmalerei 24

papiers découpés 85
Pendentifkuppel 193
Pigment 24
Plastik 169
Plein-air-Malerei 20
Profanbau 198
Profankunst 27

Radierung 155
Raumbühne 35
Ready-made 170
Relief 127, 171
Revolutionsarchitektur 202
Rocaille 202

Rosette 212
Rötel 140

Sakralbau 193
Sakralkunst 27
Säule 188
Schub 214
Secco-Technik 30
Silberstiftzeichnung 141
Simultandarstellung 71
Sinopie 31
Skelettbau 188, 214
Spektrum 38
Spitzbogenarkade 213
Staffage 90
Statik 187
Statue 171
Stillleben 102, 114
• menschliches Stillleben 66
• Vanitasstillleben 102, 105
Strebesystem 214

Tafelbild, autonomes 28
Tafelmalerei 25
Temperamalerei 24
Tiefdruck 153
Titan 223
Tonnengewölbe 190
Triforium 214
Triptychon 2
Trompenkuppel 193

Valeurismus 39
Vanitasmotiv 98, 106
Vierung 196
Vogelperspektive 6

Wandmalerei 25, 30
Wimperg 211

Zentralbau 195, 198

3 Bildnachweis

S. 12	Edouard Manet: „Die Barke" © Prisma by Dukas Presseagentur GmbH / Alamy Stock Photo
S. 26	Flügelaltar © Barbara Pfeuffer
S. 32	Giotto di Bondone: „Der Traum des Joachim" © Historic Images / Alamy Stock Photo
S. 40	„Die Verkündigung an die Hirten", Bayerische Staatsbibliothek, public domain
S. 44	Francisco de Goya: „Don Manuel Osorio Manrique de Zúñiga" © Granger Historical Picture Archive / Alamy Stock Photo
S. 49	Pablo Picasso: „Paul als Harlekin" © Foto: Peter Willi – ARTOTHEK, Succession Picasso / VG Bild-Kunst, Bonn 2019
S. 54	Diego Velázquez: „Prinz Philipp Prosper" © Peter Horree / Alamy Stock Photo
S. 58	Paul Cézanne: „Die Kartenspieler" © Peter Horree / Alamy Stock Photo
S. 68	Pablo Picasso: „Mädchen mit Mandoline" © Foto: Hans Hinz – ARTOTHEK, Succession Picasso / VG Bild-Kunst, Bonn 2019
S. 72	Anselm Feuerbach: „Mandolinenspielerin" © picture alliance / akg-images
S. 74	Jan Vermeer van Delft: „Die Malkunst" © World History Archive / Alamy Stock Photo
S. 84	Henri Matisse: „Das rosafarbene Atelier" © classicpaintings / Alamy Stock Photo / Succession H. Matisse / VG Bild-Kunst, Bonn 2019
S. 90	Claude Lorrain: „Seehafen bei aufgehender Sonne" © Peter Horree / Alamy Stock Photo
S. 94	Claude Monet: „Die Seinebrücke bei Argenteuil" © Peter Horree / Alamy Stock Photo
S. 102	Harmen Steenwijck: „Vanitas-Stillleben", National Gallery London, public domain
S. 108	Giorgio Morandi: „Natura morta" © VG Bild-Kunst, Bonn 2019
S. 117	Henri Matisse: „Die roten Fische" © picture alliance/Vladimir Vdovin/Sputnik/dpa / Succession H. Matisse / VG Bild-Kunst, Bonn 2019
S. 124	Pablo Picasso: „Mandoline und Klarinette" © Succession Picasso / VG Bild-Kunst, Bonn 2019
S. 129	Joseph Beuys: „Kreuzigung" © bpk / Staatsgalerie Stuttgart / VG Bild-Kunst, Bonn 2019
S. 137	Pisanello: „Gepard" © Art Collection 2 / Alamy Stock Photo
S. 138	Leonardo da Vinci: „Bewegungsstudie", Biblioteca Reale, Turin, public domain
S. 144	Albrecht Dürer: „Bildnis des Lucas van Leyden" © The Picture Art Collection / Alamy Stock Photo
S. 149	Vincent van Gogh: „Bildnis Joseph Roulin" © Keith Corrigan / Alamy Stock Photo

S. 152	Albrecht Dürer: „Porträt der Mutter im Alter von 63 Jahren" © Art Heritage / Alamy Stock Photo
S. 154–56	Illustrationen © Barbara Pfeuffer
S. 157	Albrecht Dürer: „Erasmus von Rotterdam" © classicpaintings / Alamy Stock Photo
S. 163	Rembrandt: „Cornelis Claesz Anslo, Prediger" © age fotostock / Alamy Stock Photo
S. 173	Gian Lorenzo Bernini: „David" © Adam Eastland Art + Architecture / Alamy Stock Photo
S. 176	Henry Moore: „Drapierte liegende Frau" © Robert Bird / Alamy Stock Photo
S. 182	Alberto Giacometti: „Stehende Frau" © Foto: Staatsgalerie Stuttgart, © Alberto Giacometti Estate / ACS, London and ADAGP, Paris 2019
S. 188	Poseidon-Tempel © Foto: Heinz-Josef Lücking/Wikipedia, CC BY-SA 3.0 DE
S. 189	Querschnitt, Säulenformen und Grundriss griechischer Tempel aus: Springer, Anton: „Handbuch der Kunstgeschichte. I. Das Altertum", Seemann Verlag, Leipzig, 1901
S. 191	Gewölbeformen aus: Springer, Anton: „Handbuch der Kunstgeschichte. I. Das Altertum", Seemann Verlag, Leipzig, 1901
S. 192	Querschnitt Pantheon aus: Springer, Anton: „Handbuch der Kunstgeschichte. I. Das Altertum", Seemann Verlag, Leipzig, 1901
S. 193	Illustrationen © Barbara Pfeuffer
S. 194	Außenansicht St. Paul vor den Mauern © Berthold Werner/Wikipedia, public domain; Grundriss und Querschnitt St. Paul vor den Mauern aus: Koepf, Hans: „Baukunst in fünf Jahrtausenden", Kohlhammer Verlag, Stuttgart, 1954
S. 195	Außenansicht Hagia Sophia © Jackmalipan	Dreamstime.com; Grundriss Hagia Sophia aus: Wilhelm Lübke, Max Semrau: Grundriß der Kunstgeschichte. Paul Neff Verlag, Esslingen, 14. Auflage 1908
S. 196	Westfassade Klosterkirche Maursmünster © Foto: Gustave Graetzlin/Wikipedia, public domain
S. 199	Außenansicht Petersdom © Foto: Wolfgang Stuck/Wikipedia, public domain; Grundriss Petersdom aus: Otto Lueger/Lexikon der gesamten Technik 1904
S. 202	Innenansicht Wieskirche © Foto: Mattana/Wikipedia, public domain
S. 205	Außenansicht Haus Fallingwater © VG Bild-Kunst, Bonn 2019
S. 206	Innenansicht Haus Fallingwater © VG Bild-Kunst, Bonn 2019
S. 207	Barcelona-Pavillon © Foto: Hans Peter Schaefer/Wikipedia, CC BY-SA 3.0, © VG Bild-Kunst, Bonn 2019
S. 208	Staatsgalerie Stuttgart © Panther Media GmbH / Alamy Stock Photo
S. 210	Kathedrale Reims © Foto: Yann Grossel/Wikipedia, CC BY-SA 3.0
S. 211	Wimperg Kathedrale Reims © Foto: Josep Renalias/Wikipedia, CC-BY-SA 2.5
S. 213	Innenraum Kathedrale Reims © Foto: Mattana/Wikipedia, public domain; Hochwand Kathedrale Reims © Foto: MM/Wikipedia, public domain
S. 214	Strebesystem Kathedrale Reims aus: Wilhelm Lübke, Max Semrau; Grundriss der Kunstgeschichte (1908)

S. 218	Guggenheim-Museum Bilbao © Foto: Myk Reeve/Wikipedia, CC BY-SA 3.0; Flussansicht Guggenheim-Museum Bilbao © Foto: Fernando Pascullo/Wikipedia, CC BY 3.0
S. 220	Südansicht Guggenheim-Museum Bilbao © Foto: Andreas Praefke/Wikipedia, public domain; Eingangsbereich Guggenheim-Museum Bilbao © Foto: Ardfern/Wikipedia, CC BY-SA 3.0
S. 221	Skizzen Guggenheim-Museum Bilbao: Courtesy of Frank O. Gehry
S. 222	Modell Guggenheim-Museum Bilbao: Courtesy of Gehry Partners, LLP
S. 223	CATIA-Rendering Guggenheim-Museum Bilbao: Courtesy of Gehry Partners, LLP
S. 224	Grundriss Guggenheim-Museum Bilbao: Courtesy of Gehry Partners, LLP
S. 225	Aufrisse Guggenheim-Museum Bilbao: Courtesy of Gehry Partners, LLP

Dein kostenloses
Stärkenprofil

Du wagst demnächst den Schritt in die Berufswelt, aber weißt noch nicht, was du als Stärken angeben kannst?
Mit **Aivy** findest du es auf spielerische Art heraus.

**Aivy** ist...

...für dich kostenlos.

...interaktiv und spielerisch.

...ganz auf deine Person fokussiert.

Lerne dich selbst besser kennen und  **entdecke deine Berufung!**

www.stark-verlag.de **STARK**

Bist du bereit für deinen Einstellungstest?

Hier kannst du testen, wie gut du in einem Einstellungstest zurechtkommen würdest.

1. Allgemeinwissen
Der Baustil des Kölner Doms ist dem/der ... zuzuordnen.

a) Klassizismus   b) Romantizismus
c) Gotik   d) Barock

2. Wortschatz
Welches Wort ist das?
N O R I N E T K T A Z N O

3. Grundrechnen
-11 + 23 - (-1) =

a) 10   b) 11   c) 12   d) 13

4. Zahlenreihen
Welche Zahl ergänzt die Reihe logisch?
17 14 7 21 18 9 ?

5. Buchstabenreihen
Welche Auswahlmöglichkeit ergänzt die Reihe logisch?
e d f f e g g f h ? ? ?
a) h i j   b) h g i   c) f g h   d) g h i

Lösungen: 1 c; 2 Konzentration; 3 d; 4 27; 5 b

Alles zum Thema Einstellungstests findest du hier:

www.stark-verlag.de   **STARK**